洋子

母・妙子

祖母・万世

万世（1886〜1943）
泉鏡花に和歌、鏑木清方に絵画を習う。鏑木清方の代表作『築地明石町』のモデルとなった。

妙子（1908〜1942）
大正・昭和初期のモダンガール。スポーティーでお洒落、絵画や言葉に秀でていた。婦人運動で有名な奥むめおの秘書などを務める。パリで洋子を出産。34歳で死去。

洋子（1928〜1999）
祖母、母の想いを一心に集めるように海外に飛躍。パリのクレイジー・ホースの踊り子となり、やがて天下のお嬢は国際女優となる。

築地明石町（鏑木清方・画）

パリの「赤いバラ」といわれた女

日本初の国際女優 谷洋子の生涯

遠藤突無也
Endo Tomuya

さくら舎

【目次】パリの「赤いバラ」といわれた女――日本初の国際女優 谷洋子の生涯

プロローグ　巴里からパリへの連なり

第一章　出生の地パリへ

第二章 祖母・母からの恋と知のDNA

第三章　運命の出会い、映画界へのデビュー

第四章 国際女優への脱皮と離婚

第五章　華やかなキャリアの〝区切り〟

第六章　取り巻く人々の〝愛〟

第七章「自由人」の美学

第八章　パリに死す

パリの「赤いバラ」といわれた女——日本初の国際女優　谷洋子の生涯

プロローグ

巴里からパリへの連なり

〝姿〟を現した「谷洋子」という存在

二〇一九年四月三〇日、私は元号が変わるのを、東京で見届けた。

誰もが持つ時代の感慨の中、私は、明治~大正~昭和~平成……と続いた一つのＤＮＡの血脈を改めて考えていた。私が紐解《ひもと》かんとした、ある女優のＤＮＡとその生涯は、その祖母から三代にわたる美の系譜でもあった。ある女優とは、谷洋子。谷洋子は、一九五三年にパリのキャバレーの最高峰〈クレイジー・ホース〉に顔を出し、その後フランスの芸能界で女優として認められ、一九六〇年代にはフランスを飛び越えて国際女優として広く活躍した日本女性である。

その母妙子《たえこ》は、中勘助《なかかんすけ》の小説に登場する美少女で、大正~昭和初期の典型的なモガであり、パリで洋子を生み、日本で育てた。またその母、洋子の祖母万世《ませ》は、日本画家の鏑木清方《かぶらききよかた》の代表作『築地明石町』のモデルである。

洋子の祖母が、写真店として東京で一番古い〈江木写真館〉の息子と結婚した評判の美人で、清方の『築地明石町』のモデルであることはすぐに判明した。私は、以前鎌倉の清方美術館でこの絵の下絵を見たことがある。本画は、美人画としては近代日本画の金字塔といわれる超傑作である。何十年もの間、その所在がわかっていなかった。

その後、何かの偶然で、〈江木写真館〉という名前から、たまたま残っていた記憶がよみがえった。もう三〇年以上も前、鷲尾《わしお》いさ子という女優の音楽面のプロデュースをしていた時に知った、日本の着物の専門家にして着付けの最高のプロである江木良彦、彼が〈江木写真館〉の一族であることを、私は思い出したのである。

私の妻の知人でもある江木良彦は、やはり谷洋子とは縁戚であった。そして彼は時を置かずに、洋子の従妹に連絡を取ってくれたのである。このタイミングの速さが、私の中の何かを押した。私は、すぐに元箱根芦ノ湖畔で旅館を経営する洋子の従妹、安藤萬喜に連絡を取った。私にとって、初めて谷洋子の血縁を意識して会う人である。

彼女は、〈嶽影楼・松坂屋〉という有名な旅館を営んでいた。この旅館は数ある箱根の旅館の中でも一六六二年（寛文二年）創業という格式と伝統を誇っている。彼女の夫は、文化人から政治家まで幅広い交際を誇り、箱根の近代温泉史を語る上で欠くことのできない大物であった。作家の遠藤周作が彼女を「湖畔のボヴァリー夫人」と言ったというが、すらりとした都会的な女性で、旅館の女将《おかみ》というイメージとは違ったモダンな感じを受けた。

谷洋子

それもそのはず、彼女はエールフランスの初期の日本人スチュワーデスだったと聞いて、納得がいった。プロペラ機の時代である。彼女は、洋子の母妙子の弟江木文彦の長女で、洋子を小さい時から姉と慕っていて、パリでは洋子のアパートに泊まっていた。

まず彼女が口にしたのが、いままでに日本のジャーナリズムが谷洋子について書いてきた間違いや誤解で、親族がどれだけ傷ついたかということであった。

何度か電話などでのやり取りの後、少しずつ複雑極まる谷洋子の家系図が頭に入り出した。同時にフランスでの彼女の足跡も少しずつわかり始め、謎に満ちた人生が、少しずつ形を現し始めた。おそらく、現在が、彼女について何か残せる、最後の機会だった。

映画『バレン』の記憶とつかの間の巡りあい

私が、初めてパリの土を踏んだのは一九七三年のことである。私は、深緑夏代という知る人ぞ知る宝塚出身の大歌手に週に一度レッスンを受けていた。その門下生のパリ・ローマ旅行に参加したのだ。私はその頃、銀座のシャンソン喫茶〈銀巴里〉のオーディションに辛うじて受かり、歌でギャラを貰えるようになっていた。その旅行では、ローマを巡ってから、パリへ着いた最初の日に、犬の糞を踏んでしまい、旅行ガイドからは、これは良い兆しで、パリとはご縁がありますよと慰められたが、現在にして思えば、案外その通りだったのかもしれない。

それから二〇年の月日が流れた一九九三年秋、私はクラブ歌手になるつもりでパリにいた。東京とパリとを往復しながら音楽プロデューサーと歌手の二足の草鞋《わらじ》を履いていたが、右も左もわからぬフランスで、私の持つ滞在許可証は「ヴィジター」という種類であった。これでは正式に仕事ができない種類であり、もぐりで仕事したことが発覚したら即強制送還だという噂もあり、私にとって滞在許可証は、大きな壁になっていた。

そんな時にパリに長い知人のM夫人から、四柱推命で占う孫信一《ソンシンイツ》という中国人を紹介された。何でも、その占いがものすごく当たるので、予約をするのが大変なくらい人気があり、シラク・パリ市長や女優のカトリーヌ・ドヌーヴや谷洋子が、ご贔屓《ひいき》についている……。その話の中に出てきた谷洋子は、『バレン』という映画の主役女優であるという。

私は、この『バレン』というタイトルを覚えていた。子供の頃、渋谷の、現在〈ヒカリエ〉のところに東急文化会館があり、八階建ての建物の最上階にプラネタリウム、一階には大作映画がロードショー公開される劇場〈渋谷パンテオン〉があった。外壁には、上映中の巨大な看板絵があり、下を通る者はもちろん、バスや当時あった都電の窓から、否が応でも目に入るようになっていた。

大きな字で書かれた『バレン』という映画の題名が記憶に残ったのは、何のことだか意味がわからないながら、膝を折って立ち上がった女の苦悶《くもん》の表情が、（現在考えると、それはイヌイットの出

映画『バレン』（ポスター）—— 1961年公開、ニコラス・レイ監督。洋子の代表作

産のシーンであったが）衝撃的であったのだ。小学生の私は、多分母と買い物に渋谷に出かけた帰り田町行きのバスの中から見たのだと思う。

一九六一年の初めの頃である。

旅行ではなく、本格的にパリで生活を始めてみると、すぐに私は、パンに飽きてしまった。そして、自分でも米を炊くようになったが、何かと和食レストランの世話になった。一九九〇年代のパリには、すでに多くの和食店があったが、私が行くのは、家の近くモンマルトルの〈鷹〉が一番多かった。他にサン・ルイ島の〈勇鮨〉、ルーヴルの〈禅〉にもよく行った。私が洋子と、一度だけ、すれ違ったと思われるのるは、その一つ〈禅〉である。

何かの拍子に女優の話になり、カウンターの中で寿司を握る店主の饗場《あいば》清が、洋子の名を口に出し、「今、帰った人ですよ」と言ったのである。一九九六年末か一九九七年頃という曖昧な記憶で、確かにカウンターで私が座る時に、ちょうど席を立つ人がいてその人が谷洋子だったのだ。その客が座っていた席は、入って右奥の壁から二番目の席と、はっきり示せるのだが、顔が思い出せない。やせた小さな人で黒っぽい服を着ていたという印象であり、それは髪のせいかもしれなかった。

パリは狭い街だ。大スターや有名人とすれ違うなんてことは、よくある話で、評判の和食レストランではなおさらである。よく通った和食〈禅〉でのぼんやりとした記憶ながら、何となくその光景を覚えていたのは、その女客が、たった一人だったからかもしれない。カフェならともかく、カウンターとはいえ、ちゃんとしたレストランで女一人というのは、比較的珍しいからである。

コミック・ヒロイン「ヨーコ・ツノ」のモデル⁉

ちょうどその時期、私は、ニューヨークとパリを行ったり来たりで、アンジェロ・バダラメンティとアルバム『ルビー・ドラゴンフライ』を録音していた。アンジェロはデヴィッド・リンチ監督の『ツイン・ピークス』の音楽を担当した世界的な音楽家である。知人が送ってくれた、たった一本のカセットテープをアンジェロが聴いて、気に入ってくれたのである。アンジェロは、とにかくデヴィッド・リンチが第一優先で、他に多くの有名ミュージシャンを待たせていて、間が空くと突然連絡がきて、こちらが飛んで行くということの繰り返しで、何度もニューヨークに行かなくてはならなかった。

ベルギーの漫画家ロジェ・ルルーの作品『ヨーコ・ツノ』のヒロイン。洋子がモデル

バダラメンティとのこのアルバムは、私の知名度の無さもあり、なかなか世界発売は難しく、当時やっと決まったのが「クレプスキュール」

というベルギーのレーベルであった。

その縁もあり一九九七年に、ブリュッセルの〈アーシデュック〉という老舗のＪＡＺＺクラブに出演したことがある。その折に、店の名物マスターから、『ヨーコ・ツノ』という有名漫画の名前を何度も聞かされたが、その存在を私は全く知らなかった。そのモデルキャラクターが、日本人の国際女優、谷洋子であると知ったのは、それからたっぷり時を経て、偶然『日本経済新聞』の文化欄に取り上げられた記事を読んだ時である。

『ヨーコ・ツノ』の主人公ヨーコは、日本人の電気技師だが、九州出身で合気道六段のスーパーウーマン。人類を滅ぼす悪と戦う話だが、六〇年代までは、ヒーローが戦うことが多いＳＦのジャンルに、日本人の女の子がヒロインで登場したことが大受けした。一九七〇年に発表以来、あっという間にフランス語圏で有名になり、推定九〇〇万部を売り上げたコミック漫画であった。

私がベルギーだけと思っていたのは大間違いであり、フランス語圏はもとより、イギリスでも英語に訳されてヨーコは広がっていた。特に、フランスでは一〇代〜三〇代で知らない人はいないくらい超有名なスーパースターである。実は日本でも、七〇年代後半に、「日本アニメーション」で、近藤喜文《よしふみ》が、アニメにしようとしたこともある。近藤は、宮崎駿《はやお》や高畑勲の作品キャラクターを描いた知る人ぞ知るアニメーターである。

漫画のヨーコ人気は本物で、ベルギー最古のギャラリーアーケード、サンチュベールの中にヨーコ・ツノ通りまでできている。

谷洋子の本を書こうと思いたってから、洋子の世界への広がりと影響を書くためにと作者のロジェ・ルルーに連絡を取ったが、その答えは予想とあまりにも違っていた。

「ヨーコ・ツノは全く谷洋子とは関係ありません。自分の創造した人物であり、マスコミによる誤報道で、迷惑している。くれぐれも　谷洋子の本の中に書かないでくれ」……。

最初はそれを鵜呑《うの》みにしたが、どうしても気になるので、作者が登場しているという二〇一〇年四月九日に放映された、テレビ東京の『世界を変える100人の日本人！』という番組の録画をテレビ局に頼んで確認することにした。驚いたことに、この作者ロジェ（名前は洋子の最後の伴侶《はんりょ》と同じ！）は、日本のTVに初めてインタビューされたといって、感動して涙ぐみながら「漫画のモデルは、谷洋子」と言っているではないか！　これは、どういうことなのか？　狐につままれたような話である。なぜ彼が、一度は認めてその後猛烈に否定するようになったのか？　肖像権の問題を弁護士に忠告されたからなのでは、ということ以外私には考えられなかった。

それにしても、ヨーコ・ツノは、フランス人の過半数は知っている漫画のスターであるのに、そのオリジンであり、戦後初の日本人の国際映画女優といってよい彼女が、なぜこれほど日本で知られていないのか……。

パリという〝暗色の街〟に身一つで乗り込んだ洋子

ヨーロッパ映画で、主役級で登場した日本人は、まず戦前に早川雪洲・青木鶴子夫妻、そして田中路子がいる。戦後は、俳優活動の長い岸惠子やイタリアで好かれた若林映子《あきこ》、そして笈田《おいだ》ヨシ等がいる。

谷洋子はその中で際立って活躍した存在であり、いくつかの主演作品も公開され、なおかつ日本映画にも出演したにもかかわらず、日本ではすっかり忘れ去られていた。いくらかましなフランスでも一部の映画関係者を除いては、その存在を知らず、ネットの情報も驚くほど少なく、また間違いだらけであった。私は、日本では、ほとんど見つけられない、五〇年代〜六〇年代に彼女の出演したフランス映画やイタリア映画のDVDを集めてみることから始めた。


私と谷洋子とを繋いだのは、結局パリである。私にとってパリは、クラブ歌手になるために、好き好んで苦労しに出向いた街ではあったが、ここは色で言えば暗色の街であった。パリの暗色は黒とは違う。あらゆる人種が流れ込み、様々な色が混ざり合った、街の色である。詩人金子光《みつ》晴《はる》が『ねむれ巴里』で、巴里《パリ》の生活を、珈琲《コーヒー》色の糞《くそ》と冷徹に活写したが、思えば洋子がパリで生まれた頃、彼は二度目の地獄旅行を始めていたことになる。

金子光晴に私は、特別な思いがある。私は、中学の頃からガリ版刷りの詩集を、週末に新宿の街頭で売っていたことがある。物を売るには値段があり、詩集でも値をつけること、その詩集に払われる金は、人によって全く重みが異なること……こんなことも知らぬ私は、頭でっかちの子供にすぎなかった。

そんなある日、偶然通りかかった眼光鋭い和服の老人が足を止め、詩集を買った。その時、対価一〇〇円を私に渡したのは連れの和服を着た女性で二人ともニコニコ微笑《ほほえ》んでいた。その後、半年ぐらいして、同じ場所で私は、この二人づれに出会い、老人が詩集をまた買ったのである。その頃、新宿には、フーテン族や、全学連崩れのたくさんのアングラ詩人が、詩を売っていたけれど、その中で私が一番、幼かった。その老人は多分、私の外見があまりに子供っぽかったので、応援したいと思ったのかもしれない。

そして、老人は二度目の時に、「なんでもいいから、詩集を出しなさい。若い時の感性は一生大事だから」と言った。

私は恥ずかしながらその老人が誰なのか、金子光晴という名前さえ全く知らなかった。隣にいた街頭の詩仲間が、後で、興奮して私に教えたのである。別に詩が良いから買ったとは思えないのに、私は、街頭詩人の中で〝金子光晴が詩集を買った少年〟で、少し知られるようになった。

その後、私は、紀伊國屋書店で、『ねむれ巴里』と『どくろ杯』の二冊を、題に惹《ひ》かれて購入した。金子の実質的自伝である。この本は、ショックであった。自分の内臓をかき回すような金子の人生は、詩を書くのが嫌になるほどであった。この本には人間への絶望と諦観が各所に散らばり、一度読んだら忘れられない毒があった。

『ねむれ巴里』と現代のパリ、金子と私の状況は、全く違うものであったが、馬齢を重ねるほどに、日本とヨーロッパの違いに驚き、傷つきながら、私は確認した。人種差別と中華思想、圧倒的な貧富の格差と、建前と現実の使い分け、嘘をつくことに抵抗がなく〝騙《だま》すより騙されるほうが悪い〟という考え方は、時代を経ても、あまり変わっていない。

それでもパリには、文化を尊重する非常に高い意識と哲学、日本にはない自由があった。多くの日本人がそこに惹かれ、振り回されにやって来る。金子の頃のような貧乏浪人は、今は見かけないが、代わりに、ファッションや料理を学ぶために多くの日本人が訪れ、ただ同然で使われ、ボロボロになって帰国する話は、枚挙にいとまがない。

金子が、のたうち回り散々悪態をついた、毒の街パリに、戦後すぐ、身一つで乗り込んだ、谷洋子……。その後、世界中の映画に出演した日本人女優。この暗色の街で、彼女は、どう生きたのか。

私が、谷洋子に興味を持った心底に、怖いもの見たさが無かったといったら嘘になる。

第一章　出生の地パリへ

旅立ち――戦後の解放感と自由の謳歌が人々を呼び寄せる

「名前はＹＯＫＯ。大洋の子供という意味です」

その後インタビューで散々繰り返されるこのフレーズを、洋子はマルセイユまでの船上で何度も、フランス語で繰り返したに違いない。

自分の生まれたところパリを一度見たい！　という洋子の動機はわかりやすく、周囲の反対者を納得させやすい強いものだったが、それ以上に、どうしても洋子は、日本を脱出したいという気持ちが強かった。

理由の一つには、義母とき子との確執もあったが、もちろんそれだけではない。文化規制が厳しく、自由のなかった日本の状況にうんざりしていたのである。

彼女は戦争で、他の日本の若者と同様自分の青春時代の一部を国家のために犠牲にし、しかもそれを一般に犠牲とも思われなかった時代を過ごしている。本来はイギリスかアメリカに行きたかったとも発言しているが、フランスに決めたのは、カトリックの給費生になれたことが大きなきっかけである。

父善一《ぜんいち》は、三ヵ年援助する代わりに、帰国したら彼が選んだ男性と結婚するという条件を出し、洋子はそれを承諾しての出発であった。

パリは、第二次大戦でナチスに占拠されていたが、一九四四年八月にやっと解放された。戦争に勝ったと言いながらも、連合軍の応援がなければまずナチスには勝てなかった。だから連合軍の中心となったアメリカは大歓迎され、戦後すぐから一九六〇年代頃まではアメリカ文化が大いに幅を利かせた。

一九世紀末のベル・エポックから狂乱の二〇年代をへて第二次大戦勃発まで、パリは常に世界の文化をリードしていた。そして戦後の解放感と自由の謳歌はサンジェルマン・デ・プレに多くの文化人を呼び寄せ社会現象となった。洋子がパリを訪れた一九五〇年はまさに真っ盛りの時代であった。

《ものごとを自由に考えられる国、外に開かれた世界、それだからこそ、このパリにはフランス人のみならず異国から集まった独創的な作家や、思想家や、画家や、音楽家や、詩人たちが育ったのだ。私は幸い、第二次世界大戦直後の、爆発的な歓びと創作への情熱に溢れたパリで暮らした。戦争の悲惨さを味わったあとで、私は貪るようにこれらのものを吸収した》

フランス文学者、朝吹《あさぶき》登水子《とみこ》の、この自伝の一文は、まるで洋子の気持を代弁しているようだ。

戦後から五〇年代の希望にあふれた文化の爆発を体験できた日本のアーティストは極めて限られていた。莫大《ばくだい》な渡航費が工面できたとしても日本には進駐軍がおり、思想上のテストをパスすることと、フランスと日本側にアメリカが納得できる身分保証者が求められた。

一九五一年、日本のトップ女優高峰秀子《ひでこ》は二七歳で、すべてに疲れ果て引退覚悟でパリに脱出するが、家一軒を売って、パンアメリカン航空の南回りでフランスに到着、滞在し、その後アメリカに移動する七ヵ月間の旅をしている。

歌手石井好子《よしこ》は、フランス行きの許可証が簡単に取れずにアメリカに渡り、そこからフランスに行く芸当をしている。そこまでしてパリに行きたいと願った当時の人々、命がけでパリに憧れたその気持ちは、現代のように十数時間でその日のうちにパリに着く時代では、とても理解できない。石井の場合も、渡航費のために親（政治家石井光次郎《みつじろう》）が別荘を売却したというし、それでもとうてい及ばず生活のためにキャバレーに出演せざるをえなかったほどである。彼女も家柄が良いこともあり〝外交官の娘が裸踊り〟等と日本のマスコミに騒がれた。四年半もフランスにとどまり頑張った根性は洋子と重なる部分が多く、後年友人になっている。

演出家の岡田正子《まさこ》は、洋子に遅れること約二年、一九五二年七月に定期船マルセイユ号の二等でフランスに辿《たど》り着いている。彼女は「船賃は確か二四万円だった」と懐かしそうに話してくれたが、当時の初任給が六〇〇〇円の時代である。どうしてもフランスに行きたかった岡田は、戦後すぐにフランス使節団（後の大使館）にタイピストとして勤め、あらゆる書類を揃えていたが、パスポートを貰うのに、九回も外務省に足を運んだという。

洋子はパリ到着後、サン・ミッシェルにあったカトリック系の国際女子学生会館に入寮した。文学座の演出家であり女優の長岡輝子《てるこ》が寄宿したところである。長岡は一九二八年に渡欧し二年間の滞在期間の後半、戦前の日本人としては初めて入寮した。

ここには、一八歳から三五歳までの世界各国から来た女子学生が一〇〇人ほど滞在し、科学、医学、社会、宗教、法律、政治経済等と芸術一般（音楽、絵画、ダンス……）を学びに来たあらゆる部門の卵たちが集まっていた。二階以上は男子禁制、一階には食堂と舞台付きのホールとテラスもあった。

このホールでは学生たちによる催事がたびたびあり、学生間の交流も盛んであった。長岡は「日本の夕べ」なる公演を余儀なくされ、自ら講演と四部構成のショーを組み立てた。背景や小道具まで、当時パリに滞在した日本男性陣も加わったかなり本格的なもので、中でも芒《すすき》の原を背景に浴衣《ゆかた》で踊った盆踊りが大好評でアンコールの嵐が起き、一同くたくたになるまで踊り続けさせられたという。

洋子は多分この会館の戦後第一号の日本人生徒であり、ここで、多くの分野の交流から最初のパリの情報を得たと思われる。ネットが普及した現代でも、住居やアルバイト情報を交換し合う場所として語学学校や学生寮は大きい存在だ。洋子の後、一九五三年には、須賀敦子《あつこ》が入寮し、ここでの生活環境にもそのエッセイのいくつかで触れているが、戦前の長岡の時代と戦後の雰囲気を比べると、日本人の立ち位置が、敗戦により国際的に逆転したことがよくわかる。

言葉と資金の壁を乗り越える　〝パリの魅力〟

洋子はソルボンヌ大学の哲学科（美学）に、やる気満々で乗り込んだが、まずぶち当たったのが言葉の壁であった。

《こっちが知ってるくらいのフランス語じゃ、よくわかんないの。先生の講義をいくら聴いても、ほんのすこしっきゃわかんないです。そういうのをちょっとノートしといて、あとでつなぎあわせてみるんですけど、どうしても美学論にはならない。だもんで、アトリエへいって絵の勉強してたの。そのうちに、だんだんフランス語もわかるようになったもんで、一年ずらして、講義をもう一度聴いて試験を受けたんです》

洋子が哲学を勉強しようと思った経緯は十分に推察できる。当時の日本でも、特別に恵まれた芸術や文化に理解のある環境であったことが大きい。洋子は、いくつかのインタビューで〝私の芸術、私の美学〟といった言葉を持ち出すが、幼少からの教育もあり最初から非常に幅の広い見方ができた。ソルボンヌでの美学の勉強と絵の勉強を両立する傍ら、あっという間に時間は過ぎていった。

《講義を聴いたあとで、論文の様なものを自分で作って、先生に見せることがあるんですけどね、絵をやっていることはそのための勉強にはなりました。わたくしね、いちばんはじめに考えたのは、勉強ばっかしガタガタしていると、お芝居見に行くとか、そういう事がおろそかになるでしょう。どっちか一つにしか出来ないというのが、日本の学生の欠点でもあり、美点でもあるんです。パリにいったはじめは、わたくし自身の芸術生活が出来ないという点で、悩んでたわけ。まずお金がかかります。そういった意味でもって、二年半ぐらいたってから、アルバイトをはじめたの。仕事をしはじめると、どうも追われますね。そいでだんだんと芸能界へはいっちゃったの。そうしますとね、自分の勉強ってものは、本で習うことでもないし、先生の講義を忠実に聴いて、ポカンと口をあけてる事でもないって事が、よくわかりました。でも、そのうちに、自分の生活態度や生活形式が激しく変わるんで、非常に自分が空虚的になってしまったの。白か黒か、自分をどっちかにおこうとしないで、両方とも吸収したいとおもったから、空虚になったんですね》

結婚後のインタビューだが、自分の経済的な状況と精神状態とを、非常に冷静に分析していたことがわかる。

洋子が父親に約束したフランス滞在のリミットは、一九五三年の夏であった。カトリックの給費生といってもその援助は僅かで、パリで生活するには全然足りなかった。日本人の海外渡航で持ち出せる限度額はたった三〇〇ドル。父善一は、コネで外交官に頼んだり、帰仏するカトリックのシスターに頼んで学費を届けたというが、何しろ一ドル三六〇円の時代で、闇値は四八〇円もした。それでも手に入れにくく、七〇〇円まで上がったという。しかもその持ち出しは厳しく制限され、日本からの荷物もすべて船便の時代である。どの日本人留学生も（たとえ実家が裕福でも）苦学せざるをえなかった。

洋子は最初ソルボンヌの哲学科に入る傍ら、絵の勉強をしたが、藤田嗣治《つぐはる》、フェルナン・レジェ、ポール・コラン等の画家にも教えを請うている。前後してその他に歌のレッスンはピエール・ベルナック、ダンスはギショ、演技はルネ・シモンとソランジュ・シーカルといった一流どころから学んでいたので、どんなに日本からの工夫で送金があっても足りず、アルバイトとして写真や画のモデルをした。同時に洋子は、よく学生会館の窓から抜け出し結構夜遊びもしたようだ。

何しろ一歩出れば、サン・ジェルマン・デ・プレ。夜を知らず沸きに沸いていた街が、すぐ横で洋子を手招いていた。

一九五二年一一月二七日、エールフランスのパリ―東京航路が開設され、父善一が招待でパリに来た。この時の二人の写真が残されているが、遠目からでも明らかに洋子の顔には苦悩が見える。

善一は洋子がパリに残ることに大反対であった。最初の約束の三年間を守らなければ、いっさい応援をしないと再確認したはずである。

経済的な援助を打ち切れば、絶対に帰国するだろう、との善一の考えは見事に外れた。洋子はそんなことでは決して志を曲げない両親譲りの初志貫徹の精神を持ち合わせていた。学びたかった目的は、アルバイトで稼ぐうちに変容はしたが、洋子は大変な思いをしながらもフランスの魅力に惹かれ日本に帰る気にはならなかった。もし日本に戻っても、義母と新しい異母弟妹たちが増えた我が家は、昔の家ではない。それに一度帰国したら、パリにまた簡単に戻れるような時代ではなかった。
長くパリに滞在した人がよく言うが、最初のパリの数年は、環境の違い文化の違いに、驚き傷つきながらあっという間に過ぎてしまう。そしてそれが魅力にも思えた人だけが、頑張れるのである。

この頃善一は、日野ヂーゼル工業の会長を務め、フランスのルノー公団と提携してノックダウン方式（主なパーツを部品輸入して現地で組み立てる）を取り入れた車を日本で生産した。これはまさに善一の経済学者であり実業家の能力を見せつけた仕事で、この日野ルノー4CVはデザイン・性能ともに人気があり、タクシーとしても随分使われた。生産は一九五三年に始まり、一九五八年には完全国産化され、一九六三年まで続いた。洋子は日仏のやりとりで、この提携に貢献し、またフランスを訪れた日本のエンジニアたちの案内や通訳の世話を引き受け感謝された。

最高位キャバレー〈クレイジー・ホース〉

父親の通告後、収入を得る方法として、洋子はあるバレエ団の群舞の一人としてスカンディナビアの公演に参加している。一九五三年の春である。その公演後、同じ年の夏に洋子は、試行錯誤の後に、日本の舞踏をヨーロッパ風に変えた一人でできるショーを考えた。エクス＝アン＝プロヴァンスのコレオグラフィー・フェスティバル（振付の祭典）のパーティーが初舞台となった。

彼女が日本を脱出してからちょうど三年である。この時の模様を洋子は語る。

《半分日本で半分外国風のダンスをつくったんです。はじめは日本のキモノを着て、帯をしめて、踊ったんですけどね。日本の曲だとむこうの人の耳にピンとこないでしょ。だもんで、自分で編曲して、自分の音楽にして、いい加減な振り付けをして……むこうじゃ、ずいぶんインチキな事をして、商売してる人もいるんですもん。だから、かまわないと思うんだけど》

しかしそのダンスを関係者に見せたが、とてもフランスでは売り物にはならずまた考え直すことになった。

《日本のキモノを何枚も着て踊って、一枚ずつ脱いで、最後はカンボジャのおどりをやったんです。これはヒットしたんですけどね、日本人のひとがびっくり仰天したんです。私は悪いことだとは思わないし。見せちゃいけないとこを見せるわけでもないし》

彼女は、裸を恥ずかしいとは考えなかった。だいたい、裸婦は、美術学校で散々デッサンをさせられていたし、裸は美しいと思っていた。

そして、洋子の度胸は、最強であった。

その後の半年間で、彼女は〈クレイジー・ホース〉や〈ベル・エポック〉などの有名キャバレーに出演した。住居は、制約のある学生会館の寮から、キャプュシーヌ大通りのホテルに移っていた。

パリには〈ムーラン・ルージュ〉や〈リド〉から小さな〈ミシュー〉まで大小様々なキャバレーがあり、それぞれが歴史と特色を持っているが、中でもジョルジュ・サンク大通りにある〈クレイジー・ホース〉は最高位にある。一九五一年アラン・ベルナルダンによって創設されたこのキャバレーは、炭屋の地下倉庫の跡地に造られた。

アランは、まず〈ポールとヴィルジニ〉というレストランを大いに当てて、その後に長年の夢だったキャバレーを開いた。〈クレイジー・ホース〉という名はスー族の英雄からきていて、ハリウッド映画好き、しかも馬が大好きなアランの命名だという。

アランの二度目の妻ジュリアは歌手で、創設当初は彼女を売り出すために、歌のステージは特に大事にされたが、キャバレーとして欠かせぬエロティシズムのために彼はストリップを考えた。

デビューしたての頃の洋子——1954年頃

とはいってもただのストリップではない。彼のイメージしたのは、子供の頃好きだった影画をヒントに、照明によって女体に映し出される光と影が作り出す、動く彫刻、踊る芸術で、すれすれのところまでいっても絶対卑猥《ひわい》に堕《お》とさない特別なパフォーマンスであった。

アランは富裕な家に生まれたが、もともとのブルジョワではなく曽祖父は二〇世紀の初めに裸一貫でディジョンからパリに出てプリズニック（フランス最初のスーパーマーケット。現在のモノプリの前身）を起こした傑物である。

彼は子供の頃からアートの才能もあり、自身よく油絵を描き、ギャラリーを持ったこともある。戦前はマン・レイやマルセル・デュシャン、戦後はジャスパー・ジョーンズらと親交があり、そのアートの感性は有形無形で彼のステージに反映されていた。

彼は自らのアートを創造するにふさわしい踊り子を探し出すために、俳優の卵やモデル等から選び、いわゆる手垢《てあか》のついたヌードダンサーは使わなかった。特に一九五一年と一九五二年の二年間は、一種の実験期でもあり、踊り子が全裸（わからないように前張はつけている）になるのは一九五三年からである。そして究極のコンセプト〝シックな子供たち＝大人たちのためのストリップティーズ〟に行き着くまでに様々な試行錯誤が繰り返されてきた。洗練とはそういうことだろう。

アランは女のエロティシズムに精通していて、鋭い感覚と洒落《しゃれ》た演出で多くの踊り子たちの魅力を引き出した。多くの踊り子たちが彼に「自分の存在、魅力を教えてくれてありがとう」と感謝したという。洋子にとっても、ここでの体験は自分の存在とチャーム・ポイントを知る大きな機会となったことだろう。

創始者アランの娘が語る〈クレイジー・ホース〉の輝き

アランは、ディディエ、ソフィー、パスカルという三人の子供に恵まれた。その中の、現在はカルカソンヌの瀟洒《しょうしゃ》な城に住む娘ソフィーが快くインタビューに応じてくれた。ソフィーは、ラスベガス店を二〇〇一年にオープンさせてから、約一〇年間アメリカ中心の暮らしをしていた。

カルカソンヌの駅に、彼女は、赤いジープを自ら運転して出迎えてくれた。ジーンズ姿にゴールドの大きなダイヤの指輪をした手、アメリカナイズされたお洒落が、スペインとフランスの国境近くの田舎町では目立っていた。

カルカソンヌには、世界遺産に指定されている古代ローマ時代からの要塞があり、中を歩くと中世に紛れ込んだような気分になる。ソフィーの城は、駅から小一時間、大平野を抜けて行った小さな村にあるが、プール付きのこの城は、夏のシーズンには、四〇人以上の親族・友人とでにぎわう。現在は、パリと往復する暮らしだそうだが、彼女はここで、五〇号も一〇〇号もある大きな絵をたくさん描いていた。

一つ気になったのは、どの作品もが全面に涙が流れているような筆致で描かれていて、さめざめと泣いているかに見えることである。作風と言えば言えるし、特別に悲惨な感じはしないのだが、やはりそればかりというのは気になった。さりげなく尋ねると、彼女はあっさりと自分の心情であると答えてくれた。

〈クレイジー・ホース〉は子供の頃から、彼女も関わった最愛の舞台だったが、経営上売り渡さざるをえなかった。契約ではショーの内容や演出に関して発言できる権利を保ったにもかかわらず、いっさいオミットされ、スタッフから外されてしまった。そこで訴訟となり彼女は勝ったのだが、それ以来自分の誇りであった〈クレイジー・ホース〉の敷居は高くなってしまった。最愛の父親を失い、店とも遠くなり、絶望の淵にいたが最近になってやっと持ち直し、絵も描けるようになったそうである。店は、彼女のすべてであったのだ。

普段は、通いの家政婦と、犬、猫、鶏、兎《うさぎ》だけで広大な城に住んでいる彼女は、よほど気丈な人なのだろう。私への心遣いも苦労人のそれであり、誠心誠意、九九歳の義母にまで電話をかけて、洋子の情報を集めてくれた。

〈クレイジー・ホース〉が、いかにセレブたちに愛されたかを物語るエピソードは多いが、まずその出演者が豪華で、歌手にはアズナヴールやムルージの名が見える。六〇年に一時営業してすぐやめた〈クレイジー・ホース〉のほうにはバンドマンとしてタンバリンを振るクロード・フランソワがいたという。

踊り子からは何人もスター（最近では、ディタ・フォン・ティース）が生まれたが、だいたいは二五～二六歳ぐらいで引退して幸せな家庭に入る娘が多い。

ここの踊り子たちは他のキャバレーとは格が違い、レッスンも非常に厳しいことで有名だ。東洋人で出演した踊り子は洋子を含めてまだ四人。給料は日給制で楽屋には通信簿が張られ、踊り子が客席の知り合いに目配せしたりすると振り付けが壊れるという理由でマイナス点が付き減給されたという。

長年モンマルトルの芸能人の間では有名だった和食レストラン〈鷹〉を経営した岡元隆人が言

う。「たくさんのレヴューの踊り子たちを見てきたが、〈クレイジー・ホース〉の踊り子たちは特別に教育されたアーティストとしてのプライドがあり他と全く違っていた」

「マン・レイの唇」を形にしたソファーでの踊りは今でも定番であるが、ソファーをデザインしたサルバドール・ダリが直接ステージの美術に関わったショーも評判を取った。ポスター製作者には有名カメラマンやアーティストが目白押しで、舞台写真家のポール・ド・コルドン、バルタバス（ジンガロ）の写真で世界的なアントワーヌ・プペル、彫刻家のセザールなどが協力しており、日本画家では踊り子を描いた石垣定哉《さだや》の作品もソフィーが見せてくれた。

衣装では、ディスクドレスで一世《いっせい》を風靡《ふうび》したパコ・ラバンヌ、クロエにいた頃のカール・ラガーフェルド、ロリス・アザロなど錚々《そうそう》たる名がすぐ挙がる。顧客や常連客も豪華で、俳優ではアラン・ドロン、ミシェル・ピコリ、エディ・ミッチェル……日本人では小澤征爾《せいじ》の名が見える。

ちなみに、〈クレイジー・ホース〉の衣装はファッション界がいつも注目していたが、一九五二年にすぐ斜め向かいに開店したジバンシィだけは、モードの街にそぐわないと目の敵《かたき》にしたらしい。

〈クレイジー・ホース〉の日本のナイトシーンへの大きな影響

〈クレイジー・ホース〉は一九六〇年に大工事をして新たに誕生するがその後どんどん世界的になっていった。あまり知られてはいないが、実は日本のナイトシーンに大きく影響している。

〈クレイジー・ホース〉がいかにアーティスティックな場所なのかを語るには、照明家の藤本晴美がふさわしい。藤本は、私の恩人である。私がレコード歌手デビューした時の、〈西武劇場〉でのコンサートでは、メジャーな劇場で初めて歌う若輩の新人歌手を、その見事な照明で確実にグレードアップしてくれた。また、その何十年後かに、私の小さな極端に予算の少ない東京のライブで、なんと無償で照明を引き受けてくれたのである。

日本のディスコ照明をリードした藤本晴美とアランの出会いは美しい。六三年にヨーロッパのナイトシーンの照明を勉強するために留学した彼女は、ホンダのセルモーターのオートバイをわざわざ日本から運びパリを乗り回し話題になっていた。

彼女は凱旋門と夕陽のコントラストを見るのが好きで毎日のようにシャンゼリゼを走っていたが、ある日金髪の娘三人を乗せたシルバーグリーンのロールス・ロイスの男に声をかけられた。それがアラン・ベルナルダンだった。照明の神様と出会ったのである。

彼女が日本の照明家だと知るとアランは〈クレイジー・ホース〉に連れて行き、その時からフリーパスになった。ただしいつもホンダで乗り付けるという条件で。

アランは本当のプロで、何でも真似してOKといい、六八年赤坂に〈MUGEN〉がオープンした時にはそのアイデアと技術が大いに役に立った。時代はベトナム戦争に疲れ切ったヒッピーとドラッグのサイケデリックファッションが流行していた頃である。多くのソウル音楽のスターを招聘《しょうへい》した〈MUGEN〉は浜野安宏《やすひろ》のプロデュースであるが、売り物とした異空間を、実際に照明により作り出したのはまだ二七歳の藤本だった。続いた〈ＢＹＢＲＯＳ〉は、オープン当初から、皇族から財界人、文化人、ファッションピープルを集め、日本の夜の社交界の様相を呈していた。従来の銀座や花柳界とは別に、セレブという感覚が、西洋的な夜の遊び場と繋がった最初の場所といえるだろう。

藤本は毎年のように〈クレイジー・ホース〉に出かけ、アランの死の二ヵ月前にも会っている。彼女は信頼が厚く、実現はしなかったが、日本の〈クレイジー・ホース〉開設を任せられたほどであった。

藤本は〈クレイジー・ホース〉のストリップはアートであり、パリで見ることが重要と語る。洋子とは、一〇年違うとはいえ、彼女の証言は貴重であり、単身オートバイで乗り込んだその冒険好きな気性は、洋子に通じている。

踊り子に囲まれたアラン・ベルナルダン
（写真：Paul de Cordon）

アランは二番目の妻ジュリアーヌとの長い離婚闘争後、八五年には自身が発掘した三〇歳年下の踊り子ロバ・ムーアと結婚した。それまでネクタイをきちんと締めた英国紳士然とした彼のファッションが、Ｔシャツにゴールドのアクセサリー、くしゃくしゃの革ジャンへと変化していった。ロバはペット的存在であり、結婚後、踊り子をやめた彼女のために、彼は、レコードをヒットさせたり彼女をセクシー・シンボルとして売り出すことに懸命であった。ロバはバルドーを連想させる野獣のようなキャラが新鮮であったが、ダンサーをやめてから変わり始め、結婚後は自己主張が強くなり整形をするようになった。夫の死後、財産を受け取り華やかな存在としてマスコミにも取り上げられたが、整形の限りを尽くし今や昔の面影はない。

アランは母を乳癌《にゅうがん》で亡くしたこともあり、とりわけ踊り子の豊胸手術を嫌ったが、ジェーン・マンスフィールドもかくやと思われる現在のロバを見てどう思うのだろうか……。

〈クレイジー・ホース〉は二〇〇六年にベルギー人に売却され、二〇〇七年には〈クレイジー・ホース・パリ〉と改名。アランの大嫌いだったアクロバティックなポールダンスも加えているが基本的な照明のセンスは変わることはなく、相変わらず多くの観光客を集めている。

洋子の〈クレイジー・ホース〉出演とストリップティーズ

ソフィーは私に会う前に、洋子がいつどのような形で〈クレイジー・ホース〉に出演したかを懸命に調査してくれていたが、なかなか特定できなかった。私は彼女の好意で、ホテルのスイートにも負けない豪華な部屋を与えられ、ぐっすり眠った。翌日は、朝から証人探しが始まり、昼頃になり、ソフィーが思い出した、パリのキャバレー史研究家のイヴ・リケに、連絡を取ってくれた。

この研究家はガリガリに瘦《や》せた変わった老人で、全身黒ずくめで、後日、約束の場所に現れ、案内してくれたのは、一階にある資料専門の事務所のような場所であった。彼が何の仕事をしているのかはわからないが、とにかく〈クレイジー・ホース〉の踊り子の登場する、芸能グラビア雑誌やエロティック雑誌のコレクションでは、フランスでも右に出る者はなく、その量は圧倒的であった。現在は〈クレイジー・ホース〉の歴史を書こうとしているらしい。

私は、なぜそれほどまでにストリップティーズが好きなのかと尋ねると、「女性のヌードが好きだからです」と即座に答えてくれた。その笑いにはひとかけらも野卑なものはなかった。

〈クレイジー・ホース〉のオープン当初は、ヌードは三割で他の踊りや歌などとのミックスであった。洋子の場合は、あくまで女優扱いで、着物を脱ぎながらのエロティックなステージだったが、決して全裸にはなっていない。アランの照明の魔法がかかった舞台は、ほとんどアートであったと考えられる。

洋子が出演を決意したのは、なんといっても一回で当時の会社員の一ヵ月分の給料にはなるギャラの良さだったろうが、アランのアート感覚をよほど信用してのことだろう。洋子のことはアラン自身がイギリスの出版社ジャック&フランチェスカに話しているが、着物を着て繻《しゅ》子の足袋《たび》をはき、髪をあげサンゴなどで飾った洋子はまさに東洋の神秘であり、一枚ずつ着物を脱ぐその姿は多くの客を魅了し、たった数ヵ月の間ではあったが、大評判になった。

噂を聞いた日本大使館の人間が驚いて、ちょうど商用でデュッセルドルフに滞在していた洋子の父善一に連絡を入れ、彼は慌てて駆け付けたというが、その美しさに感動し洋子を止めることはなかったという。

〈クレイジー・ホース〉には最初生バンドが入っていたが、その後人件費の問題で音楽は録音に代わった。音響、照明、次々開発される新しい機材を整えるのに負担が大きく、飛行機網が発達し、世界中から観光客がやってくる八〇年代には経営が悪化していった。それでもアランは華やかなショーをやめなかったが、自分の表現がいまひとつ世間では下品なものとして差別される現実にいつも悩んでいた。彼が〈クレイジー・ホース〉のオフィスで自殺したのは、七八歳、一九九四年のことである。大変な有名人の突然の自殺で、マスコミは大騒ぎでその謎を書きたてたが、真相は、アランが脳の難病に罹《かか》り、あえて自分の意思が通せる間に、ということだったらしい。

洋子とアランとの一つの出会いは、不思議な別れで締めくくられた。アランが自殺する前日の昼間、洋子は愛犬の散歩コースでもある店の前を歩いていて、何の気無しにフラリと店を覗いたら、そこに偶然にも彼がいたそうである。彼はたいそう喜んで、二人は少しの時間旧交を温めたという。

彼女がキャバレーで演じた、自ら構成したという「羽衣《はごろも》」パターンは、音源も映像も見つからなかったが、写真が数葉と日本でのインタビューが残されていた。

《わたしは「羽衣」の話をもってきたんです。音楽は「越天楽」と「さくらさくら」とあと二、三曲をまぜこぜにして作ったの。「越天楽」に乗って天女が降りてきて……。天から降りて、地に着いた時に、女性の本体が現れるわけでしょ。そして、本当に表れてしまうと、なかなか、もとにはもどる事が出来ないんです。そういう事を表すためにキモノを脱いでゆく事を考えた訳ですよ。ヘリクツかもしれないけど、それが女性の一面かもしれないと思ったの。

暗示的なダンスなんですよ。それに、生活費を支えるために、そういうものを作るのは悪いことじゃないと思ったんです。ところがあんまり、日本人がびっくりしたんで、私の方がびっくり仰天なの》

日本のエロスの解放は一九四七年、戦後初めてのベストセラー、田村泰次郎《たいじろう》の『肉体の門』から始まった。「肉体の解放こそ人間の解放である」を謳《うた》い文句に、舞台化・映画化され社会的現象になった。

ストリップもほぼ同時期に浅草を皮切りに専門の小屋が続々誕生し戦争中抑圧していたものが一気に噴き出したようであった。進駐軍専門のクラブでも全裸の踊り子が大人気で、踊り子を指名して外出できる体《てい》のいい売春も行われていた。猥褻《わいせつ》物陳列罪で警察に摘発されるたびにストリップ＝エロ・レヴューのイメージは、社会に定着し、一枚ずつ服を脱ぐので〝たけのこダンス〟という別名も世間一般によく知れ渡っていた。赤線廃止後、日本版ストリップは、よりいびつで淫靡《いんび》なものとなり、その後も観客と舞台上でセックスさせるまな板ショーまで登場し、さすがに昨今は下火になったが、現在でも地方の温泉地などにその看板を見出すことができる。

洋子のパフォーマンスは、それとは全く違ったものにもかかわらず、パリ在住の日本人の間で、大顰蹙《ひんしゅく》を買い、オーバーに言いふらされた。洋子と入れ替わるようにカトリックの寄宿舎に入寮した須賀敦子は、日本大使館員から、国辱なので、踊りをやめるように説得してくれと頼まれたという。現代の日本女性の知性の鑑《かがみ》のような須賀と洋子とが触れ合うことがあったのは、ともあれ面白い。

私がその舞台の写真をどうしても見たいと思ったのは、その程度を確認したかったからだが、実際に残された写真はもちろん全裸ではなく、洋子も言うように隠すべきところは隠されていて、別にどうということもないのだが。六〇年以上が過ぎて、日本の週刊誌での、有名女優が〝グラビアでヘアー解禁!〟などの広告にも、あまり驚かなくなっている現在、洋子の写真は逆にエロティックに見える。

フランスはすぐに彼女の才能に目をつけた。洋子のショーは大成功と言ってよく、時を置かずに〈カジノ・ド・パリ〉出演とミュージカル『ナムナ』に出演することに繋がった。

洋子の見出した自分の価値　〝エキゾチック・ヴァンプ〟

洋子は、パリでは珍しい日本人のダンサーとして知られるようになった。パリで最も伝統のあるレヴュー劇場〈カジノ・ド・パリ〉の総合プロデューサー、アンリ・ヴェルナに見初《みそ》められたのはこの時期である。一九五三年末、洋子は〈カジノ・ド・パリ〉と二年間の契約をした。

レヴュー劇場とは、大雑把《おおざっぱ》に言うと大掛かりなショーやコンサートを専門とする劇場のことである。フロアをステージにしたりするナイトクラブやキャバレーにもレヴューはかけられるし、劇場並みの大きなステージがある大キャバレーもあり混乱するが、大きな違いは酒を出すか出さないかだ。

〈カジノ・ド・パリ〉は、九区にある劇場で一九一七年にアールデコ様式に建て替えられたが、設立は一七三〇年というからフランス革命以前にあったことになる。格式高い小屋で、戦前は、ミスタンゲット、モーリス・シュヴァリエ、ジョセフィン・ベーカー、ティノ・ロッシなど大スターたちが年ごとにレヴュー公演し世界の観光客を集めていた。戦後はまずリーヌ・ルノーが大ヒットを飛ばすが、洋子はそれ以前に出演していたことになる。洋子はバレエを習い、戦後すぐの東京・有楽町〈アーニー・パイル劇場〉（GHQに接収された東京宝塚劇場）にも出演したことがあり、レヴューに対しての知識は少しあったわけだ。

〈カジノ・ド・パリ〉では中国が舞台のショーなどに小さな役で登場したが、これが大きなきっかけになろうとは思っていなかった。このステージを見たマルグリット・ジャノワの推挙により、洋子は翌年公開の大作舞台『八月十五夜の茶屋』の主役を演じることになる。

《わたしね、なんにも判らなかったの。でもね、自分で稼がなかったら食べられないの。わたしの絵じゃ食べられないもの、辛かったわ。そのとき、ジョセフィン・ベーカーを育てた人に助けられて、カジノに出たの》

五年ぶりで東京に帰国した頃の洋子のインタビューである、その日本語はたどたどしく、発音も悲しいくらい違っていると、『週刊東京』の雑誌記者が書いている。

一九五四年一〇月一日にパリ劇場で上演された『ナムナ』は、ミュッセを原作に、ジャック・ドゥヴァルによって、国際スター、フェルナン・グラヴェのために書き下ろされたミュージカルである。

〈カジノ・ド・パリ〉出演中も、彼女は相変わらず真面目に、演劇学校にも通っていたが、そこでグラヴェに出会い、『ナムナ』に推挙された。グラヴェはジュリアン・デュヴィヴィエがアメリカで撮った大作『グレート・ワルツ』でヨハン・シュトラウス二世を演じたスターだが、この映画はアカデミー撮影賞も受賞した有名作で日本でもヒットしている。この時は彼を囲む女の一人だったが、ダンスより演劇をやりたかった洋子にとっての、ダンス以外の初舞台であった。時期的には『八月十五夜の茶屋』の前である。

洋子には、舞台とは別に少しずつ映画の話がきていた。どの役もアジア人というだけの、小さな、時にはクレジットにも載らないほどの端役だったが、それでも洋子は懸命に一つ一つ全力で仕事をこなしていった。

洋子の映画デビュー作『幻想の商人』は、パリで一九五四年八月四日に封切られているが日本では未公開である。監督は職人監督ラウル・アンドレ。この時期、約二年弱の間に洋子は端役で、七本の映画に立て続けに出ている。共通しているのは、東洋人が求められての配役で、日本人役はわずか一本、あとは中国人、ベトナム人、国名不詳のアジア人である。〈クレイジー・ホース〉がいくら高いギャラであっても、短期の出演であったし、様々な経費を稼ぐためには名前が大切であった。そのためのステップアップとして、映画出演はギャラが安くても、とりあえず一番手っ取り早かったのだ。

Yoko Tani change de nationalité pour débuter au théâtre

1954年『ナムナ』の出演はマスコミの話題となった

〈カジノ〉出演後の洋子へのインタビューには《YOKO TANI。彼女の名前は、今やパリ中のプロデューサーの間で話題に上っている。舞台や映画でのエキゾチック・ヴァンプという役柄でこの女優は成功するであろう。今、ヨーロッパで、このタイプで彼女と張り合える女優はいない》と書かれている。

エキゾチック・ヴァンプ、洋子はここにまさに自分の価値を見出した。根が真面目な洋子は、このイメージを演じるのに、相当な研究を重ねた。

日本人の海外舞台出演の大変さ

日本人が海外で舞台や芝居に出る、その大変さは実際に経験したものでないとわからない。フランスではまず大事なのが滞在許可証で、これを貰うのには、普通日常では体験しない苦労を味わうことになる。滞在許可証は外国人にとって重要な身分証明書である。そしてその許可証には種類があり、労働ができるものとできないものに分かれている。

私は、滞在許可証＝労働許可証と思い、愚かにも全くその仕組みを知らずにフランスに渡り、その取得が最初の大きな壁として現れた時のことを鮮明に覚えている。

〈オペラ座〉のすぐ近くの小道、ドヌー通りにアメリカの作家ヘミングウェイで有名な〈ハリーズ・ニューヨーク・バー〉があり、この当時地階にＪＡＺＺ演奏と歌手が入っていた。私は日本から友人のピアニストに来てもらって、パリで小さなライブに出たが、そのついでに知人がオーガナイズしてくれて、何の知識もなく〈ハリーズ・バー〉のオーディションを受けたのである。結果は合格で、週給の話まで出たのだが、そこで進められた話は、あくまで労働許可証を持っていたらの話であることが最後にわかった。

私はその時、楽屋のカーテンから注がれる焼かれるように怖い眼差《まなざ》しを感じていた。オーディション中から、滞在証の有無のやり取りをジーッと見ていたのは、私が歌手として入ることにより職を失う、痩せたフランス人の中年の女歌手だった。あの時の恐ろしい目を、私は忘れない。結局、許可を取ってからということになったが、それはその視線のせいもあった。オーナーは、日本人が歌うという話題が欲しかったのかもしれないが、もしあの時許可証が不備なままで出演したら、彼女が絶対に移民局に密告したに違いない。私は彼女に挨拶をして帰ったが、彼女は私を睨《にら》みつけていた。

企業に属さないフリーランスは、ビザの申告や切り替えのたびに大いに悩まされる。必要な書類などがよく変わるし、最初に働くために必要なビザは、働いて税金を支払った事実がなくては貰えないという「鶏が先か、卵が先か」の問題が立ちはだかる。八〇年代頃までは学生ビザで入国して何年か滞在し必要書類が揃えば滞在許可証（最初三年）が貰えたが、九〇年代にはその制度もなくなった。正式な滞在許可証を持たない者はもぐりの滞在となる。基本的には一ヵ国に三ヵ月以上は滞在できず、ともかく三ヵ月ごとに国外に出た証拠をパスポートに残さなくてはならない。

滞在許可証の申請にまでこぎつけた人は、寒い早朝（六時頃から人が並び出す）から警察署の前に並び、必要な書類（実に多い）が一つ不備でも追い返されまた別の日に早朝から並ぶということを繰り返す。ここでめげる人々も多いが、私も実際に体験してみて、情け容赦のない事務的な扱いを受け、何度も落ち込んだものだ。最近では、ネット予約ができるようになり更新に関しては大分楽になったが、それでも現在アラブ系の難民が異様に多い時代になり、最初の登録は非常に厳重である。

洋子は、この手続きが大変なことは良く知っていたが、自分はフランスで生まれた者（国籍の選択ができる）の権利で煩わしいことはなかったと語っているし、結婚もしたのでそういった苦労はしなかったようだ。

洋子への注目のきっかけをつくった舞台『八月十五夜の茶屋』

洋子が注目される大きなきっかけ『八月十五夜の茶屋』は、元はブロードウェイの芝居で一九五三年一〇月一五日に〈マーティン・ベック劇場〉で初演された。一〇二七回約二年半のロングランになり演劇界最高のトニー賞を受賞した有名作である。沖縄を舞台とした原作はヴァーン・J・スナイダーで、大尉として沖縄に実際に駐屯した軍人である。脚本はジョン・パトリック。

内容は、正義の味方アメリカ占領軍が、沖縄を民主的で自由なパラダイスに変えようとするが、図式的な民主化が外れまくり、そのバカバカしさがこの芝居の笑いのツボになっている。結果は日本文化の象徴のように、スーパー芸者が登場し、米軍人たちもその魅力に惹かれ、一度は壊した茶屋を再開し、仲良しこよし、めでたしの大円団となる。

この舞台はブロードウェイで大ヒット後、一九五四年～五六年にかけて、ヨーロッパや南米、もちろん日本でも公演された。日本では、まず一九五四年の四月二一日から三週間計一五公演、沖縄嘉手納《かでな》基地の中の劇場で、球米親善と沖縄の子供に学校を寄付するチャリティを兼ねていた。

『料亭十五夜』と題され、俳優は、アマチュア演劇経験者や琉球舞踊の踊り子とミュージシャンとで構成された混合チームであったが、台本はブロードウェイのものと同じであった。

その後、翌年の八月六日～三〇日まで、今度は東京の歌舞伎座で、これもアメリカ人の舞台経験者や日本の新劇人も交えて公演された。戦前から国際的に活躍したダンサー兼振付の伊藤道郎《みちお》とアメリカ人グレン・トンプリーとの共同演出であった。歌舞伎座公演は英語で日本語解説がついた。六割は米軍およびその家族他の関係者であった。日本人観客が約四割いたが、その感想は非常に悪かった。問題は劇中に登場するヒロインの〝ロータス・ブロッサム〟と呼ばれる一流芸者である。この舞台でも最初娼婦と勘違いされる〝芸者〟は、実際には沖縄と本土とでは随分ニュアンスも違い、その解釈をめぐって衣装一つでも公演によってだいぶ変わったようだ。この役は脚本のパトリックが日本人にこだわり、ブロードウェイではニキ・マリコが、沖縄では浜幸子が、

舞台『八月十五夜の茶屋』の雑誌報道

東京では水谷良重《よしえ》（二代目水谷八重子《やえこ》）が演じ、パリでは洋子が演じたわけである。

この舞台劇はすぐにMGMによって映画化権が買い取られ、日本は大映が協力という形で一九五六年四月中旬から日本ロケが開始された。監督はダニエル・マン、主役は、マーロン・ブランドとグレン・フォード、かなめの芸者役は京マチ子である。

アメリカではその年の一一月に公開され、一九五七年の興行成績六位に入っている。日本では翌年一月二二日に公開され、外国映画の中では三位と健闘した。これまでの日米の合作または協力で作られた娯楽映画の中では最高とされ、特に京マチ子の存在が他のアメリカ人俳優に全く見劣りしていないことが、当時の日本側の批評家を喜ばせている。

しかし一般の沖縄市民たちの戦前戦後の苦しみを思うと、アメリカ人観客はともかく、このものすごい差別映画を〝大人のお伽話《とぎばなし》〟と捉えて、多くの映画評論家が、手放しで楽しんだと褒め称えたことに驚かされる。確かにアメリカの正義の押し付けを笑い飛ばす点では、進歩的かもしれないが、沖縄の事を意識したならば、簡単に楽しめるはずはない。評論家の欺瞞《ぎまん》というよりも、占領されていた日本の状況は、白人と対等に日本女優が扱われるのが嬉しい時代だったのだ。

フランス公演は、一九五五年二月五日にモンパルナス劇場で蓋を開けた。脚本はフランス翻訳版で演出はマルグリッド・ジャモア、相手はクロード・リッシュ（フランスでは、俳優として確固たる地位がある）。洋子が演じた芸者は、オリジナルの〝ロータス・ブロッサム〟から〝ロータス・ブルー〟へと名が変わっている。

もちろんブルーの蓮《はす》があるわけではないが、フランスではブルーは特別な色である。古来ブルーは、聖母マリアの服の色であり、なるほど絵画を見てみるとルネサンス以前からマリアの服は、高価なラピスラズリを使用したブルーである。洋子は、マリアを崇拝していたが、インタビューでも、「好きな色は？」と尋ねられて即座に「ブルー」と答えている。

この芸者役で洋子は大評判になり、ジャーナリストからの取材が入るようになり、踊り子から格が上がり、俳優として認知された。パリに残るために裸になってスタートした洋子、この捨て身のお嬢は、約二年間でここまできたわけである。実際は滞在して五年目だが、それでも並の行動力ではない。

第二章

祖母・母からの恋と知のＤＮＡ

洋子の誕生と母妙子の想い

《二月九日

洋ちゃん

あなたは七月二十五日に生れるんですつて。何だか變ね。でも一日も早くあなたが見たいわ。夕方生れた子は頭が悪い云ふから二十五日の朝日と一緒に生れてね、二十四時間位お母さんはウン〳〵唸つてもいゝから必ず〳〵朝生れてね。

今年は龍年だからあなたが男の子だといゝと思つてゐる、どんな兒でせう、大きな〳〵幸を持つて産れていらつしやいね。

胎教なんてお母さんには難しいけれども、一生懸命にやるから私達の良い所だけ持つて生れて来てね。

修養の足りない私がどこまでやれるかわからないけれど、坊やが幸のやうにどんな苦しみが起つても其の中でお母さんは樂しそうに雲雀のやうに歌つてゐて上げるわ。

默つてこうしてゐると私の心臓の音がどきどきと聞えるのよ。この音の中に小さな〳〵かすかな〳〵坊やの育つて行く音がまぢつてゐるのかと思ふと嬉しい。

何だか私は嬉しい。

三月二十九日

洋ちやん

あなたは佛蘭西で生れるのよ。花の都巴里で！

今迄お父様お母様に黙つてゐたのだけれどとう〳〵知られてしまつた。大きいお腹をして外國へ行く事を止められては大變と随分かくす事に苦労した。（中略）

女なら洋子。

男なら洋。

と名前の御披露をした。

「あゝ洋行するから洋か」

どうして〳〵そんな簡単なものではないんです。前途洋々たれと祈る心は勿論なのですけれど男にも女にも通つてゐて、呼びやすく、書き易い字をと随分探しました。そして戀人に呼ばれて「洋さん」「洋兄様」「洋さま」と甘くひゞくし、Sをして「洋姉様」「洋ちやん」とロマンテイクなリズムを持たせて、子供のときは「洋ちやん」「洋子ちやん」と可愛いく呼ばれる上に、皺くちやの老人になつてあんまり若々しい名前はおかしいからそうでないのをと随分字典を引つぱつて探しました……。（以下略）》

（昭和三年〔一九二八年〕刊『猪谷妙子傳』より抜粋）

一九二八年八月二日朝十時。パリ一六区ブーローニュの森の入り口近くにある病院〈メゾン・ド・ラ・サンテ〉で一人の日本人の女の子が産声を上げた。名前は猪谷《いたに》洋子。二十数年後にパリで活躍する谷洋子の本名である。オクターヴ・フイエ通りと、アルフレッド・ドゥオダンク通りの交わる角にあった病院は現在高校になっている。

父親、猪谷善一《ぜんいち》は経済学者、母親、妙子はその後主婦業の傍ら婦人民権運動に関わった才女、二人の仲は大変に良好だった。妙子は二〇歳、善一は二九歳、洋子は初子であった。

この章の冒頭に日記の一部を載せた母妙子の遺稿集『猪谷妙子傳』を初めて読んだ時、私はまず『万葉集』の山上憶良《やまのうえのおくら》の有名な句を思い出した。子供を愛《いとお》しむ心がその全部に溢れていたからである。そして同時にこの本を超多忙の中で編纂《へんさん》した父善一の、妻と子供への愛がストレートに伝わってきた。洋子はこんなにも愛されて生まれ育てられた人なのだ。それが第一印象だった。

二〇歳の母妙子は、洋子のお産の模様を極めて客観的に日記にして残しているが、そこから窺《うかが》い知れる家族愛、母であり妻としての自覚は、とても現代のこの年齢の女性に期待することはできないほど完璧に見える。母妙子は結婚後、婦人運動家奥むめをの秘書をした。いわゆる典型的な大正時代のモガで、スキー、乗馬、テニス、水泳、とスポーツ万能な美人でありラグビーの大ファンでもあった。

父の軌跡とパリでのエピソード

猪谷善一は、明治三二年（一八九九年）富山県に誕生している。実家は薬の行商も行う大きな薬問屋で、甘酒饅頭《あまざけまんじゅう》で有名な〈竹林堂〉は親戚である。六歳の時に一家は東京に出てくるが、子供の頃から優秀で努力を惜しまない自慢の子供であった。

善一は、小肥《こぶと》り中背のガッチリした体形で、子供の頃はよく相撲をとった。せっかちで言いたいことを言い、口は悪かったが心が温かく、サッパリして侠気に富んでいた。錦城高校を出て、一九二三年に東京商科大学（現一橋大学）を卒業し二七年には助教授となり、同年のパリ留学を経て三〇年帰国、三七年教授昇進、と順調に階段を上ったエリート経済学者である。発展途上国であった日本の経済学者として、国家軍国主義が拡大する中、他国と同等のレベルと意識を持ち続けた、上田貞次郎《ていじろう》の優秀な弟子の一人である。上田は善一たちの結婚式では媒酌人も務めていて、善一を、頭と口と手とが備わった逸材と評している。

一九二七年、商科大学助教授猪谷善一は、文部省の留学生としてパリ外遊が決まっていたが、その前に身をかためてと、恩師上田貞次郎博士夫妻の計らいで、妙子と見合い結婚した。

妙子の旧姓は江木である。父定男と母万世に関しては後章に触れるが、妙子には文彦（一九一〇―一九八九）と武彦（一九一〇―一九九八）の双子の弟がいたので三姉弟ということになる。

当時妙子は、東京女子高等師範学校（現お茶の水女子大学）の専攻科一年生であったが、中途退学しての結婚であった。この結婚の前に、別の婚約の破棄があったが、それは先方が妙子の複雑な家庭事情を気にしたということだが、定かではない。

その直後に上田博士夫人から話が持ちかけられ、見合いには妙子の母に代わって貿易商、田村新吉《しんきち》が善一の鑑定をしたそうである。田村は若くしてアメリカに留学し、カナダで大成功した人で、銀行家の傍ら神戸商業会議所の会頭であり、長く国会議員も務めている。

見合いは昭和二年七月二四日。九月二日結納、一一月二日結婚。翌年春には離日というすごいスピードである。妙子は結婚後すぐに妊娠、それを隠しての海外派遣であった。しかしその前に、妙子の実家と二人には問題が起きていて、これが妙子を大きく悩ませた。

《二十九歳の小生と二十歳の妙子は恩師先輩友人諸君の祝福を亨けて新生に入つた。當時僕の両親は西大久保に居たので洋行までの半歳の月日を同居する事にしたのである。

結婚後は洋行の準備もあり、研究にも急しく仲々千駄木町へ今迄のやうに通へぬ上に一人淋しく葉山に居る祖母に對する同情も手傳つて、我儘な婿は次第に母と疎遠となつた。何かの時に言つた忠告が誤解ともなり完全に母を激怒せしめ、若夫婦鹿島立の時は見送つて貰へず、文武二君が母の代理として横濱に現れ、妙子を叱り泣かして了つた。これ全く僕の不徳の致す所であつた》

猪谷夫妻は、昭和三年（一九二八年）四月九日諏訪丸で横浜を出港、五月二〇日にマルセイユに着いている。ひとまず上田貞次郎ゼミの仲間たちの計らいで用意されていた下宿屋に落ち着いたが、洋子の誕生後はブーローニュの森近くのアパートに引っ越している。

《世帯を持つ事の難しさをつくぐ〵知つた。使へば使へるものをしめてゐる今だからいゝけれど使はうにもそれだけといふ時はどんなにつらいであらう。

マダム・ラゴンデは洋子に可愛い服を買ってやれと云ふが私はよさう、巴里には着物を買ひに来たのではなく、彼が勉強し、よい本を買ひに来たのだ。私と洋子は幸がこゝへ運んでくれただけなのだから、これ以上の生活をのぞんではいけないのである。

私は東京の家から何も来ないので悲しい。洋子が私の様な時には借金してでも旦那様に片身がひろいやうにお金や物をせつせと送ってやるやうにしやう》

当時パリには国際連盟の日本政府事務局があり、局長は大学の先輩佐藤尚武《なおたけ》であった。後輩に世界経済の国際舞台を経験させてやりたい、という思いを受けた善一は、昭和四年秋に開かれる国際連盟総会の外務省嘱託に推挙され、この年の九月四日に、一家共々スイスのジュネーブに引っ越しとなった。

善一にとっては、まさに専門分野の実践で、いくらかの収入もあり、間にはレマン湖畔の国連附属図書館で勉強もできる喜ばしい話であったが、妙子には夫に言えぬ苦労があった。パリには約六ヵ月の滞在であったが、子供が生まれてから、妙子は、悩むことも多くなった。持ち前の明るさで健気に乗りきったが、最大の悩みは、生活費であった。

日記には、金の工面の話が多くなり、善一の足を引っ張らないようにするさまがいじらしい。まだ二〇歳になったばかりの妙子が、いきなり子を育て、家計をやりくりした。覚悟で出立した外国とはいっても、それは〝憧れの巴里〟であったからであり、ジュネーブは想定外であった。

《此の健康地での私の生活は忙しく、つらかつた。女中がない上に冬はストーヴをたかなければならない。（ヒーテングのある家は家賃が高いのである。）彼は巴里の時と違つて毎日お勤めに出かけて食事時にしか家にゐなく、お勤めのない日は古本屋と、その整理勉強に一杯で洋子をみてもらふわけにゆかなくなつてしまつた。

まづ冬の風が吹き初めると私は歯痛になやまなければならなかつたけれど歯醫者は日本の何十倍もとられるときいてゐたので恐くてかゝれないのである。結極、口もきけない位痛くなつてから家主のお神さん（原文ママ）に歯醫者につれていつてもらつた。私はお金が充分にないからなるべく簡単な治療をしてくれと泣き〳〵頼んだ事をわすれられない。

お正月になると、流産をしてしまつた。流産そのものは、下痢をした位の腹痛ですましてしまつたのだが後十日寝たきりの生活で彼を働かせた事は旅行中のあらゆる苦労も帳消しにしてしまつたやうなものである》

その後、妙子の身体が弱っていたので、二人は女中募集の新聞広告を出すが、お目見え詐欺専門の女泥棒に引っかかり、大切な現金一〇〇フランを盗まれてしまう。

《彼は、初めから油断をしないでとても気をつけてゐたのだけれど私の悪い性格が彼に損失をかけたのであつた。私は絶對に人を疑ぐりたくないのである。人を信じたいのである。いや信じないでは生きてゆかれないのであつた。だから、二日たち三日たつてよく働き、私に靴下の繕ひ方を教へたりしてくれると疑ぐつては悪いやうに思はれてしまふのであつた。（中略）私自身はその女のお蔭で人を一應疑ぐらなければいけない事を教へられ、靴下の繕ぎ方を覚えたのだし、十日間身體が休められたのだからと思ひ諦められるのだが、失つたのは私のお金でなく、彼のお金である事に、何とも云へない相濟なさと乏しさが伴つた。それともつと私を悲しましたのは誰れでもを信じて行く事は出来ないのが世の中だとまざ〳〵とみせられた事なのである》

帰国、そして妹令子の誕生

昭和五年（一九三〇年）善一の学校の経済担当教授が急死して、至急帰国せよ、との電報が母校から入った。一家は慌ただしく、帰国準備をして、〝榛名丸〟に乗船し、マルセイユを五月一六日に発ち、無事六月三〇日に神戸港に着いた。

《僕は蒐集した研究資料をまとめて発表したい意欲があり、日本に其の當時なかつた経済学の学会を作り上げたい野心があり、又学園粛正の理想に燃えてゐたから帰心矢の如きものがあつたのであるが、妙子の行方には相変らずの宿命的な祖母と母との不仲があり、僕の両親との同居問題があり、楽しかりし欧州生活を考へるにつけ復航の彼女の心は鉛の如く重かつたようである》

一家は神戸から東京まで汽車に乗ったが、平塚に住んでいた妙子の父親代わりの存在であった中勘助《なかかんすけ》は国府津《こうづ》駅から乗り込み東京まで同道した。

妙子は勘助の胸にしがみつき、おいおいと泣き出し、いつまでもいつまでも泣きやまなかったという。妙子は、その時勘助をお父様と呼び、自分は本当に結婚して良かった、幸せだと報告した。

妙子と中勘助に関しては後章でも触れなければならないが、一三歳で実父を亡くし、母と祖母の相克の中で、唯一わかってくれる存在は中だけであり、人一倍向学心の強い妙子が、一九歳で女学校を中退して結婚したその胸中を一番知っていたのは、中だったのだ。

一九三一年、三つになって帰国した洋子は片言のフランス語しか話さず、妙子は通訳もしなくてはならなかった。夏は祖母の暮らす葉山で過ごしている。妙子の教育は、実践主義であった。

《或晩日本から人が見えてすき焼をした時、洋子がどうしてもすき焼鍋にさわると云つてきかない。

「駄目、熱いのよ」

と云つたって手を伸ばす。私は、一そ熱い事を知らせてやつた方がいゝ。熱いと云ふ事を身を持つて知れば止めるだらう。熱いと云はれたつてどんな事か知らないからこそ手を出すので私の云ふ事を意識してきかないのではないのだ。と思ひ至つて、その指先をすき焼鍋につゝ込んでやつた。勿論周囲の人は私の亂暴にあきれた様子だつたし、洋子も泣いた。併し、その晩もその後も決して二度とすき焼鍋に手を出さなくなつたのである。私は此の經驗以来、親がちやんとついてゐて、その上で或程度の危險は體驗させてやつた方がいゝと信ずる様になつた。考へてみると私達親はそれが何の様に危險で何の様に子供の爲によくないかを充分に知らせる事なしに子供に色んな事を禁じすぎてゐると思ふ。私達は體驗し、この上でその惡さを知つて止めるのであるが子供達は知らないのであるからそれは單に壓制的な禁止であつて、この説明不足の禁止は、子供をして親に反抗させたり、親の目のとゞかない所であつて危險を冒して身をほろぼす事が多いのではないだらうか。私達はもつと子供に親切でなければならない》

翌一九三二年夏、猪谷一家は逗子桜山に一軒家を借りた。以後一〇年以上、場所は多少変わったが、逗子近辺を避暑の地にしている。祖母は葉山に暮らし、母は大船にいたわけで、何かと便が良かった。

この年、妙子は春から和文、英文のタイプライターを学ぶために、学校へ通い免状も取得した。妙子の頑張りはどこからくるのか、彼女の日記を見ていると、とにかく向上心が高く、自分が良い妻であり母であると同時に、社会人として世の中と関わるために、日々スキルアップを行っている。母も祖母も、写真館の仕事を立派に守り立てながら家庭人でもあったが、その姿を見て育ったからか、怠惰という言葉が見つからない。

逗子では五つの洋子に海水浴をさせたが、家が海岸から離れており乳母車での往復が一仕事であった。無理がたたり、秋には神経痛になっている。

昭和八年（一九三三年）九月四日、重い悪阻《つわり》に苦しめられたが、順天堂病院で洋子の妹が元気に誕生した。令子と名付けられたこの子にも両親の愛は惜しみなく注がれている。

洋子は五歳で姉になった。妙子はスパルタ教育だったが、子供に対する慈愛に満ち溢れていた。

この年善一は国政研究所の経済調査相談役となっている。経済的余裕もでき、善一の両親は大森に、猪谷一家は高田豊川町に転居した。洋子の入学した日本女子大学附属幼稚園の近くである。

猪谷一家の日本での生活あれこれ

《自分の生活を建設するために婦人問題の勉強を此時分より始めたらしい》

と善一が、『猪谷妙子傳』に書いているが、妙子は婦人運動家の奥むめをとこの頃知りあっていて機関誌三月号に、エッセイ『愚妻凡日』を初めて発表した。彼女は、画才もあり、器用にイラストなども描いて、以後、奥の片腕的存在になっていく。子育てをし、善一の書物も借りて読みながら、寸暇を惜しんで勉強する母の姿を小さな洋子と令子は見て育った。

昭和一〇年（一九三五年）春、幼稚園を了《お》えた洋子は、妙子の母校東京女子高等師範学校付属小学校に進学。通学に便利なように、一家は高田老松町に引っ越した。現在の目白台三丁目である。洋子は、日本画家松岡映丘《えいきゅう》の娘みどりと仲良くしていた。松岡みどりは、その後日本のバレエ界に確固たる地位を築いたが、洋子に大きな影響を与えた。洋子は彼女と知り合うことで、その父から絵の手ほどきを受け、また一緒に童謡舞踊を習うことになった。

私は、ぜひとも取材したい相手だったが、みどりの娘とやっと連絡が取れた時には、本人は、すでに他界しており、洋子の話も、そういう人がいたと聞かされてはいたが、細かいことはいっさい記憶にないということであった。しかし従妹の萬喜は、東京宝塚劇場で、創作舞踊を踊る子供たちの中に、洋子と令子が踊る姿を鮮明に覚えていた。それは五歳の彼女が、和服を着せてもらい、舞台に上がって花をあげたのだが、靴を履いたまま出てしまい子供心に強烈に恥ずかしい思いをしたからである。

思うにこれは、当時みどりが師事していた、重本鶴江の童謡舞踊団の発表会だと思われる。松岡みどりは、やがて一九三九年にエリアナ・パヴロワに師事し本格的なクラシックバレエの道に進むが、洋子が同道したかは、わからなかった。洋子に絵の手ほどきをしたみどりの父は、一九三八年になくなっており、みどりは、父の死後、自分の行く道を決める重大な決意を一〇歳足らずで決めたわけだが、幼い洋子が親友の運命を通して学んだものは大きかったであろう。

洋子は他にピアノも習っていて、従妹の萬喜は、猪谷家の洋風な暮らしと特に当時珍しかった二段ベッドに憧れた。

善一はそのまま東京商科大学の学長になるコースに乗ったエリートであったが、学長は名誉職であることをよくわかっていた。善一自身にも多くの優れた研究があり、本来学者としての研究を続けたかったが、一九三八年に『最近日本貿易の伸展に関する実証的研究』という論文で経済学博士号をとり、翌昭和一四年（一九三九年）三月一日、一六年間に及んだ教授職を退職し、実業界に転職した。これはまさに、家族を支える経済的事情もあったが、学内の内紛が大きな原因であった。どんな事情があるにせよ、学者が簡単に実業家に転職できるものではない。善一は、英語、仏語、独語も堪能であった上に、単なる学者以上のコミュニケーション能力に優れていた。

仕事先は関西だったが、業務で月に二～三度は東京に帰れたこともあり、善一は、西宮の夙川《しゅくがわ》にアパートを見つけ、家族三人は東京で暮らすことになった。この夏、猪谷家は〈なぎさホテル〉に滞在する。

この頃このホテルで避暑する家族たちの間に〝なぎさ会〟なる気楽な集まりがあった。後に都知事も務めた東龍太郎《あずまりゅうたろう》の命名だというが、大人はもとより子供たちが、避暑滞在中に仲良くなった。洋子は子供時代も、とにかく群を抜いて活発な少女で、遊びの時もいつも中心にいた。松田竹千代一家の妙子、堀田正恒《まさつね》一家の英子（小佐野英子）姉弟。椎名悦三郎《えつさぶろう》家の子供たち勢一郎、初枝、素夫兄妹……。

1941年の猪谷家――左から次女令子、父善一、長女洋子、三女愛子、母妙子

とにかく錚々たる家庭の子供たちが、夏の間育んだ友情は一生のものになった。

パリで交流のあった画家水野竜生《りゅうせい》は、洋子がよく「出船」を口ずさむたびに、若くして病死した心の恋人の話を聞かされている。それが誰なのかは確実には特定できないが、夏休みに逗子の海で知り合い、子供の頃から親しかった椎名勢一郎のことだと思われる。

末妹愛子の誕生と妙子の死への中勘助の反応

昭和一六年（一九四一年）三月七日、一三歳の洋子は東京女子高等師範付属女学校に入学した。この時代の学校のシステムは今と違い、小学校は三部制でありクラスの半数のみが推薦で進学でき、競争も激しかった。この時母妙子は妊娠していたが、家庭教師を雇い、大きな腹を抱えながら自らも洋子の教師役となった。

《私は、二人の子供を育てゝ来たけれど、それは若いとき夢中で育てゝしまつたと思ふ。三十代のいくらか賢くなつた母親として、もう一度赤ちゃんを生んで育てゝゆけるのを、私はとても樂しみにして待つてゐるの。大事な働く婦人の問題を考へねばならぬときに私のことで逃げるのは辛いけれど、やつぱり、私は、今は辞退しなければならぬと思ふ》

これは、この頃妊娠中の妙子が、奥むめをから婦人雑誌の統合の問題で責任者になってくれるかと問われた答えである。その子、三女愛子は昭和一六年(一九四一年)五月二二日に帝大分院で大きな産声《うぶごえ》をあげた。みんなに祝福されての安産であった。

七月に善一は、大阪商工会議所から、中央機関である東京の日本商工会議所の初代専務理事に転任した。妙子も家族も喜んだのはもちろんのことである。

この頃の洋子については、同門である森まゆみが書いた文章の中に、洋子と同級の谷井《やつい》(旧姓土井)澄子の談話が載っている。

《丸顔で目の大きな、とにかく目立つ人だった。好き嫌いがはっきりして、わがままでちょっとエキセントリック。運動神経は抜群だった。発育が良くて胸がおおきくて。あの頃はいまと違って胸が大きいと恥ずかしがって、さらしをまいてつぶしたりしたものよ。なんせ私たち「椿姫」みたいに、肺病で死ぬのがロマンチックなんて思ってたんだから》

昭和一七年（一九四二年）の元旦は、生まれたばかりの愛子を加え、猪谷一家五人は幸せであった。しかし使い古された言い方だが、運命は残酷である。この時代の模範的なエリート家族に突然の不幸が訪れた。七月一七日夜九時一八分、妙子は急死した。胆嚢炎《たんのうえん》である。『妙子傳』の中に、最近数年間最も親しかった友人として、奥むめをが妙子の死後出版した『新女性の道』（一九四二年、金鈴社刊）から善一が引用している文章がある。

《ほんとにあんなに元気な人が、早や、この世から去つたと思ふと世の中が淋しくなつた様です。頭がよくて、辛辣で、話題が豊富で、快活で、誰にでも対応してゆける賢い婦人でした。

子供のものなども、実に沢山読んでゐました。令子ちやんに聞かせてゐるお話など、私知らないものばかりでした。子供を科學的に伸ばしてゆきたいと願つてゐたのではありますまいか。その方面の指導に細心な注意を向けてゐました。しかし、恵まれた子供がその境遇のゆえにますます心おごりて自分中心に利己的になるのを恐れる、といつて、社會の不幸な人々の存在についてとき〴〵話してきかせてゐました。（中略）

隣組の組長として忙しかつた猪谷さんは三人のお子さんの洋服をはじめ殆んど家族の着る物のすべてを、あのミシン臺に倚つて心をこめて裁断し、縫つてゐました。かと思ふと次々と新刊の書を買つて読み、ずつと語學の先生に就いて英獨書を讀むことを怠りませんでした。又、一週に二度づゝ子供をつれてお舅姑さんをたづねるため老人の喜ばれそうな買物に心を配る妙子さんでした。片瀬にお母さん、大船におばあさんがゐられますが、こちらへも、日をきめて見舞ひにゆくために賢く仕事の段取りをきめて精力的に暮してをりました。

「旦那様が博士論文を書いてゐる間に、私は看護婦の勉強をする」

といつて、あの極寒の中を先生の處にも通つて勉強をつゞけましたが、余程意志の強い人でなかつたら、續かなかつたことでありませう。（中略）

「健康診断など、始終してゐたのに、なぜ、病気を知らなかつたのでせう」

と、私が不服そうに云つたら善一氏が
「自分は日頃丈夫だつたから、子供のことばかり診て頂いてゐたのでせうね。子供のためにお医者に来て貰ふから、その序でに御近所の人達も診て頂くといゝといつて、隣組の人をいつも澤山に集めて健康診断をすゝめてゐましたが、そのやうな人間だったのです」

弟さんも言葉を挾んで、

「他のことに一生懸命になつてゐる間に自分のことに取返しのつかぬ手抜かりをしてゐたんですね。姉は、生涯を通じて職業婦人を愛してゐました。僕たちにもいつも、千草會のことを話題にしてゐました」

と語られました。

世の中のお母さんがみな猪谷妙子さんの様になつたら、どんなにか住みよい、樂しい日本の國になりませう。世の中の奥さんがみな妙子さんのやうに學んで撓まずという境地に達したら、旦那様らは、どんなにか家庭生活を豊富にして樂しむことが出来るでせうか。

猪谷妙子さんは、私にとつて大きな存在であつたばかりではありません。過渡期を歩む日本の働く婦人にとつて、この愛情深き後援者を失つたことは大きな損失だといはねばなりません。いつでも會へて――電話ででも話し合へる身近い協力者を失つた私は淋しい》

妙子が亡くなった時、父代わりだった中勘助の反応は周囲とずいぶん違う。

《あなたが生れたことは私に大きな幸福だつた
あなたとくらしたことは私に大きな幸福だつた
あなたのこれまでにない静かな最後の顔をみたことは私にせめてもの慰めだつた
妙子や　三十五年は長かつたね》

周囲の誰もが、妙子の死を早すぎるという言い方との此の違い、勘助にして〝長かったね〟と言わしめた、妙子の悩みとは何だったのか。私はこの謎を追うために、ある意味で私の理解を超えた中勘助を調べる必要があった。

因縁の姉妹たちと中勘助を紐解く

《妙子の父と私とはたち前後、一高時代からの友人で、随分よく往来したものだった。（中略）妙子の母も結婚前から同じ家にいたので私は家の人たちとは親しくなるより先にごく心やすい関係にあった。（中略）妙子はかわいそうな子だった。お祖母《ばあ》さんに可愛がられて育てられたためお母さんとのあいだが完全に自然でなく、やや成人してからはお祖母さんとも同じような間柄になり、ただお父さんとの間にだけ無理がなかった。妙子はたぶんお母さんからうけた爆発的な感情と電光的な神経をもちながら境遇上それだけ一層自ら淋《さび》しい批判的な人間になっていった。家族間の感情の衝突の一つの原因となり、争いの場におかれた者の不幸である。こちらが子供ずきのところへとても可愛い子だったし、不憫《ふびん》も加わって私はどうしようもないほど妙子を可愛がった。ところが気の毒なことに十五、六の時妙子は父に別れなければならなかった》

妙子の母万世と、妙子の祖母悦子は、一二歳違いの実の姉妹なのである。どうしてこうなるか。そうしてこの関係をより混乱させるように、洋子を語るには欠かせないもう一人の姉妹、母違いの栄子(欣〻《きんきん》)がいる。大正三美人と言われた栄子は、洋子のように華やかに生きた有名人である。そうしてさらに、もっと混乱させるように、早生した万世の夫定男の親友、作家の中勘助が、深く関係している。

谷洋子を語るには、母妙子を。母妙子を語るには、複雑な家族関係をどうしても紐解かないとならないわけである。

まず前提に時代がある。万世と悦子は、明治の女である。県令(知事)まで務めた、佐賀の漢学者、関新平《せきしんぺい》の娘として生まれている。

二人ともこの時代の女としては、立派な教育を身に付けた、乳母《おんば》日傘《ひがさ》の階級である。悦子は、女官として宮中に勤めたこともある人で、その後北海道の歯学博士関場《せきば》不二彦《ふじひこ》に嫁いだが離婚し、明治二八年に〈江木写真館〉を創った保男の後妻に入り、神田淡路町に住んだ。保男には、当時九歳になった先妻との子定男がいて、この子を育てながら彼女は写真館の仕事を手助けした。悦子は、樋口一葉の妹の親友であり、文学に親しみ、一葉とも交流。その日記にたびたび名前が登場する。

しかし夫保男は四十三歳で病死し、一三歳になった定男を育てながら、悦子は店を経営していかなくてはならなかった。手伝いも兼ねて悦子の家に来た妹万世は、定男と同学年の女学生で、文学少女でもあった。同学年で定男の学友であった泉鏡花の会にも入っていて、そこで定男を好きになったようだ。万世は誰もが振り向く美人であった。その美しさは通学する時から際立っていて、鏑木清方の目にとまった。万世は清方と縁がある。清方の妻照と女学校が同じで、泉鏡花の紹介で清方に絵を習った。

清方の代表作であり、郵便切手で有名な『築地明石町』は、日本のモナ・リザと言われるほどの傑作だが、四一歳の万世がモデルである。洋子の生まれる六年前、大正一一年（一九二二年）。万世は、姉で義母でもある未亡人の悦子に一四歳の娘妙子を託して仕事をしていたが、忙しい彼女がモデルになったのは、清方だけは特別だったからだろう。

デッサンに一日通うのがやっとで、あとは写真を参考に描いたと清方が言っているが、どれほど当時の万世が、写真館の仕事に追われていたかを物語っている。襦袢《じゅばん》を着ずにそのまま着物を着ている、当時の〝粋〟な気分と、その一種の生活感までもが、絵に描かれている。この絵の描かれた一年後、大正一二年関東大震災で東京中が破壊されて、美貌の未亡人は全壊した写真館を立て直すために大奮闘することになり、さらに多忙になった。

万世はこの絵のモデルになったことで、その存在が永遠になった。そしてそのＤＮＡは、娘妙子に引き継がれ、孫洋子によって海を越えて花開いていったわけである。洋子も、画に対しては生涯並々ならぬ情熱を持ち続けたが、最初の絵の手ほどきは、清方の親友松岡英丘であり、祖母と孫とはここでもある関連を見せている。

妙子の母万世の行動に端を発する複雑な様相

万世の様子と夫になった定男との関係を知るのに一番ふさわしいと思われる一節が、中勘助の小説の中にある。

≪一高のとき私は新入生の一人と友達になつて、毎週一二回は訪問しあふといふほど近しくした。楽しい期待に胸をふくらませていつて案内を乞ふと予て噂にきいた親戚の令嬢といふ美しい人が小走りに出てきて取次いでくれる。はたち前後か、背の高い、強くひいた眉の下に深くぱつちりとした瞳、錦絵からぬけでた昔風のそれではなく、輪郭の鮮明な彫刻的な美人だつた。しづかにあいた襖から小腰を屈めて現れる姿、膝のまへにしとやかに両手をつく。さてその取次ぎぶりだが、まるで言葉が唇からこぼれるのを惜むやうにぎりぎりのひと言しかいはない。実はこちらもその式ゆゑそれはいいとして、生来の無愛想でも不機嫌でもなささうなのに表情の影さへない、慣れれば微笑ぐらゐは普通だらうに。大理石像は冷くとも表情がある。これは地《(ママ)》は通ひながら呪法で魂を氷らされた仮死の肉体である。そこになにか鬼気をさへ感ずる。そんな風でその後何年か足繁く訪問するあひだつひぞ暑い寒いの挨拶もせず、ただの一度も笑顔を見たことがなかつた。とはいへその不可解な物腰はそれ故に反つて奇異に消し難い印象を私に与へた、鋭い刃物で胸板に刻みつけるやうな。彼女には懇望されての婚約者があつた。

そのうち何かの理由でそれが解消されると入代りに友人の一途な恋愛が始まつた。私は心から成功を祈り且つ予想される困難について心配したが、結局それはめでたく実を結んだ。友人の話は自分の恋愛にはあまり触れずに先方から結婚を懇願されたらそれならと引受けたといふいひかたで、彼女は喜んで泣いているともきいた。そしてそれを裏書きするように彼女はそれからは別人のごとく明朗快活になつた。よく知らないが二人は性格と若気にまかせ馬勒をはづした派手な生活を続けたらしい。その点、完全にうまの合つた夫婦であり、申分のない伴侶であつた》

一級の文章家が描いた万世は、文学的であるが、さすがに飛び抜けた観察力で描写されている。万世と定男は周囲の猛反対を押し切って結婚し、生まれたのが、洋子の母妙子である。定男は、東京帝大法科大学卒業後、写真館には入らず農商務省の官吏になったが、一高時代は、美少年で有名で、一級上の藤村操《みさお》に同性愛を抱かれたという。藤村は、華厳の滝に飛び込んで追従自殺者を呼び、当時社会的大問題になった男である。

定男は、農商務省の仕事でアメリカでの万国博覧会を執行したが、肺結核にかかり、帰国後逗子で闘病生活を送ったものの、万世の懸命の介護の甲斐無く、三五歳で亡くなった。この間万世は、いまや義母である姉悦子に、娘妙子の養育をまかせた。悦子にしてみれば、実の子供のように可愛がった定男を妹に取られた感情もあり、その子供である（孫でもある）妙子を間にして、従来ならば姉妹であるべき二人が、嫁と姑として仲をこじらせていったわけだ。

《少女時代に闘病の父を看護する母に別れた祖母悦子の訓育に成長する事となり、親しく両親愛に觸れなかつた彼女は感傷的になり易かつた。殊に父の死後、子供の處へ歸つてきた母親は祖母の手で育つた子供に對して批判的になり易く、妙子は双方の間に立つて困しい立場となつた。姉妹として育つならば最も仲の善かかりし悦子、マセ子は今や姑嫁の關係であり、然も後者は未亡人として長く放擲して居た子供教育を姑の手から取り戻さねばならなかつた。妙子は義理と人情の絆にキリキリ舞をする事となつたのである》

大正一二年の大震災では新橋の店も全焼し、この復興に万世は努力せねばならなかった。父の友人たちの出資で再興したが、慣れない商売の道に干与して万世は興奮しがちであり、妙子は祖母との板挟みにあった。

妙子は父を亡くしてから、父の親友であった中勘助を頼りに思っていたが、未亡人になった母万世には中と再婚したい気持ちがあった。妙子はそれをよく知っていて、中に勧めてみたりする。その関係はなんとも複雑な様相を呈しているが、手紙の形で全部残されているのが恐ろしい。

中勘助のロリータ・コンプレックス

中勘助。現代では、日本文学でも専攻しない限り、ほとんど名前だけで通り過ぎてゆく文学者だが、二つの出版社から全集が出ている近代日本文学史に残る著名作家である。

洋子が追慕してやまなかった母妙子、そしてその妙子の有名な母。明治から昭和にかけて、この男前の作家、中を母と娘が互いに意識し合い、二人の女に与えた影響は、富岡多恵子が、『中勘助の恋』の中で推理小説を読み解くように分析し、ロリコン作家としての一面を浮き彫りにして見せてその本質を言い切っている。

富岡の本を熟読するのは、辛い仕事であった。私の中にどう転んでも見つけることの難しいロリータ・コンプレックスが正面に出ていて、正直読み進めるのが苦痛であった。そして外科医の腑分けを見ているようなやり方を前に、谷洋子を書く上での限界を考えさせられていた。自由奔《じゆうほん》放《ぽう》な洋子の関係者とのコンタクトは、ますます複雑になってゆくのに、その母と祖母に関する事を書くだけで限界ギリギリの凡夫に、洋子が書けるのだろうか。

何とか読み終わり、まず思ったのが、当時のロリータ・コンプレックスに対する罪悪感と認識が現代とどれほどかけ離れているかであった。ナボコフの小説『ロリータ』（アメリカ版）は一九五八年の登場で、翻訳はその翌年に出ているが、ここで取り上げている中の時代からは、三〇年はずれている。

中と同時代の作家たちにも、川端康成『伊豆の踊子』、武者小路実篤『お目出たき人』、谷崎潤一郎『痴人の愛』、と皆一五〜一六歳ぐらいへの少女愛を描いた作品があるが、中の場合は水揚げなどの対象になる年代よりずっと若い、小児愛というべき偏愛なのである。私は有名な『源氏物語』の紫の上を思い浮かべていたが、光源氏はマザコンでありロリコンでもあるよくわからないキャラだし、いちおう女性の書いたものであり、中のようなリアリズムは希薄で、むしろお伽話の世界である。

ここまで書かれたものといえば、志賀直哉の『児を盗む話』ぐらいしか思い当たらない。志賀と中の二人が親しかったことが気色悪かったが、これほどまでに文壇で評価された二人が、自己の性向を平気でさらけ出していることに時代のラグを感じずにはいられなかった。時代も国も違うが、敢えて言えば、中は日本のルイス・キャロルだったのかもしれない。

富岡の本の終わりに、協力者として洋子の妹令子の名を発見した時は驚いた。これは、便宜上名前を載せたのではないか？　富岡はこの本を書く上での了承を、遺族に取っていないのではないか？　なぜならば、この本の中で、妙子の写真として一ページアップで載っている写真は、実は妙子ではなく、母の万世なのである。この致命的なミスは、遺族に確認がなされていれば、起こり得ないことなのだ。

新しい母とき子の登場の中に……

《あの潑剌な、人一倍元気の良い妙子が僕と子供三人を残して、地上からかき消す如くに死ぬとは全く夢想せざる所であつた。北海道の旭川で病気篤しの電報を受取り、飛ぶが如く駆けつけたが前夜に神去りまして臨終に間に合はず、變りはてた姿に涙も出ぬほど悲嘆したのは昨年の七月十八日早朝であつた。子供三人抱いて自分から意気沮喪してはいかぬと勵しながら何が何やら、解らぬうちに、先輩友人門下生諸君の力添えで野邊の送りを濟ませ、忌日の營みをなし、谷中の墓地に些かなるお墓を建てるなど慌しい日々が流れた。外には商工會議所の改組の責任者としての重責があり、内には子供三人の健康を注意する、家計の切盛りをする父母一人二役があり、寔に内憂外患を一身に受けて苦闘しながらもどうやら一周忌も近づく。内外共に情勢満足ではないが、子供三人がスクスク成長して呉れるのが何よりである。特に末子も不自由なうちに冬の寒さにもめげず、満二歳の誕生日を迎へてくれた。

一周忌を機會に、故人の略傳を誌し著作選集を編んで佛前に捧げると共に故人に對し生前懇情を戴いた各位に御一讀を乞ひたいと思ひ立つて此小冊子を編んだ》

父が後妻として迎えた佐久間とき子は、一九〇七年生まれ。妙子とは正反対の日本的な伝統を重んじる女だった。この義母も美人のしっかりもので、富裕な商家の長女に生まれ、親からは特別可愛がられて、兄弟妹が先に家庭を持っても、我儘放題《わがままほうだい》に暮らして結婚する気はなかったという。とき子は、和事は一通りでき、三味線も相当な腕前だった。見合いは政治家の椎名悦三郎夫妻立ち会いで、椎名邸で行われた。善一は仕事に忙しく、一日でも早く家庭を守る母と妻が必要だったが、三七歳まで独身でいたとき子は、大分悩んだという。結局父親の意見と周りの人々があまりに勧めるので、決心した。

昭和一八年（一九四三年）一〇月一三日、藤山愛一郎夫妻の媒酌で帝国ホテルで挙式。集合写真が残されていて洋子と令子は髪にリボンを飾り善一の後ろに立っている。一歳に満たない愛子は写真に入ってはいない。善一は再婚でもあり、特別とき子に気を遣ったというが、とき子もまた、気を遣っていた。三味線を爪弾《つまび》く日常から、いきなりピアノやバレエを習う子供たちの家庭に入ったのだ。

一四歳になる直前に母を亡くした洋子は、初めて最愛の人を失う悲しみを知った。そして、新しい母とき子が、間を置かず猪谷の家に来た時、遺された三人の姉妹たち、乳児の愛子はともかく、一五歳の洋子は、決してなじむことはなかった。微妙なのは令子である。彼女は九歳のまだ子供ではあったが、洋子に負けないほど頭脳明晰で、自分の立場をどこかで理解していて、新しい母と姉洋子との間に入ることになった。洋子と令子は非常に仲が良かったが、この頃の五歳の年齢差は大きい。

《亡くなられた妙子さんは同窓生ですらりとした美しいスポーツの好きな方でしたので私はよ

く知っておりました。又妙子さんの母上と私の母は女学校の専攻科で一時一緒だったそうで母がよく存じ上げておりました。私共の結婚により妙子さんの残された三人の娘たちとの縁が結ばれ、私は重い責任を感じました。……私の実家は仕切りを重んじる家風でそれに馴らされておりましたが、猪谷の家は全く自由奔放で、主人は何でも平気でしゃべりまくるので私は恥ずかしくて閉口しました。新婚旅行に京都に行きました時に、祇園の花見小路の「小西」に大阪時代に馴染みだったという、何れも七十歳近い祇園の有名な三人の老妓を呼び引合せましたり、東京でも蔭で工作して当時の新橋の若い芸者さん達（何れも『猪谷さんを守る会』の会員）七人と私を一緒に食事をさせて、自分が現在つきあっている女性は以上の如しだ、宴会等で何時も世話になっている連中だから安心しろ、等といわれたり、驚くことばかりでした》

とき子は、教育をしようと思っても、いったいどうやったら良いのかわからなかった。まだもの心つかぬ愛子はともかく、特別利発な洋子がただちに反発したのは目に見えるようだ。しかし一番大変だったのは令子だったと思う。彼女はまだ小学生で、姉と母そして父の間で多分右往左往したに違いない。私には令子の苦労が感じられてならない。愛子はまだ二歳、ともかくとき子は、忙しい夫を気づかいながら、猪谷の家庭を守ることになった。

戦争下の日本の生活への忌避

猪谷家が義母を迎えた一九四三年。この年は、軍部のプロパガンダも虚しく感じる、日本全体に暗雲が垂れこめたような時代であった。日本軍は、深刻な兵隊不足のために、二〇歳以上の文科系の学生からも徴兵する学徒出陣が実行され、東京と台北で第一回の壮行会が行われた。東京の会場は、今や新しくすべく工事中の旧国立競技場（一九六四年オリンピックに誕生）の前身である明治神宮競技場であった。一〇月二一日、雨の中の壮行会は、その映像があまりにも有名である。多くの女学生が、皆、二度と帰らぬかもしれぬ学徒の行方を思って、それでも涙を堪えて笑顔で参加している。洋子がここにいたかどうかはわからないが、この時代、洋子たち学生も、中学校以上の者は学徒勤労動員され、軍事物資や食糧の増産に従事させられた。

この頃洋子は、躾《しつけ》の厳しいとき子に抵抗して、よく屋根に上ったまま降りてこなかったと、パリでも懐かしそうに話している。また、なぜか洋子がチコで、自分はミコ（澄子）と呼び合う仲だったという前出の同級生、谷井澄子が、興味深い逸話を残している。

《仲良くなったきっかけは、彼女がお弁当を持ってこないことなの。どうも継母との折り合いが悪くて、継母さんはお弁当を作ってくれるんだけど、彼女は拒否してたらしいの。それで私は母に頼んで二つ作ってもらって、朝、屋上に呼び出して。「はい、自分のハンカチで包んでね」なんてお弁当渡して。女王様みたいな彼女には取り巻きがいたんだけれど、それから仲良くなって、体育館の裏にスロープがあるでしょ、あそこでいつもいっしょにいた。チコ（洋子の呼び名）は本ばかり読んで。私はそばにぼんやりと座っていた》

洋子と、とき子との折り合いが悪かったことは確かである。しかし、新しい母を責めることはできない。いくら三七歳になっていたとはいえ、乳母日傘で育ったとき子が、いきなり三人の子供の母になったわけである。しかもその子たちの母親は、その時代の鑑のような、賢夫人にして婦人運動家でもあったスーパーウーマンだった。

それに対して、とき子は自分なりのやり方で頑張ったと思う。稽古事も洋よりも和で、令子には茶道、愛子には日舞を学ばせた。洋子にも当然、華道や書道、何かを考えたであろうがそれを聞き入れるような状況ではなかったであろう。洋子は、それから約二〇年後、とき子と似た立場で晩年の伴侶ロジェの娘ブリジットと向き合うことになるとは夢にも思わなかっただろう。後年洋子は、「わだかまりも、時が解決するのね」と逆にとき子への気遣いを見せたというが、ロジェの娘ブリジットは生前の洋子に心を許すことはなかった。

昭和一九年（一九四四年）、最初は戦勝気分と軍部による偽情報に騙されていた一般国民もついに旗色が悪いことを感じ始めた頃、一六歳になった洋子たちは、ますます勤労奉仕に明け暮れていた。

洋子と同じ時代、東京のミッション系の東洋英和女学院の学生だった後の演出家岡田正子は、三〇分もいるとマスクがニコチンで真っ黄色になるような煙草工場に勤務させられている。ミッション系の学校は、明らかに嫌がらせを受けた。東洋英和は名前からして英の字がけしからんと、戦争中は東洋永和とさせられた。岡田は校門の前に右翼がいて、本など持ちやがって、と本を蹴られたこともある。

戦争中は、ピアノを弾いたりする者はすぐに非国民と言われた時代である。敵性外国語を勉強していると知ったなら何をされるかわからない。ましてや英語を学び、進学の希望に燃える洋子には、いくら外国に理解の深い学者の家とはいえ、相応の覚悟と先見があったのだろう。

谷井澄子は語る。

《とにかく洋子は海外に出たかったのね。だから戦争中も英語をよく勉強していました。でもあの頃は勤労動員で勉強なんかさせてもらえなかった。板橋の軍需工場で毎日、機械でボルトを削っていました。夜勤明けで板橋から朝、白金の家（澄子の実家）まで帰ったり。帰校日といって週に一日しか授業はなくて、しかも終戦の年の三月に四年で卒業させられちゃった》

昭和二〇年（一九四五年）三月一〇日。東京大空襲で、一六発の焼夷弾が固まって落ちて、根岸の家も善一の生命とも言える大切な本が詰まった蔵も全焼した。

この大空襲の時、洋子は戦火の中、愛子を背負ったとき子と逃げる。上野公園に逃れ無事だった善一は、焼け跡で家族と再会、無事を喜び合ったが、焼け跡の隅にくすぶる夥《おびただ》しい本の灰を見ていた善一の悲痛な顔が忘れられないと、とき子が語っている。令子は宮城県新田に学童疎開していて無事であった。

その後、一家は、椎名悦三郎夫人の世話で、渋谷羽沢町近くに引っ越す。しかし五月末の空襲でまたまた焼け出され、長野県上高井郡井上村に疎開。善一の母みよ、とき子の両親、洋子、愛子、善一の六人が四ヵ月間一緒に暮らした。この間令子は、学童疎開で離れて暮らし、新しい母との確執は生まれなかった。

善一は終戦後すぐ九月に、外務省からの指示で連合軍最高司令部のクレーマー経済科学局長と会い、彼の腹心リディと調査部を作り、各種の統計集めに忙しく働いた。

幸い、善一が両親のために建てた中野の家は焼け残っていた。一一月初め、一家はここに移り住むことになった。

終戦――津田塾大への進学と受洗、新たな世界へ

終戦について、例えば映画評論家の秦早穂子《はたさほこ》は、こう言っている。

《戦争中から敗戦後の怒りが、私の中で火を吹いていていて、それを鎮めるには勉強するより、外国の現場で働く道はないかと、真剣に考えていた》

洋子と〝なぎさ会〟仲間の松田妙子は、次のようだ。

《これからは、必ずいいことが起こる、と、この瞬間に、自由になったと、こみ上げるものがありました》

また、洋子とはパリで顔なじみだった、演出家の岡田正子はこう語ってくれた。

《やれやれ息がつける。嬉しくて嬉しくてたまらなかった》

そして、岸恵子は、住んでいた横浜が火の海になった五月二九日の空襲時、逃げ延びた公園の松の木の上で《十二歳。私は、今日で、子供を止めた》と思ったと書いている。

洋子は終戦にどう思ったか、何も書き残してはいない。しかし彼女の行動を見ればすぐにわかる。

一九四六年、一八歳の洋子は津田塾大学に進んだ。洋子は人目を憚《はばか》りながらも戦争中から頑張った英語を完全にするために死に物狂いで勉強した。よく「戦争中は英語の勉強をしていると非難ごうごうだった世間が、戦後は手のひらを返したようになった」と言っていたという。

洋子の行動のもう一つに、洗礼がある。洋子と令子は一九四七年五月二五日麴町にあった雙葉《ふたば》サン・モール修道院で洗礼を受けている。雙葉学園の歴史は古く一八九七年（明治三〇年）にまで遡るが、「雙葉会」という修道会が設けた学習会は、やがて学校となり、自校の学生だけではなく一般にも英語やフランス語を習える門戸を開いていた。

《雙葉学園のシスターに、キリスト教について教えを乞うた縁で、（中略）カソリックの洗礼

も受けましたの》

洋子と令子は、一緒に洗礼を受けたが、その時の神父はイグナチオ教会のファン・オーバーミーレン、代母は犬養道子であった。

洗礼を受ける洋子たちに父善一は、反対しなかった。彼女たちは、実母を亡くし、その精神的な支柱を求めていた。キリスト教に傾倒してゆく姿を、善一は父親として、精一杯の愛で見守っていた。

《信仰を持つことは生活していく上で支えになる。それにカソリックになれば少なくとも自殺はしないだろう》

善一らしい、揮《ふる》った話だが、彼なりの優しい思いが感じられる。

そうして、この洗礼は、一生涯、洋子のメンタルな支えになった。

戦後の解放と混乱下に夢を育む

善一は同年、やはり同じ五月に、ＪＥＴＲＯ（日本貿易振興機構）の前身の一つで現存の団体である社団法人日本貿易会の専務理事となり銀座の事務所に勤めている。当時とにかく外貨が欲しかった敗戦国日本は、情報のほとんど無い相手国との貿易でリスクが高かったが、善一は英国にあるＢＥＴＲＯ（半官半民の輸出振興機関）を研究した。その案をベースに作られたのがＪＥＴＲＯである。善一は、知る人ぞ知る大きな功績を上げて、経済学の世界から実業界まで、実に広い人脈を持った。

この頃の思い出を洋子の親友、堀川初枝が語っている。初枝の父は椎名悦三郎、善一と中学からの同級生で戦前は官僚、戦後は、副総理まで上り詰めた大物政治家である。その夫人は、洋子の義母、とき子と同級生である。初枝と洋子とは同年で長女同士〝なぎさ会〟の頃から姉妹のように仲が良かった。

《戦争で寂れていた銀座が目覚めて、落着きと華やぎを取戻した頃、娘時代の洋子と私は、よく映画と食事に出かけました。二人のお気に入りのコースは、西銀座のみゆき通りから並木通り、そして必ず立ち寄る所は貿易会館でした。その頃、小父様がそこでお仕事をしていらしたのです。小父様は何時も上機嫌で、「やあ、来たね」と迎えて下さり、美味しいコーヒーとケーキを取り寄せてくださいました。私達の勝手なお喋りや洋子の甘えたおねだりに、小父様は眼を細めて応えていらっしゃいました》

洋子は二〇歳になっていた。洋子は映画が大好きで、特に洋画を見まくったという。当時公開される洋画は、圧倒的にアメリカ映画が多く、フランス映画の新作が公開されたのは、一九四八年『美女と野獣』（J・コクトー監督）からである。

洋子の、海外に出たいという思いはいっそう強くなっていた。せっかくレベルアップした英語も、花嫁修業か遊びごとの延長にしか考えない日本に、このまま暮らして、やがてエリートと見合いをして結婚して、子供を生んで……当時の一般的な日本の女の幸せを、洋子は幸せとは思えなかった。しかし米軍が駐留している日本から海外へ渡航するには、大変な難関を克服しなくてはならなかった。

この頃洋子は、米国人相手の日本語教師のアルバイトをした。洋子のアルバイトは実益を兼ねていたが、母とき子は、それが嫌でたまらなかった。戦後四年、公娼制度がようやく廃止されるかされないかの頃。まだまだ東京の青山あたりでも焼け跡が残り、〝パンパン〟と呼ばれる外国人相手の娼婦たちもいた時代。戦前の堅い教育で育ったとき子にとっては、いくら義母とはいっても母である以上、この長女のアルバイトには意見せずにはいられなかった。

世間体を気にするこの時代は、良家の子女がアルバイトをすることなど、よほどでない限り論外で、だいたいは親が決めたところへ嫁いで行くのが女の幸せと強く思われた時代である。ましてや嫁入り前、米国人相手のアルバイトを周囲は好奇の目で噂し、時にはダイレクトに言われることもあった。洋子はそれが納得できず大変苦痛であり、それは逆に洋子の意思を固めていくことになった。洋子は晩年自分が外国に出たかった理由の一つに、この時の義母の無理解をあげている。

一九四九年、洋子は津田塾大学を卒業した。成績は二番だったという。「二番がいいのよ」と妹に言ったというが、卒論は、英国の詩人パーシー・ビッシュ・シェリー。シェリーは、二九歳で亡くなったイギリスロマン派を代表する詩人の一人で、「冬さたりなば、春遠からじ」（『西風へのオード』）のフレーズは、当時から相当有名であった。暴風雨で海難事故死した彼の短い生涯は、まさに一九世紀の自由な恋愛性愛のごった煮のような様相を呈している。その詩は美しいが懐疑的で、当局に睨《にら》まれる革命性を湛《たた》えていた。プロテスタントとカトリックの宗教問題も山積の時代に生きたこの詩人を卒論に選んだのは、何とも洋子らしい。シェリーをどう紐解いたのか、読みたいところである。

洋子のフランス行き〝前夜〟

洋子は、津田塾大を卒業後、母校東京女子高等師範付属高校の英語の教師になった。

新任教師がずらり並んだ挨拶の場では、洋子一人が目立っていた。もともと学生時代の洋子は評判の問題児で、教師には目の敵にされていたので、母校の教師になれたことを、本人は意外に思っていた。津田塾大で二番という優秀な成績を認められての採用だったのだろう。

洋子は、宿題は出さないし、試験もしない。赤いマントにハイヒールで登校し、椅子には足を組んで座る型破りぶりで、生徒たちには大人気だったが、先輩教師には怒られ通しだったという。この学校始まって以来の異色の先生は、すぐにいなくなった。

カトリック教会の援助でフランス行きが決まってから、洋子は飯田橋にあった日仏学院に通いフランス語を猛勉強した。この頃、『悪魔が夜来る』（一九四八年公開）、『北ホテル』（一九四九年公開）、『霧の波止場』（一九四九年公開）等、遅れて公開されたカルネの映画も見ている。

日仏学院で洋子は、素晴らしい二人の友達に出会った。一人は、蒲田良三。文学賞の選考場所として有名な料亭、新喜楽の名物女将《おかみ》木村さくの弟である。蒲田はアートに造詣が深く、新喜楽の掛け軸や器などのコーディネートにもその才能を発揮したが、フランス文学の研究家でもあり、特にステファヌ・マラルメやポール・ヴァレリー等前衛の詩人に関して、非常に詳しかった。

後年、夫婦でパリを訪れた時は、洋子とサモロー（セーヌ＝エ＝マルヌ県）にあるマラルメの墓まで行っている。直木賞・芥川賞の選考会場としてこの料亭が選ばれたのは、明治生まれの伝説的編集者小野詮造が、良三と知己だったからだそうだ。良三が日仏学院で、「バンビちゃん」と呼んでいた可愛い娘、それが洋子だった。彼は洋子の読みたい本を探して送るなど、物心両面で、苦闘時代から洋子を応援した一人であった。

もう一人は、日仏ハーフ、トッティこと本野照子。洋子と出会った第一印象は「とても頭が良くユニークな人」だったと手紙で答えてくれた。洋子は彼女の家に、たびたび訪れたという。洋子が旅立ち交際は途切れたが、その後約四〇年後にパリで再会し、洋子の死を看取ることになる。

今ではパリ症候群とまで言われる日仏のカルチャー・ギャップは、多くのノイローゼ患者を作り出すが、戦前にも日本からの過大な期待を背負ってパリに出かけ、思った成果が出せない日本人が自殺する話や、ノイローゼになって帰国する話は山ほどあった。善一はパリの状況をよく知る者であり、いくらカトリック信者とはいえ、大事な娘を狼だらけの目の届かぬ場所に長く置いておきたくなかった。三年間、給費生だとはいっても、それだけで賄えぬことはよくわかっていたし、とき子との間に子供も生まれ、とにかく善一の苦労は絶えなかった。できれば行かせたくなかったであろう。しかし親譲り、こうと決めた洋子の決心が揺らぐはずがない。

横浜の大桟橋には大勢の見送りが来た。洋子の親友である堀川初枝が、その時の様子を書いている。

《紙テープが切れて海に落ち、白いスーツ姿の洋子の姿が見分けられなくなった時、私は傍の小父様のお顔を振り返る事が出来ませんでした》

一九五〇年夏。洋子は一人でパリへ向けて旅立った。

第三章　運命の出会い、映画界へのデビュー

日本映画の分岐点となった一九五一年からのカンヌ映画祭

『八月十五夜の茶屋』で成功した一九五五年以降、洋子は毎年のようにカンヌやベネチアの映画祭に出かけた。洋子は川喜多長政に応援を頼まれ初めてカンヌに出かけたと言っているが、洋子の父の親しい友人に東宝のプロデューサー森岩雄がおり、その関係でアテンドを手伝ったらしい。

東宝はこの年、当時二億円かけたイタリアとの合作『蝶々夫人』を宣伝すべく、カンヌで特別上映した。その写真は東和映画資料室に残されているが、花みこしに乗って花を撒《ま》く主演の八千草薫と鈴木役の田中路子や、レセプションの主催者、川喜多一家に並んで、着物姿の洋子の写真がたくさんあり、ジュールズ・ダッシンやメリナ・メルクーリ、フランソワーズ・アルヌール、ジャンヌ・モローなどに交じって、やがて家族同然になるマルセル・カルネやロラン・ルザッフルの顔が見える。

ぐっとくるのはその時の日本映画紹介ブースの写真だ。出品作のポスターなどを前に、川喜多夫妻と娘の和子が微笑んでいる。彼らが長きにわたってその時代の外国映画を買い付ける傍ら、優秀な日本映画をいかに頑張ってセールスしたかは有名な話である。その無私の微笑みを見れば、日本映画を愛する者ならば、思わず目頭が熱くなるだろう。

川喜多長政は仏語、独語にも長け、戦前から世界中にその名を知られていたが、軍部に利用され、中華電影公司の立ち上げを手伝わされたことや、ドイツとの合作が国策映画であったとして、戦後戦犯扱いされていた。しかし本物の紳士であった彼の真実を知る海外からの多くの抗議で、その扱いが解かれたのが一九五〇年のことである。翌一九五一年から、川喜多は妻かしこと一緒に世界中の映画祭を飛び回った。カンヌ映画祭には五一年から顔を出しているが、当時の日本政府は外貨事情をたてに、海外でかかるいっさいの費用を引き受ける保証人がいなければ旅券を発給しなかった。

この時、夫妻に救いの手を差し伸べたのが、イギリスの映画人アレクサンダー・コルダだった。当時日本への風当たりはイギリスでも大変に強かったというが、彼は全く気にせず、川喜多夫妻をロールス・ロイスで出迎え、〈サヴォイホテル〉に宿泊させてくれたという。

一九四六年から始まったカンヌ映画祭は、当時映画を年間四〇本以上製作する国から三本、それ以下の国からは一本の参加が認められていた。国際映画祭として記念すべき初出品となった日本映画は、石本統吉が製作した『いねの一生』（太田仁吉脚本・演出、樺島清一撮影）である。顕微鏡撮影を駆使した三五ミリ二一分の白黒のドキュメンタリーで、英語の字幕が付けられていた。川喜多たちは本格的な劇映画としてカンヌ映画祭のために、今井正の『また逢う日まで』を推していたが、東宝が三〇〇万円の字幕代を渋って、出品されることはなかった。

朝吹登水子は前年からパリに私費留学していたが、川喜多に旅費を出してもらい、日本映画を盛り上げるためにカンヌに出かけた。川喜多の希望で、眩《まぶ》しい太陽のもと、毎日朝から晩まで着物で通し、宣伝に尽力している。

川喜多はこの同じ一九五五年、ヴェネツィア映画祭へも長編劇映画の出品を勧められ、イタリアフィルム日本代表のジュリアーナ・ストラミジョーリと、黒澤明監督の『羅生門』を出品した。ストラミジョーリが自費でも字幕を付けると頑張り、大映は渋々承諾したという。

グランプリのニュースは日本の映画界に大激震をもたらした。『羅生門』を認めていなかった大映社長の永田雅一はがらりと変わって、その後取り憑かれたように海外でも受ける大作を作り始めた。コルダはカンヌとニースの中間の漁港アンティーブにヨットで滞在していた。彼は受賞とほぼ同時に世界配給を申し込んできたが、イタリアとフランス配給は既に決まっており、川喜多はイギリスの配給権をコルダに渡るように手配して、その恩義に応えている。

洋子はパリにいたが、その時はまさにフランス語に苦戦しながら、ソルボンヌに通い、まさか自分が将来女優になるとは思ってもみなかった時期である。

ロラン・ルザッフルとの運命的な出会い

一九五五年五月、カンヌ映画祭で、洋子はフランスの人気二枚目映画俳優、ロラン・ルザッフルと運命的な出会いをする。前年『地獄門』でグランプリを受賞した日本映画界はこの年もと、大映から『近松物語』(溝口健二監督)、『千姫』(木村恵吾監督)の二本、新東宝から『女の暦』(久松静児監督)をエントリーしていたが、受賞はなかった。

洋子とロランとは、洋子がカンヌに着いた翌朝、テレビのプロデューサーと約束のあるカールトンホテルに行き、その階段で出会ったという。もっともロランは、自分がチェックインしようとホテルに行ったら、着物姿の洋子がホテルを間違えて困っているようで、洋子がフランス語ができないと思い、思わず声をかけたと言っている。

両者の話は随分違うが、その時二人の間に恋の電流が走ったのは確かである。ロランはヒッチコックの『泥棒成金』の撮影でハリウッドから帰ったばかりで、舞台『八月十五夜の茶屋』で話題の洋子を全く知らなかったという。ロランは、来なくてもともとでランチに誘ったが、洋子は、仕事をすっぽかして約束の場所に登場、二人は日本の話で意気投合した。

ロランは洋子との初めてのベッドインを詳しく書いている（以下の会話部分は引用）。洋子はランチ後もう一杯と誘うが、ロランはもう飲めず、それではお茶を差し上げますとロランを自室に呼び、「ちょっとお待ちになって」と言い浴室に消えると、着物を脱いで全裸で登場し「日本の女は知らないとおっしゃったでしょう」と言ったという。ロランは誇張しているが、どちらにしても二人とも仰天するほどの積極性である。洋子はこの件に関して「すこし、気ちがいじみてるの。あたくし、わりに常識はずれなのかしら。パッ、パッ、パッと……」と話す。

ロラン・ルザッフル――
甘い二枚目で売った頃

日本人離れした自分に忠実な女。私はこのいかにも芸術家肌の洋子の気性をただ淫乱と評することはしたくない。

別のインタビューでは「今の恋愛は相手をどんどんとっかえるけど私は昔のようなロマンティックな恋が好き」と発言している。ではこのカンヌの出会いは？　と聞いたなら「これは運命だったのよ」と答えるに違いない。逆にロランのほうは、最初は典型的なひっかけであったかもしれないが、実はこの時すでに、追いすがるほど洋子に惚れてしまっていたのだ。

二人の恋はカンヌ映画祭中に燃え上がり、洋子はパリに帰る列車に乗り遅れ、ロランも仕事をキャンセルして、ナポリに近いモンテカーポで二ヵ月暮らした。二人は〝駆け落ち〟と言っているが、カルネもびっくりで、最初は、またロランの女遊びか！　と呆れていた。そして本気であることを知ると、イタリアからの恋の逃避行を終えて帰った二人に、快く自分のアパートを提供している。

五月一一日（映画祭は一〇日に終了）付のカンヌ映画祭まとめのニュースの一部に、洋子が登場する。『八月十五夜の茶屋』で評判を取った洋子は、肩のあたりをびっくりするほどぐっと開けた着物に靴を履いて、ロランと一緒に駅でカルネを迎える。ロランと洋子の嬉しげな姿は、なんとも子供のように恋する者の煌《きらめ》きに満ちている。この映像はＹｏｕＴｕｂｅで見ることができる。最初のカルネと洋子の出会いの場面（ロランがカルネに洋子を紹介し、カルネがその手にキスする）が残っているのは奇跡としか言いようがない。

ロランは洋子の第一印象をこう語っている。

《日本の詩みたいなものを感じたんですよ、それから彼女にはある意味でウブな、子供みたいなとこがあるんです。その点が一番……。

洋子は、リズ・テーラーにもモンローにもアルレッティにも似ている。でも、とにかく、洋子は洋子。大洋の子供だ。目を見張る美しさと怒りっぽい激しい気性を持っている》

当時の者なら誰もが戦争に傷ついており、個々の傷を本当に理解してくれる相手は少なかった。孤児であったロランは、戦争がなかったら自分は孤児にはならなかったと思い、また実際の現場で体験した信じられない戦争の残酷さを、一般には母や父の胸の中でしか訴えられないごく個人的な赤子の泣き声を、聞いてくれて黙って抱きしめてくれる温かさを求めていた。洋子の上流育ちのゆったりとした上品さは、彼を黙って理解し包んでくれる、それまで全く縁のなかった愛だった。洋子は

新婚時代の二人

良いものはすぐ認め、悪いものにも良いところを探す特別な理解力とその生まれからくる素直な美質を持っていた。

一方、洋子にも悲しみがあった。幼い妹の愛子を背負った義母とき子と、心の通わぬまま、逃げまわった三月の東京大空襲を忘れるわけがない。いささか思い込みが激しいが、洋子はロランをこう説明する。

《中村錦之助と三船さんをゴチャまぜにしたコクテールと思えばいいでしょ。二十九歳の若さで、あれだけ有名な俳優、ちょっといないかな。まァね、ジャン・ギャバンのあとつぎみたいなもんでマルセル・カルネの一統なんです。

思想的に、とてもぴったりしてます。彼は外人としてはとても日本人的だし、私は日本人としては、バタくさいし、だからちょうどいいんでしょ。

江戸っ子とパリっ子は同じだと思うんです。イキとか、味わいとか、コマタが切れあがってるとか、そういう江戸っ子好みが、そのままパリっ子の好みなんです。パリっ子も物見高くて、火事見物が好きで、けんかっ早くて……。

何事にも、極端なくらい積極的で、感情の現し方が激発的ってのか、激情家なんです。これは時によっては欠点ともなりますけど、私の好きな彼の一面です。人生に対しては、現実的といっても、詩人的な感受性を備えたリアリスト。そして、花が好きで毎朝早く起きて手入れをしていいるやさしいとこもあります。二人とも激情家ですから時々おおげんかをしますよ。（中略）趣味は一致してるとはいえませんが、違うところがいいんじゃないかと思っています。お互いに持ちつ持たれつっていうとこですね。九十点。（談）》

舞台から映画への転換とロランとの結婚

『八月十五夜の茶屋』以降、彼女は約一年間で三本映画に出演し、その間、大恋愛で大忙しだった。

『巴里野郎』（一九五五製作）は、一九五六年九月一一日に日本でも公開された。ちょうど、日本に滞在していたロランが映画のパンフに〝パリを知るのに最適……〟といった談を寄せている。五〇年代に日本でも人気だったダニー・ロバンは厳格な寄宿舎暮らしのお嬢さん学生に扮し、団体でパリ見学に来て巻き起こす恋愛騒動だが、職人ピエール・ガスパール＝ユイの手慣れた作品で、ヒットした。

レオ・フェレの作曲で、歌手役で出演したカトリーヌ・ソバージュが歌った主題歌は、映画の公開前から知られていて、日本のシャンソン歌手に今でも歌われているが、映画との関連を知る人は少ない。洋子としては二本目の日本公開作品になるが、今回は主役の友人で出番もあることから、ポスターには最後に小さく洋子の名が載せられた。

日本未公開の『ホームズのやり方で』はフランスの地方都市ルーアンが舞台。女好きな中年男

映画『パリのマヌカン』――洋子の映画界への本格的進出作。カンヌで撮影された

を犯罪組織が利用しようとする。犯人の一人が謎の中国人の劇団を持っていて、そこのスター歌手兼情婦役が洋子。彼女がラメのドレス姿で「何日君再来《ホーリージュンザイライ》」を日本語で歌う（最後の二小節のみ中国語）。この歌は、なんといっても戦中にヒットした李香蘭（山口淑子）の歌が有名で、洋子が知らないはずはない。この曲はとかく問題の多い楽曲であり、政治色のつけられやすい曲だが、洋子が提案した可能性は高い。

一九五六年春からカンヌで撮影された『パリのマヌカン』は、映画祭に時期が重なっている。洋子は、撮影の合間に、また川喜多から映画祭に呼ばれて、和服に絵日傘で話題をまいている。この時カンヌに来ていた東宝の森岩雄と日本映画出演の話が進んだようだが、細かいことの取り決めはもちろんなく、これが後々問題になる。

『パリのマヌカン』はアンドレ・ユヌベルのカラー作品だが、現在見ることは非常に困難な映画である。私も、ツテを頼ってシネマテーク・フランセーズ（フランス映画センター）に出向いた。

収蔵されてから半世紀以上誰も見ていないフィルムのカビをアルコールで落としながら、モニタールームでの映写。しかも残っているのは一部のみ。申し込んでから二ヵ月も見られなかった事情がよくわかった。

近年フランスでは製作された劇場映画は、ほとんどCNC（国立シネマセンター）にネガの形で納入されるが、この映画の頃はいい加減であった。シネマテークには完成版が残されてはおらず、全編を見たい者は、複雑な手続き後、CNCに費用を払ってフィルムをポジ起こしせねばならない。何万本もの重いフィルムの中からそれを探し出すのも大変で、一部ではあったが、シネマテークで実映像が見られたことに感謝した。

物語は、カンヌでショーを開いたパリのデザイナーが恋に落ち、その後話はパリまで展開し、そのデザイナーの妻（メゾンのオーナー）を巻き込んで騒動が持ち上がる。洋子はそこの五人のハウスマヌカンの一人である。五人のモデルたちは、みなデザイナーが好きなのだが、燃え上がる恋を邪魔しようと策謀する。ドタバタの後デザイナーは、結局妻と元の鞘《さや》に収まる。脚本はその後洋子のために重要な芝居を書いた、フランソワ・カンポー。ダイアローグは、現在フランスの監督中でも特別なスター、ジャック・オーディアールの父ミシェルである。

ミシェル・オーディアールは、都会的で気の利いた持ち味が有名な作家である。この映画でも、センスのある会話がポンポン飛び出す。洋子は脇役ではあるが、台詞《せりふ》もかなりある柄に合った役で、しかも当時まだ珍しかったカラー映画であった。しかし、思わぬアクシデントに出合うことになった。

映画は、まだ肌寒いカンヌを中心にコート・ダジュールで撮影され、女優たちは、低温の海で泳がされた。逗子の海で鍛えた洋子はもともと泳ぐことは得意である。冷たい水の中での長時間にわたる撮り直しにも、文句を言わず演じ続けていたが、突然気絶してしまい、病院に運ばれたが意識がなく大騒ぎとなった。

ロランはカルネに電話をした。カルネはその時ジルベール・ベコーとフランソワーズ・アルヌールで『幸福への招待』を撮影中だったが、トロカデロの病院をすぐ紹介してくれた。洋子はカンヌからパリまで飛行機で送られて緊急の施術を受けたが、かなりの低体温症になっており、生命に関わる危険があった。カルネ、ベコー、アルヌールも駆けつけていた。ロランは半狂乱で、神に祈り続けることしかできなかった。

生死を彷徨《さまよ》い、やっと目を開けた洋子はロランを呼んで言った。

「ロラン、(その頃、まだ洋子はRの発音ができず、〝Roland〟ではなく、〝Loland〟と言っていた)私が元気になったら結婚しましょう」

「ウン、結婚しよう」ロランは言ったが、さしあたって貯金が底をついていて、高額な入院費を支払えなかった。彼らはここでもカルネに助けられている。ベコーも、そっとロランのポケットの中に五〇〇〇フランの小切手を忍ばせておいてくれた。……金の問題が解決しても自信が持てないロランに、カルネは厳しかった。

「彼女のことを愛しているのかいないのか、愛しているなら、約束を守れ、それがお前のするべきことだ」

一九五六年五月七日　二人は一八区の区役所で結婚式を挙げた。洋子側の介添え人は出版業界の友人シャルル・ファスケル、ロラン側はマルセル・カルネ。洋子は車を降りると、証人二人の肩に摑まって会場へ入り、二人が用意してくれた椅子に座って、何とか式を終えることができた。

《一緒になってから、五か月ぐらい待ってやっとアパートをみつけて、そこに移ったのよ。大きいスタジオがあって、二つお部屋があって、キッチンがあって……》

一二〇畳もある、広いスタジオが付いた彼らの新居は、一八区モンマルトル、コーランクール通り五七番地。現在、一階がベトナム料理屋になっているこの建物は、クリシー広場からモンマルトル墓地を右に見ながら少し上ったところの曲がり角に位置していて、丘の中腹にあたり眺めが素晴らしい。道路を渡り少し歩けば、シャンソンで有名な〈ラパン・アジル〉がある。この通りには、たくさんのアーティストが昔から住んでいて、アトリエ向きの採光の良い天井の高いアパートが多い。画家ではないが、シャンソン歌手として初めて日本を訪れ、多大な影響を与えたダミアもこの通りに住んでいて、洋子夫妻とも顔見知りであった。

モンマルトルのアパートの自宅での洋子（1956年頃）

第二の家族、ロランとカルネ

ロラン・ルザッフルは、エレベーターの中で生まれた孤児だった。日本の雑誌では、下降中か上昇中か、など彼自身冗談を交えて話しているが、ベルギー人の父とアルザスのドイツ人の母との間に生まれた庶子である。幼少期は孤児院で厳しい懲罰の下で育った。体罰で〝尻蹴りの連打〟の毎日だったと本人は語る。

《日曜日になると小さい子供たちが、お母さんに手を引かれて教会に行くでしょう、みんなきれいな洋服来て、そんな姿を、指をくわえて眺めてたんですよ。そしてああいう子たちと、いつになったら友達になれるかって思っていたんです。それが、いざ付き合って見ると幻滅の悲哀を感じてしまいました》

ロランは一九四〇年、一二歳でカン・ド・ジュネス（少年から入隊できる兵役の予備軍的な、昔の職業訓練所）に入り、何か手仕事を身に付けたいと強く思っていた。しかし、ロランは反抗的で自分を捨てた両親と社会、過酷な孤児院の生活に怒れる少年であり、問題ばかり起こした。

結局きちんとした教育を受ける間も無く、一六歳で五年契約の海軍陸戦隊の水兵となった。ヨーロッパのみならず、シンガポール、インドシナ、サイゴンなどの戦場を体験したが、精神的なトラウマが長く残った。

カルネの親友、ジャック・プレヴェールが、まずロランの精神的問題を発見した。ある日プレヴェールの家のパーティーで遅くなり、泊めてもらった朝方、ロランがいきなり起き上がり、奇妙な言動に及んだ。プレヴェールは迷うことなくカルネと相談し、精神科医に診断させた。カルネが〝生き残りコンプレックス〟と呼んだその戦争のトラウマは、兵士に必ずといっていいほど付いて回るが、その頃は、現在に比べて問題視されることは少なかった。人によって当然程度が違うわけだが、特にロランのような繊細な人間にとっては、一生何かに責め立てられるような大きな心の傷となり、長い間苦しめられることになった。それを忘れられたのは、医者でも薬でもない、谷洋子との今まで経験したことのない熱愛だった。

ロランは水兵時代、戦艦の寄港で、日本に一週間滞在したことがある。その時、横須賀で右腕に芸者の刺青を彫ったが、健康上の理由で後年消した。彼は自分の妻になる女をイメージしていて、洋子に一目で魅せられたのはそのためだとも言っている。ロランの日本への思い込みは大変なもので、「自分の中には、日本人特有の美しさに隠された荒々しさと同じものがあり、日本語のイントネーションは、その荒々しさを美しさに変える力がある」という。

しかし、思い込みと現実は随分乖離《かいり》する。後に出演した『裸足の青春』で、撮影前にロランは毎日二時間ずつ日本語の特訓を受けたが、その成果はあまりなかったことが、映画を見ればわかる。だがロランのその種の判断の未熟さを、洋子は最初かわいいと思っていたようだ。

《兵隊になって戦争に行き、日本にも一週間ばかり来たことがあるんですが、だんだん自分の感受性とか、そういったものがアジアのほうに向かって進んでいったんです》

その後ロランは、一九四七年に負傷してフランスに帰国、軍人スポーツセンターで治療とリハビリをしながら、そこで陸上やボクシングに才能を見せた。ロランはスポーツ万能だった。水泳では二〇〇メートル平泳ぎ、陸上では四〇〇メートル走のフランス軍の記録保持者で、特に陸上では一九四八年ロンドンオリンピックで五位に入った。しかしスポーツを続けるには金がかかったし、戦争のトラウマが彼のやる気を奪っていた。一九四九年には、五年契約を終え、海軍を正式に退いた。

そしてロランは、ほんの少しの蓄えと頑丈な体に傷ついた心を持って、パリに出てきた。ロランはサン・ジェルマン・デ・プレでダニエル・ゲランと出会い、目をかけられた。ゲランの愛犬が事故で致命傷を負った時に、ロランがすぐに駆け付けて犬が苦しまないようにナイフで心臓を突いた、その決断と行動力がゲランを感動させたという。ゲランは自宅の一室を提供しただけでなくｃｈの発音がｓになる欠点を直させようとして、〈コメディ・フランセーズ〉の演劇学校に通わせてもいる。まさにパトロンである。

ゲランは左翼の知識人として、また同性愛解放運動のパイオニアとして、非常に有名な社会学者あり、ジャーナリストでもあった。彼を通じて知り合った文化人たち、モーリヤック、サルトル、ボーヴォワール、ジュネ、ピカソ、レジェ……それら錚々たるインテリたちの明らかに自分は持ち合わせぬ才能に驚愕《きょうがく》しつつも、ロランは、貧しい出自や、叶わなかった情操教育とインテリへのコンプレックスが強く、いつも楽しいピエロでいることで自分を抑えていた。ロランは、ゲランやカルネに、顔も知らない父親を重ねていたのだろう。しかもカルネとは、庶民出という共通項があり、その交流は、心の休まるものであった。

《マルセル・カルネ。この庶民の出の男は、自分にとって、欠かせない存在となっていた。真の愛の心で愛していた。カルネは僕に慎み深い優しさをくれていた。彼といるとき、その世界は心地よかった。この友情関係は、間もなく世間でアレコレ噂となり僕は苦しむだろう。嫉妬心を煽ることとは間違いないし、くだらない意地の悪さの前で、僕は無力になるだろう。肉体関係などと言うものをはるかに超える、友情という大きなものがあるのに、なぜそれを小さくしてそんな中に押し込めようとするのか》

洋子の第二の家族として、欠くことのできないのが、ロランの父親がわりであったマルセル・カルネである。彼らが男二人で入っているモンマルトルの墓地を訪れると、不思議な感慨を覚える。ホモセクシュアルには寛容なフランスでも、男同士が一つの墓に入っているケースは極めてまれである。そのことがすでに彼らの愛情の稀有《けう》な形を物語っている。この墓はカルネがパリ市

カルネとロランの墓（植物が供えられている）――寛容なフランスでも、同性カップルが同じ墓に入るのは珍しい

長時代のジャック・シラクの根回しで、自身の死の二〇年前に買っておいたものだ。

ロランとカルネの愛

『われら巴里ッ子』は、一九五四年にジャン・ギャバン主演でカルネが撮った、パリのボクシングジムの物語である。ボクサーとして自分の成し得なかった夢を青年（ロラン）に託した老コーチ（ギャバン）と、夫を愛するゆえに自分を犠牲にして生きてきた妻（アルレッティ）が抱く、青年へのジェラシーが、映画の芯になっている。映画評論家ディディエ・ロットゥ＝ベトーニは、完全なゲイ映画だという。三人に絡み、それを見守るパリの下町の人々の心情も、若者と偶然恋に落ちるが大人の女として身を引く金持ち女にしても、登場人物の心優しさが映画の空気にエーテルとして溶け込んでいる。

ロランは、カルネの秀作『港のマリィ』（一九四九年）のチョイ役デビューから、五年後に主役へ大抜擢された。親がいない、軍隊で覚えたボクシング……、その他まるでロラン本人のために書かれたように見えるが、本当はリノ・ヴァンチュラが降りたために回ってきた。相手は本物のボクサーで、三ラウンドのボクシング場面のリアリティは大変なもので、ロランは体当たりで応えた。

ロランは孤児院で実際にボクシングを習い、海軍ではチャンピオンとなり、その縁で同じ海軍のジャン・ギャバンやピアフの恋人として名を残したプロボクサーのマルセル・セルダンをよく知っていた。この役は、彼の、生涯の代表作になる。この映画の他に、ロランはカルネの作品には一三作品に登場している。その中の『嘆きのテレーズ』（一九五三年）、『危険な曲り角』（一九五八年）、『小鳥に、はこべを』（一九六二年）、『マンハッタンの哀愁』（一九六五年）の四作は、ロランにとって、俳優としてどれも転機になった重要な作品である。

この時代、フランス芸能界の権威であり、ジャン・マレーのパトロンでもあったジャン・コクトーに出会った時に、ロランは言われた。「この男はキツネだ。庶民の出のキツネだ。だから嗅覚がある」

アラン・ドロンにも通じる成功への嗅覚、性にこだわらないバイセクシャル感覚をロランは持っていたが、彼はそれに一種のスポーツ馬鹿的お人よしだった。だから決してインテリとは言えない彼を、作家のガブリエル・コレットは、「私は、そこに、キツネさながらの知性を持っているって加える」と優しくフォローしている。

カルネとロランに共通するものは、二人とも映画の世界では、ディプロムを持たぬ庶民出身であり、極めてデリケートな神経を持っていたことである。カルネには男色家として差別されてきた悩み、ロランにもドイツ兵に強制された男色行為のトラウマがあった。

ロランは映画監督としてのカルネを心底から尊敬し、カルネはその純粋な尊敬を寄せるスポーツ青年が愛おしかったのである。

《マルセルは僕の人生の証人であり、僕は彼の人生の証人だ。お互いを尊重しあっている。『嘆きのテレーズ』のシナリオ執筆中の彼を、僕は真剣に愛するようになった。そのことを自分でも納得できるようになった。それから四十年、彼はいつも僕を注意深く見守ってくれていた。時には嫉妬しながら、でも、いつもユーモアを持って》

映像に刻まれたカルネの〝戦争〟の傷

マルセル・カルネは、日本人の好きなフランスの監督として、戦前から一九七〇年代までは、デュヴィヴィエに次いで人気があり、よく知られていた。カルネは、一九〇九年八月十八日朝五時にパリの北部バティニョル地区で生まれた。高級家具職人の父親は、彼が大きくなったら、やはり家具職人にしようと思っていた。

しかし、母に先立たれ、彼は祖母と姉によって我儘《わがまま》放題に育てられた。おばあさんっ子マルセルはその地域のガキ大将だったという。父親は、女にもて、あちこちの女が訪ねて来るたびに「映画にでも行ってきな」とカルネに小遣いをくれた。ベルヴィルの〈エバタン〉とか〈シネマ・デ・ゴブラン〉や〈カジノ・ド・グルネル〉といった映画館へ日課のように通い、古ピアノの伴奏を聴きながら無声映画を見まくった。

映画を見尽くすとミュージックホールへ出掛け、この頃の体験は全部、カルネの財産になった。彼の映画の持つパリの下町のリアリティーは、経験した者にしか出せない本物である。

やがてカルネは、自らの才能に気づいて映像を学び、フランソワーズ・ロゼーに出会ったことから、監督ジャック・フェデールのアシスタントとなり、師匠を凌《しの》ぐほどに成長していった。この間、映画評論の仕事や、ルネ・クレール等の尊敬する監督のアシストも経験し、カルネは、自分の個性をとことん見つめていた。

デビュー作『ジェニイの家』（一九三六年）は、ジャック・プレヴェールの脚本も素晴らしく、フェデールの真似と言われながらも、まず一般に評価された。次作『おかしなドラマ』（一九三七年）では、フェデールとは違う、全く別のコメディーを作り出した。そして三作目、デビューから二年目にして傑作『霧の波止場』（一九三八年）を監督する。戦争の予感の中、カルネは製作者の猛反対を押し切り、ルアーヴルに広大なオープンセットを造った。映画製作中、病的なまでに細部にこだわる彼の一面は、劣等感に満ちた、自分の自信を失うまいとするよりどころであったのだが、この映画で顕著になった。

小柄のカルネの怒りの爆発は、おとなしく優しい普段の彼とは全く別物で、まさしくアーティストのそれであった。この映画は、内容が心優しい脱走兵の話であり、美しいカメラアングルにより写し取られた、常に死を暗示させる時代の気運を逆手にとった悲恋映画であった。

勇敢な兵士が一人でもほしいフランスの社会でこのペシミズムに満ちた敗北者の映画は大きな論議を巻き起こした。ヴェネツィア映画祭への出品に反対という意見が強かったが、結果この映画は国内ではルイ・デリュック賞を、ヴェネツィアでは監督賞を受賞した。

この後、カルネは『陽は昇る』を撮り、伍長として戦線に向かったが、一九四〇年ナチスに敗北したフランスは、パリを明け渡し、その年から一九四四年までナチスの監視下でヴィシーに政府を作ることを余儀なくされた。休戦となりパリに戻ったカルネを待ち受けていたのは、ジャン・ガルティエ＝ボアシエールが新聞に書いたヴィシー政府批判論「敗因は『霧の波止場』」というタイトル記事で、カルネの『霧の波止場』のような精神がフランス敗北の原因だ、というものであった。

カルネは戦争にも行き、コンビを組んでいたプレヴェールがレジスタンスだったので、この批判に対して、納得しない味方も多かった。が、彼を本当に傷つけたのは、戦後になって、戦争中に苦心惨憺《くしんさんたん》して撮り上げた命がけの傑作『天井桟敷《てんじょうさじき》の人々』（一九四五年）を、ナチス政権に協力していたからできたのだ、というまことしやかな一部の風評だった。フランスは独仏休戦協定により、かろうじて主権は守られたが、ナチスからの圧力は様々な分野に及び、特に文化統制を目論《もくろ》む側として、映画には厳しい目を光らせていた。その結果ナチスにおもねる俳優、監督以外は苦しい思いを強いられた。

《いちばん苦しんだのは、戦争中に映画を撮ることが出来たのは、ぼくがドイツやイタリアに協力したという中傷だ。アルレッティはドイツ軍人の高等娼婦だったというような中傷だ。フランスでは協力者（コラボ）かどうかということで戦争中の在り方を裁く。だが、ぼくに言わせれば、映画監督が映画を作っているのは、ただ自分の職責を果たしているのであって、決してコラボではないのだ。（中略）ぼくがあの時代に映画がとれたのは、ぼくが誰ともうまくやっていける性質だからだと思う。ぼくはただ映画がとりたかった。だから、ドイツ人ともやっていけたんだ。それはコラボじゃない。どんな状況の下でも、職業を果たす事は人間の義務だ。ぼくの哲学はただ一つ、もっとよいものを作る、ということだ》

カルネは、謙虚で誠実な人柄で知られていた

『霧の波止場』は、日本では約一〇年遅れ、戦後一九四九年になってやっと公開された。当時敗戦後の日本では映画が最高の娯楽であり、戦前輸入されなかったフランス映画が見られるようになって、人々は狂喜した。平和な時代では一般受

けは難しそうな、この映画の濃厚なペシミズムも、多くの日本人の共感を呼びヒットしている。この時一九歳の岡田正子は、特にこの作品に感動したと話した。洋子は二〇歳、岡田と同じように超満員の映画館で、涙を流したに違いない。その後、カルネとパリの家族になることも知らずに。

『天井桟敷の人々』に始まった戦後のカルネの実相

カルネの戦後は『天井桟敷の人々』の発表により、華々しく始まった。この映画は、まさに世界的な一編としていまだに多くの人々に感動を与えている、名画の中の名画である。

しかしカルネは、五〇年代後半から、映画が撮りにくくなってゆく。映画評論誌『カイエ・デュ・シネマ』の一派、トリュフォーを尖兵とするヌーヴェル・ヴァーグの台頭である。彼らは、彼ら以前の映画作品を、作家性があるかないかで徹底的に批判した。いわゆる職人監督だったクリスチャン・ジャックやジャン・ドラノワ等の巨匠はゴミ扱いされた。カルネ作品への攻撃は、彼らよりは少しはましであったが、そのポエジーは本物のリアリズムとは違うと言われた。

この時完全な矢面ではなかったにしろ、逆に、カルネの中に確実にある作家性に気づかぬ粗い感性は、若さの無知のままだったということで、歴史に埋もれていこうとしている。

ヌーヴェル・ヴァーグ派がフランスの映画の主流を占め始めると、カルネの新作もただ比較され、〝古臭い〟過去の人とされた。現代は、またその頃の作品も見直されてきているが、当時のカルネの心境たるやたまらないものがあったであろう。

カルネはカメラの前以外は、おだやかな人情家であった。後年トリュフォーと出会った会場では、自らトリュフォーと握手して見せて、大人の対応を見せた。トリュフォーは感激して「自分の作品一〇本並べても『天井桟敷の人々』には及ばない」と言ったという。

一九八八年、第一回高松宮殿下記念世界文化賞受賞時に来日した時のメッセージでも、「私たちを評価していただけて励みになる」と、あくまでチームとしての仕事を強調して、人柄が感じられるスピーチを残している。

日本で絶大な人気があったフランソワーズ・アルヌールも「カルネは驚くほど誠意のある人だ」と、証言する。彼女のレジオン・ドヌール勲章叙勲式では、長時間立ったまま彼女に敬意を表して、あの世界の名画『天井桟敷』の監督が、ロランに支えられながらも絶対に座ろうとせず、それを当然だと思っている、と伝記の中に書かれた件《くだり》は、彼の本物の誠実さを物語っている。

カルネが洋子とロランに注いだ愛も、親鳥のように温かなものだった。三人は本当に一時、親子のように住んでいた。二人は裸で、カルネはカルサン（半ズボンふうの男性用下着）で、まるでヌーディストのように！　洋子が入り込んだ世界は、ロランとカルネの堅い愛情の中にあった。

洋子は「パリの服はかっこいい。でもタイト。私は家ではラフな服が好き」とインタビューで語るが、ここまでオープンになったのはフランスだからであろう。しかしこの時洋子は、カルネとロランの関係を精神的なものだと信じ切っていた。

タニア・ルザッフルが語ったカルネとロランの晩年

タニア・ルザッフルは、面会の場所に、クリシー広場にある〈ウェプレール〉を指定してきた。〈ウェプレール〉は、イヴ・モンタンが主演してヒットした『ギャルソン』（一九八三年）の舞台となった店である。アメリカの作家ヘンリー・ミラーの『クリシーの静かな日々』にも散々登場するが、一八八一年創業以来、多くのセーヌ右岸のアーティストに支持されてきた名店である。左岸の〈クーポール〉、右岸の〈ウェプレール〉と言われるほどの、代表的なパリのブラッスリー（カフェよりは本格的な料理を出すがレストランよりはもう少し気楽な、なんともフランス的な食空間）でありRの付く月以外はやめろといわれる牡蠣《かき》も、ここでは一年中安心して食べることができる。昔から芸能人が出入りするが、昨今は観光客のほうが多いようだ。

タニアは、ブランドものではない質素な服で現れた。一九六四年に洋子と離婚したロランの妻となったタニアは、現在は亡きロランとカルネ二人の権利継承者である。彼女は、ロランとは二〇歳、カルネとは四〇歳離れていた。彼女はカルネの面倒を見て、その後ロランも看取《みと》った。もちろん洋子のこともよく知っていて、互いのアパートをよく訪ね合ったし、二人は気が合っていたという。

酸《す》いも甘いも嚙《か》み分けた苦労人とは、こういう人を指すのだろう。その微笑みは、慈愛の優しさを漂わせている。それはパリの下町の連帯感であり、どうしても映画『われら巴里ッ子』を思い起こさせる。

　タニアは、カルネとロランは堅い愛情で結ばれており、決して肉体関係のない精神的な同志愛だったという。これには異論があったが、ゲイ関係のニュアンスと、洋子による経済的な援助、タニアがポルノに出演して長年二人を養ったことに関しては、私はあえてインタビューでは言及しなかった。実は彼女も本当のことを全部知っていて、あえて知らないふりをしているのかもしれなかった。それがロランの二度目の妻になったタニアの優しさでもある。


　カルネは家族運が薄く、晩年はロラン夫妻が面倒をみた。世界中が認めた大監督だが、昔の映画は監督料も安く、そのうえ半分は確実に税金に持っていかれた。一九七一年に『天井桟敷の人々』がリプリントされた時にカルネに入った金は、換算するとわずか一五〇〇ユーロだった。著作権は脚本家であったプレヴェールのところに全部いくことになっていた。

　監督収入があった時代も、カルネはいわゆる引っ越し魔で、蓄えることに興味がなく、晩年は金銭的に非常に困窮した。当時のパリ市長のシラクの援助でカルネが特別な養老院に入れたのも、タニアたちの訴えがあったからだという。彼の引っ越し先に欠かせない重要な条件は、いつでも高い天井があることで、四六時中スタジオの中にいるように天井を見ながら想を練っていた。

　カルネの葬式は予想を超える二〇〇〇人以上の人が集まり、ロラン夫妻は直接、式では会えなかったが、もちろん洋子も顔を出している。

ロランの再婚相手タニヤの尽力で、ムーラン・ルージュのあたりにロランとカルネの記念プレートが付けられた

ロランは一九五〇年代後半からは脇役ばかりで、仕事もどんどん少なくなり、晩年は洋子や軍人恩給に頼るほかはなく、スターの暮らしを維持するのは無理だった。

ロランは二〇〇六年、軍隊病院で亡くなった。心臓発作が直接の死因であったが、亡くなる前一〇年間はずっと体調が悪く、特に最後の二年間は、各臓器に問題が出てきていた。軍隊経験によるトラウマは亡くなるまで残っていて、タニアはロランが部屋を暗くして一人でいる時は、とても部屋に入ることはできなかったという。

タニアは、カルネとロランの死後、政府に働きかけて、これまた当時のシラク大統領の力で、モンマルトルに二人の名を冠した二つのプロムナード（散歩道）を作った。ロラン・ルザッフルの小径はちょうど〈ムーラン・ルージュ〉の真ん中で非常にわかりやすく、そこから数百メートルのクリシー広場に通じ、マルセル・カルネの小径が設けられている。なんとも粋な計らいで、このあたりのフランス人の優しさにはいつも驚かされる。

タニアには、貴重な資料をたくさんいただいたが、二度目に会ったのは、ピガールの穴場的ブラッスリー〈マスコット〉だった。予想通り、ロランと来たことがあるという。その日彼女は、フェルトでできた水兵の人形をプレゼントしてくれた。ロランが障害者から購入したというその人形は、足と手が鈴になっていて、頭に紐が付いていて、吊るすと鳴る仕掛けになっている。水兵のピエロか、ピエロの水兵か……ロランそのものを、この人形が象徴している気がした。タニアは、本当にロランを愛し、最後まで彼を守ろうとしていた。

凱旋帰国での日本映画出演

《ヨーコからロランへ

六年振りで帰って来た東京は、私にとってまるで外国のような気がしました。

あなたは何故か、っておっしゃるでしょう。自分の故国に帰ってエトランゼのような気持になったのは、何も東京が昔に比べてうんと変わったということではないのです。六年間の空白が、日本という一つの社会から私を遊離させているからではないでしょうか。

私が一番困ったこと、それはあなたびっくりなさらないでね。とても日本語が下手になって、映画界の人たちにまず日本語の勉強をしてくれといわれたことなのです。

パリに行ってから……そして、あなたと結婚してから私の生活にはフランス語しかなかったのね。私は、物の考え方まで、あなたの国で、今は私の国でもあるフランス式になっていました。人間は環境の動物だと申しますが、フランスの社会の事は一つ一つが手に取るように判って、判断もできたのに、日本に帰ってからは、何をするのにも判断ができなくなって困りました。私は日本とフランスという国の距離の遠さを身にしみて感じています。でも、私とあなたの心には、距離はないわね。

孤独という生活に馴れていた私の前に、天涯の孤児だというあなたが現われて、まるで自然のように結びついたのは昨年の夏だったのですが、お互いに何か淋しさと空虚さを持っていて、それが引力のようになって結婚した私たちが、家庭を持った時の約束を覚えているでしょう。私たちは、楽しい事も苦しい事も一緒に分け合って、長い人生を歩んで行こうとお話をしたイタリアの海岸の夜を……。

私は、あなたとの幸福をどんなことがあっても守りたいのです。日本で有名になろうと、悪口をいわれようとそれは私だけの事なの。私は孤独な心でいる東京で、あなたとの未来だけを信じて生きています。淋しがって、お酒なんか飲み過ぎないようにね。……

接吻を幾度も　　　　あなたの、ヨーコ》

洋子からロランへ宛てた手紙である。この手紙は当時の彼らの様子を余すところなく物語っている。洋子はそれまで、純粋な恋愛は成り立たないと思っていたが、ロランと出会って変わった。彼女は、努力によって、純粋でありうることを知ったと話している。恋愛を哲学的に捉えるのが、洋子なのだ。

一九五六年六月一日の夜、洋子は一人、飛行機で帰国した。一九五〇年に猪谷洋子として船で、フランスに向かってから丸々五年の時を経て、谷洋子としての凱旋帰国であった。

羽田空港に降り立った洋子を見て、記者たちはびっくりした。

「胸をツンと張ったぴったりした服に腋毛の国際女優来日」……東宝によって集められた記者たちは、こぞって書き立てた。世界に認められた和製グラマー登場である。この頃、日本ではマリリン・モンローが大人気で、一年半前（一九五四年一月）の来日の大騒動がすぐ思い出される時期であった。ヨーロッパのグラマー女優といえば、イタリアのシルヴァーナ・マンガーノ、ソフィア・ローレン、ジナ・ロロブリジーダ、フランスではフランソワーズ・アルヌールやマリナ・ヴラディが日本で認知された頃である。ブリジット・バルドーは、日本ではまだ一般には知られていなかった。

こうした時代背景を考えると、洋子と東宝が、フランス帰りのお嬢育ち、腋毛と豊胸を売り物にした宣伝戦略は、名前を全国区にするという意味では成功であった。洋子はこの時点でフランス映画では端役ばかり。〈クレイジー・ホース〉〈カジノ・ド・パリ〉はダンサーとしてで、俳優としては『ナムナ』『八月十五夜の茶屋』の舞台出演のみ。日本人にわかりやすい実績はなかった。

映画『裸足の青春』（ポスター）――1956年公開、谷口千吉監督（東宝）

洋子はまず外国スター扱いで、東宝の用意した帝国ホテルに泊まり、写真を撮らせたり「越《え》天楽《てんらく》」に合わせてダンスを披露したりしている。この時は、三ヵ月以上日本に滞在。結局二本の日本映画に出演している。一本は、久松静児監督の『女囚と共に』。もう一本は遅れて来日したロランも出演した、谷口千吉監督の『裸足の青春』である。東宝専属になったと発表されているが、この二本以外に日本映画には出演していない。

《今度、東宝の森岩雄さんに呼ばれて『女囚と共に』に出ることになって……私、女囚になるんです。こないだメーキャップしたらよく似合った。洋パンですか？　なんかそんなことやって監獄に入った女囚なんです。日本に帰って八百屋お七みたいな、あんな髪に結えるのかと思ったら、女囚でもんぺはいて……ハッハッ、がっかりね》

これは、当時の人気漫画家近藤日出造のコラムに載った対談である。近藤とは、中野の洋子の実家に近い喫茶店で顔見知りだった。近藤が書いた谷洋子は、当時の日本人のインテリが思ったた感想の代表だ。

《ヘッポコ漫画家とはいうものの、とにかく毎日絵を描いている。何かを考えている。つまり大げさに気取って言うと、〝文化的な仕事〟をしている。〝芸術〟みたいな仕事をしている。したがって、文化的な意味で、日本が世界のどの辺にあるか、ぐらいの見当はつく。その見当によると、純日本的なものは別にした、いわゆる国際的なものになると、どうもそれは〝イナカの天才〟の産物だ。一般的にいうと、山ザルの人まねだ。では、その意味における世界の〝中央〟はどこか、というと、どうしても「フランスでございい」といわざるを得ない。まだ、行ったことはないけれど、日本に紹介されたものによって、そんな気がする。「あの日本人は、フランスにおいて、パリにおいて、大変な人気がある」ときくと、目先がクラクラッとするほど驚いて尊敬してしまうクセがあるのはこのためだ。したがって、フランスにおいて、パリにおいて〝芸〟の仕事で、大変な人気を集めているときく谷洋子なる日本女性は、ぼくにとって、驚嘆とあこがれのシンボルだった。

　そして、新進売出しのフランス映画スター、ロラン・ルザッフルが、美としゃれっ気の代名詞のように思われているパリジェンヌをさしおいて、日本女性谷洋子さんを奥さんにした、というニュースは、ウチの娘がどこかの王様のオキサキに所望されたほどの、ワクワクするニュースだった》

『女囚と共に』『裸足の青春』の瑕瑾《かきん》

『女囚と共に』は、〝十一大スター競演〟と書かれたポスターが物語る、東宝の超大作である。日本初の女性刑務所長三田庸子《つねこ》の原作を田中澄江がシナリオ化。それぞれのスター女優の見せ場を入れながらの作品であるためか、観念的なシークエンスが多く、結局男が悪い、社会が悪い、と結論づけてエピソードをまとめ上げ、せっかくの名女優たちの力演も上滑りしていた。

　看守側に原節子と田中絹代、女囚役には、久我美子、浪花千栄子、木暮実千代、岡田茉莉子、淡路恵子……ずらりと主役級女優が並ぶ。刑務所のセットにも相当金がかかっている。

　初対面の久松静児は、洋子に会ってから配役したというが、実質的な日本デビューである洋子の役は太田マリ子（マリー）という名のストリッパーである。登場は途中から殺人および麻薬取締法違反で入所する時とストリップの振付だといって一騒ぎする二シーンのみ。本筋の展開とは

『女囚と共に』（ポスター）——“11大スター競演”の中の１人……いきなりの大抜擢に東宝の力の入れ具合がわかる

無関係な、なぜ入れたのかよくわからない話題づくりのための役であった。アルマイトの薬缶を叩いて独房で踊る洋子は薬で頭が変になっている感じは十分出ているが、配役的にあまりにステレオ的である。撮影は多分二〜三日で済んだと思われるが、洋子自体は自分の日本語が下手になったと述懐している。

《わたしね、パリにいったとき、フランス語、とてもヘタだったの。それで、日本の方とはお付き合いしないで今まで五年間フランス語だけの世界で生活しちゃったの。そしたら、日本に帰ってきても、お話をするとき、頭の中で先にフランス語がでてきて、それを訳しているみたいになっちゃうの、だから、変でしょう。ご免なさいね、もう少ししたら、日本語を思い出すわ。だって、わたし日本語よく知ってるのよ。

　わたし、どんなに苦労しても、やりとげたいと思っているの。フランスでも、映画に十本近くでたけれど、いい監督のものに出なければ、日本では、だれも知ってくれないでしょ。今度のお仕事は真剣よ》

映画『女囚と共に』──女囚マリー役の洋子と看守役の原節子。1956年公開、久松静児監督（東宝）

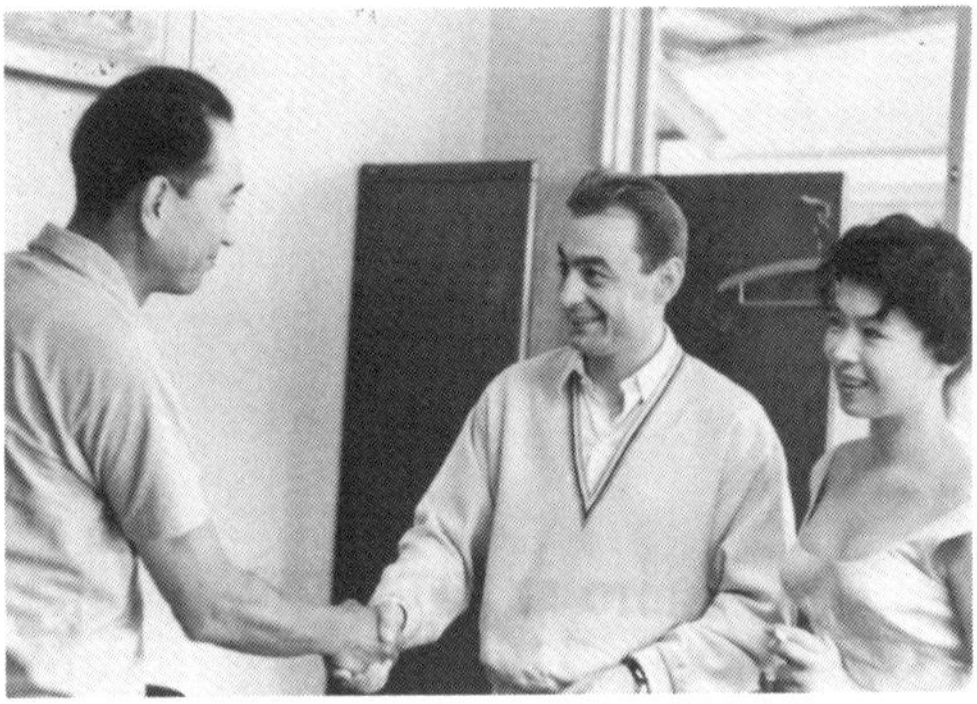

東宝撮影所に黒澤明を訪ねる洋子夫妻

『裸足の青春』は、黒澤明が脚本を書く予定だった。黒澤はこの時すでに、大映から古巣東宝に戻っていた。撮影所の黒澤を訪れる洋子夫妻の写真も残されている。黒澤は超大作『蜘蛛巣城』から手が離せず脚本は井出雅人に代わったが、それはそれでプロの技を見せている。火野葦平の原作は、キリシタンが隠れ住んだ九十九島が舞台だが、長崎県佐世保市の黒島でロケされた。村は仏教徒の白村とクリスチャンの黒村と二つに分かれ対立していたが、黒村の男と白村の女が愛し合い、その結婚を巡っての島中を巻き込んだドラマである。洋子の役は黒村出身で東京に出て五年後、ストリッパーになって島に戻って来た岡野まり子。

『カルメン故郷に帰る』（一九五一年）がどうしても思い浮かぶが、まり子は黒村の男に昔から惚れていて、その結婚を邪魔しようとする。見たままのヴァンプ役である。浜辺で踊ったりのシーンも二度あるが、ミクロネシアの踊りのような、リンボーダンスのような奇怪なダンスである。踊りには二回とも主人公の恋敵役の仲代達矢が絡むが、今彼が見たら赤面するかもしれない。

洋子はハイヒールこそ履いていないが、化粧が一人だけ浮いているし、（東京帰りのストリッパーだから別に問題はないのだろうが）演技も直截的だ。特別出演でロランが演じるシメノン牧師はもっと浮いていて、残念ながらご愛嬌で済まないほど日本語が酷《ひど》く苦笑させられる。相当に練習したというが、その成果は感じられない。

結局、映画は凡庸な出来に終わり、洋子もロラン自身も見ていない。後のルザッフル夫人タニアは、日本でも公開されなかった幻の映画だと思っていた。だが実はこの映画が、すぐ大問題を引き起こす。

当時のロランとの２ショット

波紋呼ぶ洋子を追ってのロランの来日

《ロランも、日本に来たがっているけれど、今はマルセル・カルネ監督の撮っているドストエフスキーの『罪と罰』にでているけど、こられない。パリと東京の飛行機運賃高いでしょう。遊ぶだけじゃ、来られないわ》

噂の旦那ロランは、次に決まっていたサッシャ・ギトリの映画をキャンセル。自費で日本に洋子を追いかけて来た。この頃の飛行機代は日本円で約五〇万円。現在価値に換算して五〇〇〇万円近い大金だ。

　羽田は歓迎の人で大騒ぎだった。二人の抱擁シーンも大々的に報道されている。写真は、純粋な愛情が感じられて感動的であるが、当時の日本では、人前で抱き合う二人はある種のカルチャーショックを起こさせた。その後この二人は、〝おアツいカップル〟を、どの媒体でも見せつけているが、これは実際に幸せいっぱいの素顔だった。

　洋子単体だったプロモーションが、今度は異国人とのカップルに変わり、日本では外国人映画スターと結婚した初めてのケースとして大いに宣伝された。洋子の前には、やはりセクシーで売ったSKD出身の淡路恵子が、ビンボー・ダナオというフィリピン人の歌手と結婚し、大騒ぎされた例があるが、今度はなにしろそのお相手が、日本人から見て憧れの文化国フランスの二枚目スターであった。

　二人になってからは、国際芸能人カップルとして雑誌の座談会、グラビア誌にたびたび登場。洋子の身内にとっては、ただ恥ずかしい思いばかりであった。

『文藝春秋』に〝女の個性の美しさ〟と題して、洋子が以下のような文を寄稿している。大真面目に書いている洋子もだが、堅い読者を想像すると、日本という国の面白すぎる現実に笑いを誘われるほどだ。

《現代の自然の健康美というのは、ハッキリ云ってしまえば、盛り上がった胸と豊かなお尻という事になると思います。これはイタリー女の体格で、ジナ・ロロブリジーダやソフィア・ローレンなどが実っし（ママ）したもので、世界中の流行になっています。この人たちが腋の下を剃っていないというので、剃らない事が流行り出していますが、いくら自然のままといっても、日本人の黒いのがぼうぼうとしていては見た目がうるさいですから、始終適宜に手入れをして置く必要があります》として自然のままなのが良人の好みだと、少しのろけて締めくくっている。

豊胸に関しては、整形手術を受けたとも書かれているが、きっぱり洋子自身がやっていないと答えている。これは、〈クレイジー・ホース〉のアラン・ベルナルダンが、絶対に整形の乳房は許さなかったことからも立証できる。

洋子がお色気作戦を東宝の言いなりでやったかというと、そうではない。当時のグラビアなどを見ると、洋子自身が日本の芸能界を挑発して面白がっているように見える。その証拠に当時はショックだったであろう、ビキニで腋毛を見せるポーズを自ら随分撮らせている。キャプションには必ずパリの夜の話題、日本娘のストリップ等々、きわどく扇情的な文字が並ぶ。当時の日本の記者を、〈クレイジー・ホース〉の芸術性を知らないからと責めることはできない。何しろほとんどのジャーナリストは海外に出たくても、出ることが叶わぬ時代であった。洋子は、「私は私よ。勝手にお書きになれば」といったスパッとした割り切りもあるが、半面「自分のストリップも誇張されゆがめられた」とも言っている。

彼女がその時出演し、当然取材でも宣伝した日本映画二本の役が、薬物依存症の踊り子とストリッパー役であり（両役ともマリコ）、それが洋子のイメージを固定化したことは否めない。

　この年は春から夏にかけて、イヴ・シャンピ監督『忘れえぬ慕情』が、日本で撮影されていた。主演はジャン・マレーと岸恵子、そしてダニエル・ダリューである。マレーとは仲が良かったとロランは書いているが、マレーの伝記には、ロランの名は出てこない。ただ親交があったのは確かで、陣中見舞いに洋子と共に訪れている。

『忘れえぬ慕情』は初の日仏合作映画で、シャンピと岸恵子との大ロマンスに発展した映画だ。フランス人スター、マレーとダリューの来日を、日本のマスコミは大騒ぎで迎えた。特にダリューは、戦争中でも彼女の写真を隠し持つ日本人学生がいたほどのファム・ファタール（男にとっての「運命の女」）で、三月三〇日午後一一時五分に羽田にエールフランス機で着いた時から三ヵ月後、全撮影を終えて七月一一日に帰国するまでマスコミを何かと賑わせた。

　ジャン・マレーも、戦前からフランスの二枚目として日本で有名であった。戦争も挟まり本国ほどではなかったが、『忘れえぬ慕情』の頃はまだまだ黄色い声が飛ぶ人気だった。

　両刀使いのロランは、マレーにもダリューにも、特別な興味があった。ロランは、ダリューを食事に誘いたがったが、洋子は「ならば、私はマレーと行くわ」と言い、結局ロランは、マレーと一緒に長崎の被爆者たちを訪れている。洋子は同行しなかった。

　マレーとロランの出会いは、フランスレーシングクラブ（一八八二年創立の権威あるスポーツクラブ）だった。驚くほど美しい男性が泳いでいるのを見て、声をかけたらマレーだったという。

これはやはりナンパであろう。

東宝騒動――日・仏の機微の違いに翻弄される

順調に見えた夫婦の映画共演とプロモーションも、八月に入るとだんだん雲行きがあやしくなり、洋子とロランは、急遽《きゅうきょ》九月二九日に羽田から帰仏しなければならなかった。あれほど騒いだマスコミの論調が、当日は小雨が降り二人とも淋しげな表情をしていたなどとなっている。もっと酷い記事は、夫婦が尻尾を巻いて逃げ出したとか、経済的に困窮して泊まるホテルも格落ちした（最初は帝国ホテルで最後は四谷の松平ホテルであり、格落ちというほどではない）等と意地が悪いものがあるが、これには少々込み入った事情がある。

表向きは、洋子が出演を承諾していた日劇ミュージックホールの舞台を、映画の撮影が長引いて「かけもち」はできないとキャンセルした形であったが、きっかけになったのは、遅れて到着したロランが急遽『裸足の青春』に友情出演したことに端を発している。

そもそも洋子の東宝との契約も、当時の取締役森岩雄が、洋子の父と親しく、「パリで売り出し中の娘を宜しく」と言われたところから始まった。その頃の洋子の父は、ＪＥＴＲＯの創案者であり、日野ヂーゼル工業の会長であり、財界で知らぬものはいなかった。

戦前から森とは旧知の仲だったが、東宝としてもハリウッドでシャーリー山口となった山口淑子と共に、フランス映画界で活躍する洋子を、いささかオーバーに宣伝すれば、新スターとなるだろうと踏んだのだ。

洋子の売り出しは、当時はテレビがなかったために、大量の活字媒体で始まった。日本では全く無名の洋子を、お嬢さんがパリでストリップまでやらかして舞台や映画で活躍しスターになった、というサクセスストーリーにしようとした。そこに来日予定のなかったロランが登場したので、これを利用して、二枚目外国スターと結婚したという話題を膨らませようとした。

東宝側は洋子の映画『裸足の青春』が、約三ヵ月の長期ロケのため、新婚の二人に気を利かせてロランの出番を作り、顎足滞在費《あごあしたいざいひ》もちで友情出演とする……つもりでいたという。友情出演、この言葉は曖昧で、ノーギャラまたは従来のギャラよりグンと安い友達価格という意味である。ここでロランは、友情出演の意味も確かめず、ちゃんとした契約書もなく、日本語の特訓を受け映画に出演してしまった。フランス人らしからぬ行動である。しかしロランは、映画の撮影後、手元不如意であり、出演料をくれと東宝に言いだしたのである。

しかし、一時《いっとき》はロランも、洋子の立場も考えてなんとか納得したかに見えた。しかし洋子が次に出る予定でいた日劇のショーで、演出の岡田恵吉が打ち合わせを始めた時点で話が急変する。〈日劇ミュージックホール〉が東宝の系列であると知って、ロランが自分のギャラの話を蒸し返したのである。

ロランは、夜な夜な、まだ編集の終わらぬ『裸足の青春』の監督谷口千吉に洋子から電話させ、自分のギャラ未払いは不当だから、労働組合から東宝に訴えたいので協力してくれと頼んだ。谷口は一九四八年第三次争議の時に、ここでは映画が作れないと、先輩の山本嘉次郎や成瀬巳喜男、黒澤明たちと「映画芸術協会」を作り、一時東宝を出た経緯がある。編集中に電話された谷口もうんざりであったであろうが、ロランの取った態度は、東宝の経営陣を激怒させた。

東宝は、日本映画史の中でも衝撃的な〝東宝争議〟があった会社である。第三次東宝争議の時は、主導権を握った共産党の強引なやり方に反発する組合員の分裂騒動が起こり、撮影所は殺伐とした雰囲気に満たされた。一番大きな第三次争議は、日本の警察（当時は予備隊）では足りず、とうとうアメリカ軍まで出動した戦後最大の労働争議となったが、一九四七年には決着した。しかしその後一九五〇年には、争議で解雇が撤回された二〇〇名がレッドパージされ、不穏な空気はくすぶり続け、この後規模は小さいが第四次闘争もあって、多くの映画人にトラウマが長く残っていた。共産党と映画人の関係は、アメリカに占領された日本とフランスでは全く違い、ロランにも洋子にもこの機微を理解することはできなかった。

実は洋子の映画のギャラも契約も仮のものだった。すべてが後手になってしまったのは、招聘元東宝の問題であろう。もともとはトップ同士の話から始まったことで、なんとかなるだろうと先送りにしてしまったようだ。

また、洋子は来日した時、すぐに二本の映画と日劇に出演する約束をしていた。実際グラマーで踊れて歌えて、当時マスコミを賑わせていた洋子は、日劇側にはぴったりの旬の素材で、メインプロデューサーで作家の菊田一夫は、洋子に会った途端に気に入り、『オペラ・グラスとシャンペン・グラス』というタイトルで混血児マヌエラという役名まで決まっていた。

しかし台本が渡された時はまだ『裸足の青春』のアフレコも終わっておらず、その一週間後には本番という、フランスではあまり例のない強行なスケジュールであった。それは当時の日本では日常的なことであったのだが、洋子とロランはこのことを問題にして、それを、『AEN（朝日イブニングニュース）』が「再び洋子とルザッフルの日本映画界に物申す」として掲載した。国際的にも進出して行きたい東宝側は、英字新聞に書かれる事は非常に不愉快であった。洋子とロランによって火に油を注がれた気がしたのである。

《「日本では、その俳優の素質が何であろうと、一月に何本も出演する。しかしシナリオも早く渡されない。俳優、技術者はドレイの様に仕事をし、百年前の労働者と同じで資本家の前でおののいている。映画スタジオの経営者たちが欧州へ行き、大演説をぶったりするかわり、何故若い技術者を派遣しないのか」等、一面うがった事を述べており、さらに「日本でいい仕事をするのは不可能であり、この現状は登りゆく映画商業の恥だ」とまで極言しているのは、この談話を取った外人記者某氏の意見が入っているにしたとしても、ロラン・ルザッフル及び谷洋子と直接仕事をしていた東宝に批判ともなり、直接責任者の藤本真澄氏が憤慨するのも当然かもしれない》

悪い後味を残しての離日

自分のギャラからロランのギャラ問題まで、ロランに代わって通訳をしていた洋子は、すっかりノイローゼ状態になってしまった。記者会見からインタビューまで、ロランの分までも、全部の窓口になった洋子はたまったものではない。

責任感の強い洋子の性格からして「日劇ミュージックホール」降板は、どこかには不本意な気持ちがあったと思う。洋子の他の活動を見ても、依頼されＯＫした仕事はすべて投げ出したことは無く、懸命にやり遂げている。『裸足の青春』にかける意気込みは大変なものだったし、日本でも何がなんでも頑張ろうという気持ちがあったのだから。

しかし、洋子の状況を見て、さすがのロランもこれ以上は無理と判断して、二人で帰国を決断した。

彼女たちを担当していた東宝の小林富佐雄は「フランスの映画界と、日本の映画界とでは大分しきたりも違い、例えば出演料の場合でも、日本では税金を天引きするがフランスではそういう習慣はないでしょう。もちろん、貨幣価値も違いますから、そんなところに行き違いがあったわけです。しかし話しあった末了解し、目下帰国準備に取り掛かっています」と、説明しているが、下手なことを言えば、やぶ蛇になりかねず本当のところは言っていない。

父善一の関係か、実際に洋子側の肩を持つ記事も散見できる。

《東宝側は、「谷さんのロケが長いので、ロランさんがひとりボッチで東京にいては淋しいだろうと思い、神父の役に出てもらったので、出演料などトンデモナイ。ほんとうの好意ですよ」とうそぶいたという。いやはや、呆れかえった東宝首脳よと父娘の関係を知っている或る財界人は、唇を噛んで更に、映画人などと威張ってみても、今も昔もカワラ乞食だねエといっていた。ロランはフランスでも主役俳優をやったことのある人。その御仁を、好意だからという理由でタダで使うという手は、一寸できる仕事ではない。ロランがタダで日本映画に出演するはずはないではないか。役者を使ってギャラを支払うのは当然のこと、最も新しかるべき撮影所が、好意や人情を振り廻しているようでは、仕様があるまい》

洋子は真面目に過激なセクシースターを演じ続けて見せたが、フランスと日本の違いを考えに入れるには経験が少なすぎた。洋子の日本滞在は、確かに名前を全国的にはしたが、〝豊胸と脇毛〟がすっかり定着してしまい、しかも極めて悪い後味を残しての帰国となった。一番迷惑したのは残された親族であろう。

第四章　国際女優への脱皮と離婚

逆転し始めたロランと洋子の立ち位置

日本から帰国した二人は、ともかく働かなくてはならなかった。日本でうまくいかなかったという情報は、フランスにも流れていた。突発的な訪日でキャンセルした仕事もあり、ロランに対しては、フランス映画界の雰囲気は冷たかった。来るのはちょい役ばかりであったが、窮地を救うかのように、翌年カルネが『危険な曲り角』に主人公の兄役で出演させ、ロランに新境地開拓の場所を与えている。

洋子は、「日本進出は失敗した」と周囲に漏らしているが、実はまた日本で仕切り直しをしようという気持ちが十分にあった。しかし、同時に日本とフランスの映画に対する考え方の違いも学んでいた。

《日本の映画は、監督さんとか、技術者とか、裏方さんまでがずっとレベルが高いのに、どうして映画自身の質というものが下がってくるのかと考えるの。そうするとこれは質があるにもかかわらず量によって……たとえば、料理なんか作ったときでも、少量作ればおいしくなるのに水を入れたりしてまずくなるという、そういう傾向があるのじゃないかしら。残念だと思うの》

フランスでの洋子は、相変わらずユニークな存在で、日本での悶着《もんちゃく》はかえって宣伝になり、仕事は途切れなかった。初めてのアメリカ映画『静かなアメリカ人』、フランス映画の『駝鳥《だちょう》の卵』『火の娘』と立て続けに出演している。

これらの映画の正確な製作の順番はわからないが、それまで出た映画は全部端役か、小さな役ばかりだったが、「茶屋」で話題になり、二枚目スターと結婚、日本凱旋を果たしたこの時期から扱いが変わり、少しだが、必ず見せ場をもらっている。

『静かなアメリカ人』は、洋子にとって初めてのアメリカ映画であった。『イヴの総《すべ》て』で有名なハリウッドの名匠ジョセフ・L・マンキーウィッツが監督。一九五五年、発売と同時にアメリカで大問題を巻き起こしたグレアム・グリーンのベストセラー『おとなしいアメリカ人』が原作である。一九五七年に、主にローマのチネチッタ撮影所で撮られた（一部ベトナムで撮影）。

当時、アメリカの大手映画会社は、配給収益を本国に送金できず、ヨーロッパでの莫大な配収をヨーロッパで製作するアメリカ向けの映画に回していた。イタリアやスペインで大量のアメリカ映画が作られた背景は、ここにある。『静かなアメリカ人』もまさにそのうちの一本であるが、正確に言えば、ヨーロッパで作られたアメリカ映画である。

洋子はダンスサロンのチーフ役で、たったワンシーンの出演。それでも世界的に評価の高い、アメリカの監督である事が、彼女のキャリアにとって重要なポイントだった。日本では予想通り不入りだったが、一九五八年六月にいちおう公開され、ポスターの端に洋子の名も書かれていた。

また、二作とも日本では未公開ながら『駝鳥の卵』では声楽、『火の娘』ではダンスの、死に物狂いで頑張ったレッスンの成果が感じられる。

『危険な曲り角』の撮影見学——1958年頃。左からロラン、秦早穂子、カルネ、洋子、高英男

洋子とシャンソン——リサイタル・エピソード

洋子は日本人のパリに滞在した歌手との交流もあった。一九五一年四月～翌年六月まで、パリに滞在した中原淳一、高英男の二人とは、仲が良かったようである。高英男は、その後何度か来仏しているが、一九五八年五月に『危険な曲り角』撮影中のカルネをジョアンヴィルの撮影所に、洋子夫妻と秦早穂子とで陣中見舞いしている。

カルネの『夜の門』は、暗すぎるということで日本では劇場公開されず、幻の映画であったが、主題歌「枯葉」は、高が最初に歌い日本中で知られた。カルネも、プレヴェールも、もちろん高を知る人も少なくなったが「枯葉」は、今でも日本の街で耳にする。

芦野宏の日記にも、一九五六年一一月一四日〈オランピア劇場〉に初出演した際に、舞台袖で洋子とロランが見ていて、歌い終わり緊張で倒れそうになった芦野をロランが抱きかかえたというエピソードが出てくる。

日本では戦後シャンソンが大人気を博した時期がある。一九五一年に銀座に作られた〈銀巴里〉はその中心となり、多くの日本人のシャンソン歌手を生み出した。私も、この店はよく知っている。シャンソンといわれるフランスのポピュラーソングを初めて歌ってギャラを頂いた店だからだ。しかし、急激なロックの台頭により六〇年代後半にはすでにシャンソンは、マイナーな民族音楽になりつつあった。

実は、私は、シャンソン歌手という言葉が、どうしてもしっくりこない。シャンソンが歌という意味で、意味がダブる不快さよりも、そのイメージの日本とフランスとのあまりの違いに、飲み込めないギャップを感じてしまうのだ。日本のシャンソンは、フランスの歌（流行歌からクラッシックまで）を、下敷きにはしているが、独特のものである。翻訳劇の世界といったら、わかりやすいだろうか……。

私は、フランスに渡ってますますその感が強く、血の出るような思いで曲にした、オリジナルの歌手のことを思うと、簡単に歌う、ましてや日本語に直して歌うことが、怖くてできないのだ。例えば、ブラッサンスの歌には、頭の中だけではとうてい理解できないほどの、体験的、キリスト教社会への諧謔《かいぎゃく》や階級批判が込められているし、例えば、バルバラやブレルの歌の歴史的哀しみを、彼ら自身の人生を昇華させてオリジナルとなったその歌を、素晴らしい、きれいだからと勝手に解釈して、下手な日本語をつける勇気が、どうしてもないのである。これは、昔から詩を意識し続けた、特有のこだわりであり、あくまで私的な癖である。誤解のないように願いたい。

もちろん、シャンソンには、日本語にしてもなんら問題のないものもたくさんあるし、実際に、自分で歌ってもいる。二〇〇七年にフランスで出したアルバム『パリの日本人』では、フランス人のスター歌手と、多くのシャンソンをデュエットした。日本語訳詞も、オリジナル詩とミックスすることで、無国籍感が倍増し、かえって特色になったようである。

洋子と石井好子とは、石井がキャバレー出演で滞在した時代には会っていないが、その後高田美の紹介で友達になっている。石井が一九九〇年一二月一〇日に、日本人として初めてその名を、〈オランピア劇場〉のメインの看板に掲げられたコンサートに、洋子は訪れたらしいが、写真などは残されていない。

石井が日本でＪＡＺＺを歌い出した終戦直後は、シャンソンって何？という時代であり、その後彼女は日本のシャンソン文化に大きく貢献した。日本でシャンソン歌手と言われる者の中で、彼女と全く関わらなかった者は少ない。彼女は歌手と事務所経営を両立させ、コンクールを開催し、フランスのスターを招聘《しょうへい》しながら多くの後輩を育てた。私のような若輩に対してもＣＤなどの感想は必ず手紙で送ってくれ、空港ですれ違った時や、誰かのライブなどで出会った時は、背中を叩いてくれる温かさがあった。

その後時が過ぎ、二〇〇七年に、私も〈オランピア〉で歌った。〈オランピア劇場〉は非常に歌いやすい。懐かしさと優しさに満ちた空間であり、働いている一人一人がプライドを持ってこのシャンソンの殿堂を守っていた。〈オランピア〉の名を知る日本人は少ない。冗談ではなく、スーパーの名前かと思われた時は、私もさすがに鼻白んだ。

洋子の好きだったシャンソンは、現代では完全に懐メロとなり、あれほど隆盛を極めたフランス映画は、完全にアメリカ映画に食われてしまった。

洋子は、自身ピアノを少し弾きながら、たびたび自宅でシャンソンや英語のスタンダードソングなどを口ずさんだようだ。彼女は、表現者として歌を歌うことの大切さはよく知っていて、フランシス・プーランクの親友にして演奏上の相方、バリトン歌手の、ピエール・ベルナックに学んだが、当然クラシックの発声法である。洋子が地声で歌えていたら凄い歌手になっていたかも知れない。芸能界の大御所モーリス・シュヴァリエとも長く交際したし、イヴ・モンタンとは映画で共演。他にジルベール・ベコー、後年にはアンリ・サルバドールとも親しくしていた。

洋子が歌手で一番好きだったのは、レイ・チャールズである。八〇年代後半コンサートに出かけた洋子は、あまりに嬉しすぎ、はしゃぎすぎて、手を叩いた拍子にダイヤの指輪が抜け落ちてしまい、ロジェ（最後の伴侶）と二人で、座席やその周りを調べ回ったが、結局見つからなかった、というエピソードがある。

主役を勝ち取った『風は知らない』の顚末

帰国後少しはセリフが増えた、とは言っても、しょせん小さなしがない役しかこなかった洋子に運命の女神が微笑《ほほえ》んだ。

一九五七年の秋、洋子は、四二人の候補者からオーディションの末、イギリス映画の大作『風は知らない』の主役を勝ち取った。日本で撮った『裸足の青春』の準主役がそれまでのキャリアの一番大きな役であり、その他の映画は本当に小さな役ばかりであった。

《……今度の映画は、ヨーロッパで私のはじめての主役です。私の役者として持っている夢がやっと実現しました》

《いままでのお蝶夫人の型地（ママ）のような女性でなく、本当の日本女性に扮するので、非常にやりがいがあります。それにイギリス映画には最初の出演ですから……》

二つとも、洋子ファンと自認した作家の村松梢風に宛てた手紙で、雑誌に掲載されたものである。

この映画の原作は、英国人作家リチャード・メイソンが一九四六年に発表した大ベストセラーで、主題は、死期の迫った日本娘とイギリス軍将校との悲恋、舞台はインドである。

この映画には逸話が多い。原作の発表当時、白人とアジア人の純愛の話などは、とても映画化できる時代ではなかった。

最初は、ミュージカル化の話が立ち上がった。石井好子の伝記の中に、友人の推薦で『風は知らない』のオーディションのために、原作者メイソンが尋ねる場面が書かれている。石井は一九五三年当時、ミュージックホール〈ナチュリスト〉に出演中だった。ミュージカルの舞台はロンドン。主人公は花を売る日本娘だがやがて癌《がん》で死んでゆく、という、原作とは随分違った話になっている。その後ミュージカル化の話はなくなり、デヴィッド・リーンが岸惠子で映画化することになった。プロデューサーはロンドン・フィルムのアレクサンダー・コルダである。

大映の永田雅一の悲願であったアジアでの国際映画祭は、一九五四年に第一回東南アジア映画祭として結実した。第二回目はシンガポールで開催されて『亡命記』（野村芳太郎監督）が注目された。中国人と日本人一家の物語である。岸惠子と中国人役の佐田啓二が夫婦役。二人が戦争に振り回されて、すれ違う部分は新味を欠くが、とにかく俳優が大健闘で、岸はこの映画で主演女優賞に輝いた。

この時審査委員だったデヴィッド・リーンが、岸惠子にぞっこん惚れ込み、映画化が決まっていた『風は知らない』の主役として白羽の矢を立てたことで日本のマスコミは大騒ぎになった。

岸惠子は自書でこのことに何度か触れている。一九五五年の暮れ映画撮入《さつにゅう》の前にロンドンに語学留学した岸は、歓送会まで企画されて鳴り物入りで送り出されている。

結局この映画は、一九五六年の一月にプロデューサーのコルダが突然の心臓発作で亡くなり、リーンによる映画化は白紙に戻ってしまった。先にも登場したが、コルダはイギリス映画の名を世界に轟かせた伝説のプロデューサーである。特にキャロル・リード『第三の男』はあまりにも有名だが、日本と海外の映画交流に多大な影響を残した、日本の映画界にとって一種の恩人である。川喜多かしこの残したエッセイ『思い出の名画でつづる東和の歩み』にその件がよく書かれている。

一九五〇年には川喜多長政の追放が解け、映画輸入業務の再開も許されたが、まず立ちはだかったのが為替の壁だった。第二次世界大戦を挟んで一〇年。戦前一ドル四円だった外国為替が、何と一ドル三六〇円になっていた。九〇倍である！

《戦前親交のあった製作者たちの何人が引続き映画を製作しているでしょう。不安な手さぐりをしていた私たちの手を向うからしっかり握ってくれたのは、一流製作者であるロンドン・フィルムのアレグザンダー・コルダ卿でした。『ジャングル・ブック』『バグダッドの盗賊』『第三の男』『アンナ・カレニナ』『天井桟敷の人々』など目のさめるような作品リストを送ってくれ、保証金もない歩合契約という、本当の紳士協定でした。この信頼に勇気づけられて私たちは立上りました。東和商事映画部という社名を、はっきり東和映画に改めて、私たちは戦後の映画界に再び挺身することを決心したのです》

日本のマスコミは、コルダの死には触れず、岸惠子の早めの帰国は、映画の製作が延期になったからだという記事が多数残されている。D・リーンは、岸に大変なご執心で、この映画をなんとか完成しようとしたが叶わず、大ヒットした傑作『戦場にかける橋』（一九五七年）では、わざわざ特別な役まで用意して口説いたという。

しかし運命は誰にもわからない。傷心を笑顔に隠して帰国した岸を待ち受けていたのは、後の夫イヴ・シャンピと日仏初合作映画『忘れえぬ慕情』であった。

〝国際映画スター〟と認知された洋子

一九五八年、巡り巡って、『風は知らない』は、ランク・オーガニゼイション（社）、ベティ・E・ボックス製作、『二都物語』のコンビ、ラルフ・トーマスの監督で映画化された。主役はラルフと旧知だったダーク・ボガードである。彼はこの映画の前年に、イギリスで最高の興行収益を上げた大スターであった。秦早穂子は、ボガードに何度か会っているが、本当にエレガントで魅力的な男優だと言っている。ボガードは、この時洋子を「非常な頑張り屋で、可愛ぶらない利口な女優」だと評しているが、その後パリの洋子夫婦のアパートも訪れて交際したようだ。

映画『風は知らない』（パンフレット）――洋子が国際スターになった大作（D・ボガードと）

SABI（音を日本語の〝淋しい〟から取った）役を演じる洋子は、イギリスやフランスの映画雑誌にこぞって取り上げられた。この時洋子は、年齢を四歳サバ読みしていてデータが混乱を呼ぶが、実年齢は三〇歳だった。アジア人は西欧では若く見られるので、何の抵抗もなかっただろう。

インタビューの内容は、どこの国でも似通ったことを聞かれるが、洋子はここでも自分の生い立ちや、両親が結婚させることしか考えておらず、独りで生きることに反対したこと、好きな俳優はヘンリー・フォンダなど、当たり障りのないことを話している。また驚くことに「自分には中国人の血が混じっているんです」とも記者に語っている。このへんの一種の虚言は、きっとそのほうが相手が喜ぶだろうという、一種のサービスで言った感じが強く、それほど彼女が重要だとは思っていない事柄にのみである。

一方、本音に関しては一歩も譲らない。「愛に言葉は必要ない。国境はない」と言い切っているのは、これは最終的には映画のテーマでもあり、まさしく、ロランとの生活が順調だったことの証しになっている。

『風は知らない』は、真冬のロンドンで撮影が始まり、その後約七週間かけてインドでロケされた。撮影中から大々的に宣伝され、日本のマスコミでも取り上げられた。二月二七日にニューデリー入りしたスナップなども雑誌に掲載されている。

タージマハルで撮影中の洋子は、頻繁にロランに長時間の電話をした。ギャラはほぼすべて電話代に消えたという。洋子は五年近くの女優経験があったが、ほとんどが脇役にすぎなかった。しかし、このサビー役はまさにヒロイン。しかも英語の映画であり、彼女にとって、それだけプレッシャーもあり、さぞ不安であったことだろう。

マハラジャの正式なレセプションに招待された時の逸話は、いかに洋子が不安でロランに頼っていたかが窺《うかが》える。洋子は、ロランに、離れていてもせめて気持ちだけでも一緒にいてほしいので、眠っている間は彼女の服をまとっていてほしいと頼んだ。レセプションを終えた洋子は、ロランに早速嬉しい報告をした。

《本当にやってくれたのね、だから何とか無事に了えたわ。マハラジャがお金を、と言ったけど断ったら、その代わりに夢のように素晴らしいダイヤとサファイアの首飾りを下さったの。あなたのお陰です》

洋子は、その首飾りを決して売却はせずよく身につけていた。

一九五八年、洋子の初主役作品『風は知らない』は、東和映画配給で一一月二九日に日本公開された。洋子は、舞台『シェリ・ノワール』の本番中で、プロモーションのための来日はなかった。主題歌をペギー葉山が歌い、宣伝にもある程度力を入れたが、映画はヒットしなかった。

『キネマ旬報』に南博が載せた批評は日本人の感想のマジョリティーといってよいだろう。

《デヴィッド・リーン監督で、岸惠子主演という予定から、ラルフ・トーマス監督、谷洋子主演に変更したことが、かなり決定的な意味を持つ作品。演出は、ありふれた国際ロマンスの枠を一歩もでない凡庸極まるものであり谷洋子も一生懸命やっていることは分かるがどうしてもミス・キャスト。演技が肉体的な条件のマイナスを到底カバーできない。繊細な哀れさが何としても出せなかった。ダーク・ボガードもおつきあいのようで、一向気がのってないように見える。こういう演技陣ならば、いっそ『サヨナラ』のように、ファンタスティックなムードにのせればよかった。なまじ戦争場面の写実が入るだけに、あの演技ではかえって悲劇的な要素がうすくなってしまう。一言でいえば、すべてに無理が祟ったという作品。～谷洋子が日本人には美しく見えるかどうか。その辺りが興行価値を決定する。～》

結局この映画は、D・リーンと岸惠子の映画だという前情報が広まりすぎていて、全部そこで比較されてしまったことがよくわかる。天才D・リーンと職人ラルフ・トーマスを比較する気はないが、白血病で亡くなる主人公が、〝天下の美女〟痩せぎすの岸惠子から、豊胸で知られたグラマー女優谷洋子に代わったことで、日本の観客は興味をなくしてしまったのである。

日本ではウケなかった『風は知らない』だった。しかし欧米ではこの映画に出演後、洋子は完全に国際映画スターとして認知され、以後出演依頼が殺到する。

この頃ロランは、カルネの『危険な曲り角』を撮っている。この映画はカルネ版『怒れる若者たち』だが、俳優としてまさに曲がり角にいたロランは、カルネの丁重な演出を受け、演技ができることを周囲に見せた。洋子は、自分の仕事と家庭を大事にしていた。

従妹の萬喜は、スチュワーデスとして、パリ便に勤務していたが、洋子とロランのアパートをよく覚えていた。一九五七年、最初の勤務でパリに到着し、エールフランスのモンパルナスの宿舎から洋子に電話すると、あっさり「じゃ家に泊まりなさい」と言われた。洋子のアパートはモンマルトルで、セーヌを挟んで反対側に位置していたが、着いたばかりで右も左もわからぬパリを縦断して、どうにかアパートに辿り着いた時は、ホッとしたという。この頃の洋子は、朝から夜まで撮影で、とにかく非常に忙しそうだった。

エールフランスの当時の日本の制服は、ディオールがデザインして英国屋で誂《あつら》えた高級品だったが、仕事以外に着用することは禁じられていた。しかし洋子は、食事の席で、どうしても着てくれと言ってきかない。根負けした萬喜は制服のまま、カルネらと写真に撮られ、〝洋子の従妹〟として新聞に載ってしまった。

俳優の小沢栄太郎は、ヨーロッパ旅行のエッセイ『パリの銭湯』の中で、『風は知らない』の舞台挨拶でロンドンに来た洋子に、『東京新聞』の鈴木記者の紹介で初めて会っている。そしてパリでは、二度もアパートを訪問してその印象を書き記している。

《会ってみると思いの外に子供っぽくて、そして話してみると立派な大人で、それでいて大人っぽくはない。仕事の楽しかったこと、正確な英語をしゃべるようになるために苦労したこと、仕事の方針といったようなことを話している中に、彼女は、ふわっとしているようだがなかなかしっかり者で、地道に自分の仕事のことを考える人とわかって、安心もし、話しが通じて親しくなってしまった》

舞台『シェリ・ノワール』から映画『バレン』へ

この年の終わり一一月、パリ八区のミシェル劇場で『シェリ・ノワール』の幕が開いた。洋子

舞台『シェリ・ノワール』では全身をクルミ由来の染料でメークした

はクルミの顔料を全身に塗っての大熱演で、批評家、観客ともに評判が良かった。この芝居は、まずフランソワ・カンポーの戯曲が素晴らしい。生活に困窮している作家のところに訪ねてくる南洋の国から来た娘シェリ、彼女は暗い世界の光、すべてを幸福にする青い鳥だった。全体を通してのヒューマニズムが、脚本の段階から、ジーンとくる傑作である。

洋子はこのシェリを演じたが、当て書きだったのだろう、まさにドンぴしゃりのはまり役だった。演出のジャック・シャロンも、他の共演者も素晴らしく、この芝居は大ヒットした。この時はボディーメイクを落とさず帰宅して、そのまま眠っていたという。

「白人の奴隷を持つことが夢だったのよ！」、この芝居の最後の決め台詞《ぜりふ》である。これはまさに洋子ならではである。

洋子は『八月十五夜の茶屋』以来、この二度目のストレートプレイで、絶賛を浴びたが、映画出演のために三ヵ月で役を交代した。洋子のバトンを受けたのは、アフリカ系アメリカ人女優マルペッサ・ドーンである。その後、この芝居はフランス中を巡り、マルペッサは映画『黒いオルフェ』（一九五九年）の主役に抜擢された。

この舞台の後に、洋子が選んだのは、クルト・メーツィヒが監督した映画『金星ロケット発進す』である。東ドイツとポーランドの合作で、洋子の役は日本人医師である。原作は一九五一年の『金星応答なし』でポーランド随一のＳＦ作家スタニスワフ・レムのＳＦデビュー作である。日本では映画公開後一九六一年に、早川書房から邦訳版が出ている。レムは、タルコフスキーの傑作ソビエト映画『惑星ソラリス』で一気に世界的になったが、この時代日本ではほとんど知られていない作家であった。当時は東欧の映画は珍しく相当話題になったが、公開は『大怪獣バラン』と一緒であった。

映画『金星ロケット発進す』（ポスター）――1960年公開の東独・ポーランド合作映画。ＳＦカルトの古典として現在でも人気がある

洋子は、当時は極めて珍しいマイナーな共産圏の映画に出演した理由を「監督の瞳がきれいだったから」と言っているが、この役は洋子の出演した映画の中で、トップクラスの良い役である。アメリカでは一五分もカットされたが、日本ではオリジナルのまま公開された。一時はカルト映画扱いだったが、現在見ても面白く、ＳＦ映画の

古典と言われている。

謎の隕石《いんせき》を調査すべく世界中の科学者が集められ、宇宙船で金星まで探索に行くが、金星人は自ら作り出した原子力により絶滅していたという、現代の地球の原子力開発への警鐘になる映画である。紅一点の洋子は広島で家族を原爆で亡くした過去を持っていて、金星人が核開発に失敗した結末の重要な暗喩となっている。

宇宙服を身にまとった洋子がポスターになり、日本公開で初めて大きく主演とその名が書かれた。


一九五九年、『金星ロケット発進す』の後に製作が始まったイタリア、フランスの合作映画『バレン』は、洋子の出演作の中で一番の大作であった。『大砂塵』や『理由なき反抗』等、ハリウッドらしからぬ秀作を作ったニコラス・レイの監督作品である。レイはアメリカでは酷評され異端児扱いされたが、トリュフォーをはじめとするフランスの映画人や評論家に人気があり、時代が変わっても何度も再評価され続け、現在では名匠と言われている。

アメリカでの最後の映画となった『エヴァグレイズを渡る風』は、帽子の羽根のために乱獲される野鳥の保護を訴えた映画だが、そのメッセージは希釈され公開された。そのこともあったのだろう、ハリウッドを去って最初の作品となった『バレン』は、特に作家の強い思いが籠《こも》っている。撮影されたのは、カナダの最北部バレンランドと呼ばれる大氷原一帯で名手アルド・トンティが撮影監督。ドラマ班と風景班と二手に分かれて、七〇ミリが使用された。

純朴なイヌイットの夫婦が、毛皮売買で白人に騙され、また自分たちの習慣を理解せぬ宣教師をはずみで殺してしまったことで、お尋ね者となり警察から追い回されるが、最後は理解ある白人の機知で氷原に戻される。洋子は、アンソニー・クインとの夫婦役で、二人ともほぼ出ずっぱりでの大熱演であった。共演は、ブレイクする前のピーター・オトゥール、往年の中国人国際女優アンナ・メイ・ウォン。アジア系国際スターという意味では、アンナこそ洋子の大先輩であり、この映画後しばらくして心臓発作で急死した。イヌイットの習慣で、雪の上に姥捨《うばすて》にされるアンナと若妻洋子との場面は、新旧の女優のバトンタッチのように見える。

洋子は、ニコラス・レイについてこう語っている。

《私、あの人のところで働いて非常によかったと感謝している。というのはね、こっちが一生懸命演技してるでしょ。だまってみてるの。そして、非常にユーモラスで、かつ、暗示的な事をいうの。たとえば、「今あなたは、こんな風に、演技していたけれど、こんなことは忘れてはいなかったですかね」なんて。はっと思う。あ、そうか、こういう面もこの役にはあったんだなって思う。あたしって、だいたいアブストラクト的考え方っていうのかな……ちくいち説明されるより、抽象的なのが好きでしょ。だからピーンときちゃうのよ。肌にあったというのかしらね。それがきらいな俳優さんには、いやでしょうけれどね》

洋子は、真の国際スターになりつつあり、フランスのマスコミは〝ベストカップル〟として、ロランと洋子をたびたび取り上げた。洋子の話題が多かったが、ロランは単純に嬉しかったようである。二人の家には、パリ中の業界人がひっきりなしに出入りするようになり、メイドの雅子は大忙しだった。プレヴェール、パニョル、カイヤット、当時の売れっ子作家アンリ＝フランソワ・レイ、ティノ・ロッシやベコー、アルレッティ、シニョレにモンタン、ジャン・ギャバン、ベルナール・ブリエ、時にはダーク・ボガードやアンソニー・クイン、ゲイリー・クーパー、これにもちろんカルネが加わった。洋子は、よく鬘《かつら》を被り芸者姿で出迎え、ゲストを喜ばせたという。

今、見直されるべき『バレン』

一九六〇年三月二八日『バレン』は、ロンドンで、恒例の英国王室を迎えての映画会〝ロイヤル・ナイト〟で公開された。フランスの女優として洋子とミレーヌ・ドモンジョが招かれた。ロイヤル・アルバート・ホールの入り口にずらりと並んだスターたちの中、ミッキー・ルーニーとクリフ・リチャードに挟まれての洋子が、正装でチャールズ皇太子に挨拶している写真が残されている。

英国では、これは大変な栄誉であり、洋子と『バレン』が英国でも評価されたことの証拠である。この日、午前中は『バレン』、午後はマルグリット・デュラスの原作をピーター・ブルックが監督した『雨のしのび逢い』が上映された一九六〇年（第十三回）カンヌ国際映画祭でも『バレン』は上映され洋子も出席している。日本からは審査員として今日《こんひ》出海《でみ》が参加している。この年はF・フェリーニの『甘い生活』がパルム・ドール、M・アントニオーニの『情事』と市川崑『鍵』が審査員賞を受賞。他にもベルイマン『処女の泉』、J・ダッシン『日曜はダメよ』等傑作が目白押しで、『バレン』は惜しくも賞を逃した

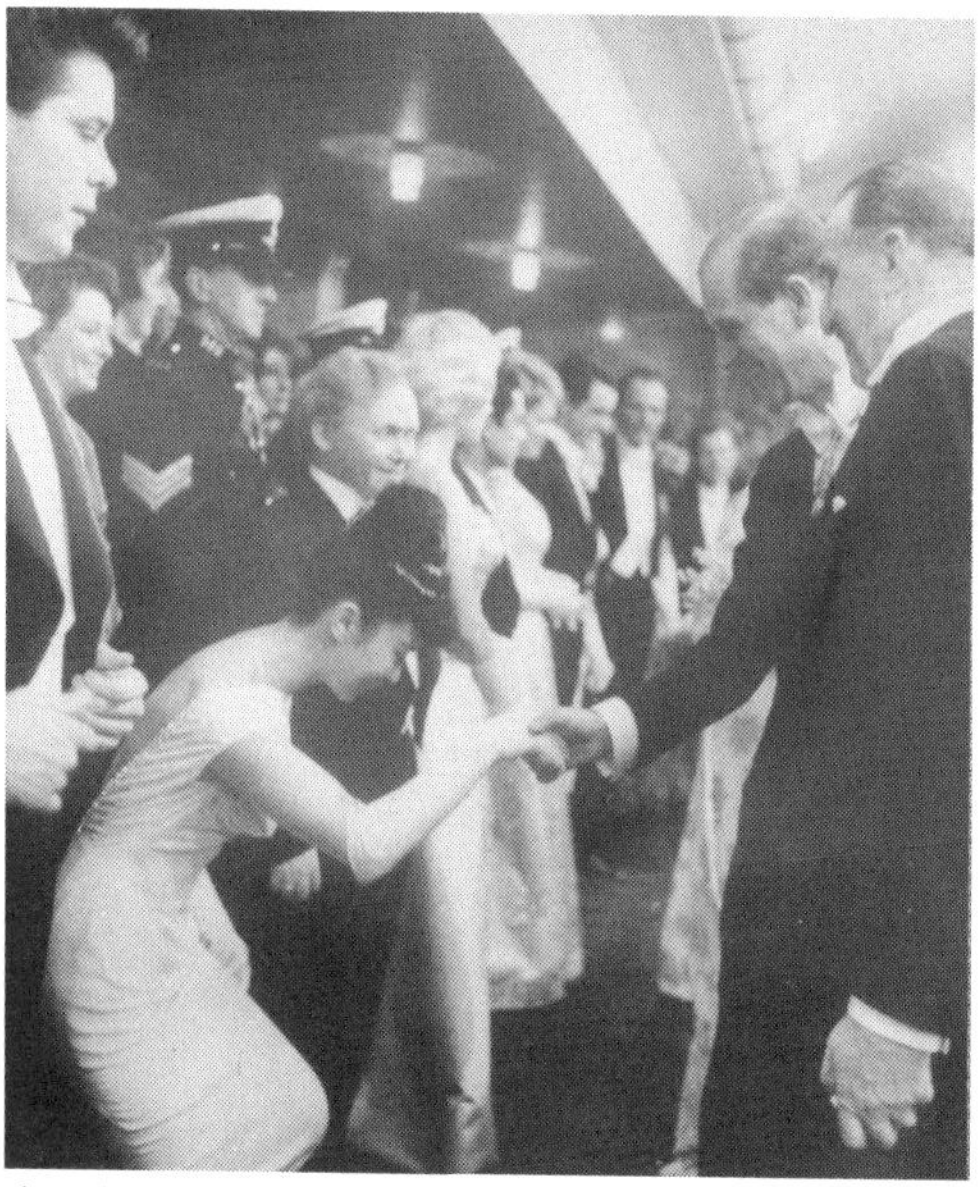
ホール入り口での挨拶――ロイヤル・ナイト（1960年）

しかし『バレン』は、ヨーロッパで評価された。特にイタリアで大ヒットした。当時絶大な人気を誇ったアンソニー・クインの相手役だったことも大きいが、洋子の人気も急上昇した。

この映画は、日本では、一九六一年二月二四日に超大作としてロードショー公開された。洋子の来日はなかったが、二月五日のテレビ番組『映画の窓』に出演し、余ったフィルムで長編映画が作れるほどだった等、いかに大作であるかをアピールしている。

世界の〝環境破壊〟にまで言及したこの映画の存在は、見直されるべきである。この映画が今日的なのは、〝文化破壊〟というメッセージがそのまま現代に通ずるからである。映画の製作時点での社会の意識はまだまだだったが、それはすぐに〝環境破壊〟の問題に繋がっていった。映画が公開された一九六〇年といえば、日本では「四日市ぜんそく」や「水俣病」の存在が社会に知られるようになった年である。高度成長時代、公害に関しては、社会全体が意識の低い時代であった。

日本の宣伝では、私も渋谷の大看板で見た、洋子の立位分娩場面がポスターとなり、自分の妻を客の夜伽《よとぎ》に提供し、夫婦交換もあるイヌイットの風習ばかりが中心であった。そしてそれが話題を呼んで中ヒットになった。映画批評も物珍しさのみでこの映画を扱った。アメリカ資本主義の与えた三種の神器（テレビ、洗濯機、冷蔵庫）が、日本全国に普及中であり、文化や環境が壊されてゆく云々《うんぬん》は、思想的には反体制に括《くく》られてしまう時代である。洋子の実家、猪谷家の子供たちが映画館に足を運ぶことはなかった。

きしみ始めたロランとの仲

『風は知らない』からわずか二年で国際女優となった洋子だが、家を空けることも多くなり、仕事のない週末にできる限りロランと親密な時間を作るようにしていたが、その距離は離れていった。

『バレン』の撮影中、突然真夜中にアンソニー・クインからロランに電話がかかった。「仲間の女には手を出さないが、洋子が迫ってくる」。そして洋子に代わった。

「今すぐに飛行機に乗ってカナダへ来てくれないと、ホテルのマネージャーと寝ちゃうわよ」

洋子はカルネにも淋しさを訴え、一五分後に今度はカルネからロランに電話がかかった。

「真夜中に、何やってんだ！」その後再び洋子から電話がかかった。

「マネージャーとは寝ないわよ。あなたを待っている」

映画『バレン』で共演したA・クイーンと――1961年公開のニコラス・レイの同作は、近年ますます評価が高まっている

ロランは撮影中だったが、プラン変更で三日間だけ休日ができ、カナダへ向かったが、洋子の撮影も変更になり、パリに急遽戻り、夫婦は見事にすれ違った。この話は、ロランの伝記にあるのだが、読み過ごすと洋子との惚気《のろけ》に見える。しかし、ロランは、実は自分の過ちを誤魔化《ごまか》している。ロランは洋子のいない間に、メイドの雅子に手を出してしまったのである。

洋子は多忙を極めていて、普段は雅子がロランの身の回りを世話していた。一つ屋根の下でメイドに手を出すというのは典型的なパターンだが、一九歳になった雅子にも異性としての思いがあった。雅子は洋子のいない間のロランの監視役にもなっていたし、確かにある意味洋子の傀儡《かいらい》であった。淋しさのあまり、洋子を愛するがため雅子を抱いたと書き、洋子が長い時間一人でいるとは思えなかったと言い訳しているロランの文章には、雅子の人格を無視したエゴイズムが滲《にじ》んでいる。

ロランと洋子は、日本の雑誌で、コキュ（フランス語で浮気された夫、または妻の意）に関して、極めてフランス的な考えを披露している。フランスでは、浮気は浮気として割り切り、結婚関係は壊さない夫婦がよくいる。

「コキュして幸せになれるんだったら、それでいいと思う」とロランは答え、洋子は少し微妙で、母妙子の残した文章に影響されたような答えをしている。

《夫婦愛っていうものは、やはり肉体的に結ばれたものも大きいでしょう。だからそういったものがくずれるきっかけになるのは確ですよ。わたしいつも思うんですけどネ、奥さんてあかるい気持ちでなきゃいけないと思うワ。人生そのものがグシャグシャしているもんでしょう。だから、神経の幅を太くして……ボーッとしてちゃ困るけど、そういう点で大きく見て、女の人って明るくなきゃね》

ロケ中の浮気は、映画界ではよくある話で、書いてしまえば身も蓋もない裏話となり、〝火遊び〟で片づけられてしまうつかの間の情事である。一瞬の火花のようにその映画がクランクアップすれば、恋も終わり、それぞれが散らばってゆく。

もちろん本気になる場合もあり、妻帯者の場合は離婚騒動になったりもするが、まるで風邪にかかったような当たり前のような調子で、「ハリウッドの恋」と、シャーリー・マクレーンが自伝に書いている。『青い目の蝶々さん』の撮影の時、シャーリー・マクレーンは、共演したイヴ・モンタンと間違いを犯してしまう。モンタンは、前作『恋をしましょう』でマリリン・モンローと道ならぬ恋におち、モンローは妊娠。妻シモーヌ・シニョレがハリウッドまで飛んできて、死ぬ、死なないの騒動になったのは有名な話である。

ロランは、バイセクシャルであった。俳優の場合、それを武器にのし上がった例は山ほどあるが、ロランのように完全に両性と関係を続けても平然としていられるのは、子供の頃の環境と関係がある気がしてならない。あらゆるセックスを売りものにしてきてしまった、それしか生きる方法がなかった。言ってしまえば、あまりに残酷な話であるが、だからなのか、特別に精神的な部分にこだわる彼の伝記は、びっくりさせられることの連続である。

例えば、デビュー前からの馴染みの肥った娼婦を、洋子と結婚した区切りに抱く話や、洋子の留守中に洋子の手紙を届けに来た日本女性を旅行に誘い誘惑する話や、洋子に男と寝なさいと言われ、実行し洋子が満足する話や……すべての性的な逸話全部に、洋子への愛がそうさせたというエクスキューズが付いてくる。そして話はもっとエスカレートして、洋子が有名になるに従い自分に対して女王のように振る舞いだし、最後は排泄物まで食べさせた……というスカトロ話にまでなってゆく。

事実は小説より奇なりともいうので、この本だけを読めば、洋子はなんという異常な女かということになるが、この本の嘘を見つけるたびに、ロランの病的な部分も見えてくる。

カナダから夜中に電話をかけた洋子が、〝浮気〟をしたとは思えない。勘の鋭い洋子は、ロランと雅子の件が気になり、脅かしの電話をしたのだろう。もちろん雅子に問い質《ただ》したろうし、洋子は何もかも知っていたのだ。この騒動の中で一番かわいそうなのは、二〇歳になるかならないかの雅子である。彼女は、ロランのことを愛していたという。

洋子は『バレン』の後、『ピカデリー第三停留所』に出演した。イギリスの犯罪映画で、密輸業の悪党どもが、大使館の金庫から一〇万ポンドを盗み出す話である。洋子はのっけから登場するが、テレンス・モーガン扮する、悪党の色仕掛けに簡単に乗ってしまう初心《うぶ》な超お嬢様役で、最後は恋のために手引きまでしてしまう。男に利用されるだけの馬鹿な娘役だが、〝魅力的だった〟という評価も残されている。監督のウルフ・リラの前作『未知空間の恐怖／光る眼』（一九六〇年）はＳＦホラーマニアに人気があるが、残念ながら、洋子出演のこの作品は完全に忘れ去られている。

洋子が、イギリスのテレビドラマ『麻薬中毒』（一九六〇年）に出る前に、ロランとの仲は、険悪になっていた。撮影のない週末の二人の喧嘩は壮絶だったようだ。皿を投げ合うような大喧嘩や、ロランに殴られて死んだふりをする場面などがたびたびロランの伝記にも出てきて、その後の仲直りは、激しいセックス。いつもロランはそこで解決したような書き方をしているが、その考えも一方的で、掛け違ったボタンは元には戻らなかった。

洋子にとって、忙しく仕事をすることが、何よりも現実から逃れられる時間だったのかもしれない。

映画『青い目の蝶々さん』―― 1962年公開。洋子（左）、モンタン、マクレーンの偽芸者の補佐役

六年目の里帰りと〝なぎさ会〟ほか日本の友人たち

『青い目の蝶々さん』は、主に日本で一九六一年一月から四月まで撮影された。洋子は五年ぶりに一人で帰国した。五六年の来日時と比べると、頰《ほほ》がこけ

てふくよかな魅力がなくなり、顔にケンが出ている。この時洋子は、ロランとのことで大いに悩んでいて、記者団の質問にもいっさいロランの名は出していない。

この映画は、本格的なハリウッド映画である。当時コミカルな演技で人気の頂点にいた大スター、シャーリー・マクレーンのために製作されたナンセンス・コメディだ。スター女優が芸者になりすまし、夫の映画に主演してしまうという、荒唐無稽《こうとうむけい》な物語だが、ほとんどが日本で撮影されたこともあり、日本のマスコミでも大きく取り上げられている。共演はイヴ・モンタン、エドワード・G・ロビンソン。洋子は脇役のトップでタイトルに載っている。シャーリーを完璧な芸者に仕立て、周囲に見破られないように気を配る大役である。

ジャック・カーディフが撮影した日本の風景も特別美しかった。箱根でもロケが行われ、従妹の萬喜も現場を訪れた。父善一も、洋子と一緒にロビンソンやシャーリーと食事をした。「チューインガムのような女」と独特な表現でシャーリーを評したという。そして、一九六三年の米アカデミー賞に幾部門かノミネートされたが、この時メイクを担当したシュウ・ウエムラも注目され、世界に飛躍のチャンスを摑んでいる。

シャーリーと、夫でこの映画の製作者スティーヴ・パーカーは大の親日家であり、この映画は彼らの日本愛好ぶりが随所に見えるが、実はシャーリーは、夫の愛人問題で真剣に悩んでいた。洋子とシャーリーはこの時、すっかり仲良くなった。その後洋子はこの縁でイギリスのテレビシリーズ『シャーリーの世界』（一九七一～七二年）のエピソード（連続番組の一回）にゲストで呼ばれている。

洋子の日本の友達は、想像もつかない豊かさだ。いろいろな習い事の人脈、加えて学校関連、五〇年代から六〇年代にかけて、現在と比べてあまりに高額な国際電話は無理でも、彼女はまめに手紙で友人に連絡を取っていた。

特別なのは、子供の頃、逗子で培われた〝なぎさ会〟の人脈である。椎名兄妹のことは先に書いたが、他に、堀田英子は、元千葉県佐倉の殿様、堀田伯爵の令嬢で、戦後の学習院最高の美女といわれたが、小佐野賢治と結婚し、何かと注目された人である。弟の義宣は、尾張徳川家の養子となった。英子は、後年、洋子が日本に訪れるたびに当時小佐野の所有した東京八重洲口にあった富士屋ホテルで、なぎさ会の面々を集めては盛大な歓迎会を催した（洋子は六〇年代後半から一時は、毎年のように仕事以外で帰国している）。

やはり〝なぎさ会〟の松田妙子は、東京女子高等師範学校では一級上で、彼女も洋子と親しかった。第一その名前が、洋子の最愛の母妙子と同じである。松田は三島由紀夫との恋愛で有名だ。彼女の父は、早くからニューヨークに学び、社会事業家から政治家になった松田竹千代である。彼女は幼少の頃から男勝りで、頭が良く物事をズバリと見抜き、コンプレックスが無いところは洋子か妙子かである。何十人、人がいても、率先して目立っていくタイプ。

こういう人は周りが大変だが、またよく支える人も出てくるのである。若い時から彼女は、日本で進駐軍相手にドルを稼ぎ、アメリカに渡り、テレビのプロデューサーにまでなったが、その後「日本ホームズ」を起業したりと、エネルギッシュに活動し、日本とアメリカの懸け橋になった。洋子の父が最初立ち上げたＪＥＴＲＯからの依頼で、アメリカの住宅視察団のオーガナイズもしているし、婦人運動家を大いに支援していたので、市川房枝や、洋子の母が秘書をした奥むめをとも交流があった。

学友では、同級生の親友に、谷井澄子がいる。谷井は旧姓を土井といい、洋子とは高等女学校時代に一緒だった。現代の学校制と違うので少しわかりにくいが、だいたい中学高校時代ということになる。その後澄子は専攻科へ入り、洋子は津田塾大に進んだが、女学校時代の卒業は終戦の年であり、二人の連絡は途絶えていた。澄子は結婚して、ＮＨＫから民放の主婦キャスターとなり、洋子は女優になった。

二人が再会したのは、澄子が海外ツアーに参加した一九六八年のことである。一九六八年といえば、洋子も女優業に見切りをつけ、ロジェと暮らし始めていた頃である。四〇になって旧交を温めた二人の友情は、洋子が亡くなるまで続いたという。

〝なぎさ会〟の参加者ではないが、トッティこと、本野照子は別格である。本野照子は、一九八四〜八九年まで在フランス大使を務めた本野盛幸の妹である。寺内内閣で外務大臣を務めた祖父の本野一郎は、洋子のルーツでもある佐賀県出身である。父は、盛一、母は日仏ハーフの清子で、フランスと特別縁の深い一族である。彼女は子供時代から、トッティという愛称で呼ばれている。洋子とは二〇歳の頃、日仏学院で出会い、その後パリで再会した。

彼女は、父盛一がフランス大使だった時代、一九四二年〜四四年に、二〇世紀を代表するピアニストの一人アルフレッド・コルトーにパリでピアノを学んだ。コルトーには可愛がられて、コンサートは毎回供としてそばに付いた。戦後コルトーを日本に招聘する時も中心となった。

トッティと連絡が取れたのは、二〇一八年になってからである。

トッティは、滋賀の田舎で療養中で、とても直接面会することは叶わず、娘を介して私の質問に手紙で答えてくれた。

洋子とトッティが再会したのは、一九九〇年頃である。

洋子は、フランスに渡る前に親しかったトッティを探していた。フランスでいろいろな人に尋ねた末、ようやく連絡先を知った洋子からある日突然、日本にいたトッティに電話がかかってきた。

トッティは、ピアニストにはならず、癌の治療薬の開発に成功して、製薬会社の社長になっていた。父親が夢枕に立ち教えたという、日本にしかない珍しいタケノコの成分に抗癌作用を発見したのである。ロジェ・ベロン研究所と組んで開発したこの特効薬は、まずヨーロッパそしてアメリカに広がり、彼女に、ニューカレドニアの近くに島を一つ買うほどの富をもたらした。

洋子とは、パリに出張した際に、昼食を取りながら再会した。東京の日仏学院で出会って以来、約四〇年ぶりであった。彼女は、洋子の女優時代を全く知らないし、映画も見ていない。彼女はずっと、日仏を往復する生活だったが、それからは、パリに行くたびに一緒に食事をして昔話をした。洋子は、時を経ても、相変わらず知的で芸術的であり、若い時の印象と変わらなかった。学会でウィーンに行った時には、洋子がスケジュールに合わせて会いに来て、数日一緒に過ごしたこともある。

末妹愛子との絆、そしてその死

《愛子　あなたは名前の様に本當に愛の結晶なのです。そして皆に愛される事でせう。皆を愛してあなたの周囲が少しでも暖くなる光となるやうに。あなたの満一年のお誕生日に。　母より》（昭和十七年五月二十二日）

こう日記に書いて、二ヵ月もたたぬうちに、愛子を赤ん坊のまま残して逝った母妙子の思いが切々と伝わる文章である。

一九六一年、『青い目の蝶々さん』で来日した折りに、洋子は愛子と五年ぶりで会った。彼女は成蹊大学の学生だった。五年ぶりとはいっても、三姉妹はまめに文通し合っていて、洋子は愛子のことを特別に心配していた。

猪谷敬二が、愛子が母違いの姉であると知ったのは、もう中学生になった時だった。子供は入れない親族会議が客間で行われていて、そっと覗《のぞ》いてみると、泣いている愛子と深刻な顔の両親が見えて、何事があったのかと、子供心に強烈な印象として残ったという。

愛子は、生まれてすぐに母妙子が亡くなったために、善一が後妻とき子を迎えるまで、江木文彦家に預けられて、従妹の萬喜の母が少しの間面倒を見ていた。萬喜は、彼女が三姉妹の中では、一番母妙子に似ていたと言う。愛子は、男の子のように元気で活発な子だったが、かわいそうな子だったと、萬喜が幾つかのエピソードを教えくれた。例えば食卓では嫌いなものを好きと言って、好きなものを嫌いと言っていた。正直に言えば、嫌いなものを食べなくてはならないからである。また「自分を生んだお母さんはどんな顔をしていたの？」と尋ね、「あなたにそっくりだったわ」と言うと、手鏡に向かい「お母さん」と呼びかけていたという。

愛子は、一六歳の時に実の姉令子が結婚し、猪谷の家に、義母とき子が生んだ三人の異母弟妹と残された。愛子は弟たちに非常に優しく、敬二は、姉がローマに行ってしまうと知らされ、誰かに取られてしまったような喪失感を覚えたという。

愛子が、洋子のようにどうしても海外に出たかったかどうかはわからない。乳飲み子から育ててくれた、義母とき子への感謝と同時に、姉たちの影響もあり、実母ではないと思う瞬間もあった。とき子には、気の毒な気もするが、まだ見ぬものへの想いは強いものだ。

妹思いの洋子が、そんな愛子の立場を哀れと思い、自分のところに来ればと誘ったが、本当は

1962年ローマにて、末妹愛子と――ブロマイドの１枚

母妙子を彷彿《ほうふつ》させる愛子と一緒にいたかったのだろう。実際には、洋子は、ロランとの離婚の現場のみならず、その後洋子の恋人となるアルゼンチンの監督、ヒューゴ・フレゴネーズとの騒動をも愛子に見せている。おまけにその後数年間は、洋子のキャリアの中でも一番忙しい時期で、ローマの家に愛子を一人残すことも多かった。ローマに着いたばかりの、お下げに結った愛子が、着物を着て、洋子と扇子遊びをする写真が残されている。キャプションは〝洋子と一ファン〟となっている。

愛子は、イタリア語の勉強をして、まずＴＷＡ航空に勤務し、その後アリタリア航空に移った。空港勤務であったが、そこでムッソリーニの側近の将軍を父に持つ、マリオ・ムスコと出会い結婚するが、すぐに破局してしまった。

二番目の内縁の夫フランコとも空港の同じ職場で知り合ったが、彼は二人の子持ちであった。フランコは会った人が口を揃えて酷い奴だというが、典型的なだらしないイタリア人で、マフィアと付き合いがあったという噂もある。結局愛子に三人の子供の面倒を見させ、愛子が病気になっても自分はミラノで別の愛人と暮らしていた。

安藤万奈は、洋子の従妹萬喜の娘で、洋子の従姪《じゅうてつ》にあたる。萬喜に似たすらりとした才媛である。東京大学大学院卒業後、マドリッド大学でスペイン語を学び、スペインの日本大使館に勤務後、現在は東京の二つの大学で教鞭《きょうべん》をとっている。

一九七六年、函嶺白百合学園高校の一年生だった万奈は、スイスの研修旅行に行き、その時立ち寄ったローマの空港で、当時アリタリアのグランドホステスとして働いていた三五歳の愛子と初めて会っている。その時の印象は、バリバリのキャリアウーマン。その後洋子の援助もあったが、愛子は子育てしながら、自分でローマに家を建てている。

愛子は、何かあるたびに、頻繁にパリに出向いては一三歳上の洋子をよく助けた。一九七二年には、父善一が義母とき子を連れてパリやローマを回った。善一の友でもある河合俊三経済学博士の夫人も一緒だった。パリでは、善一は思い出の場所を一人で歩き回った。愛子はローマから駆けつけて、洋子と二人でとき子たちの観光の面倒を、親身になってみている。

一九九一年の洋子の個展の時にも、始終にこやかに気を配った。洋子の絵のモデルをした、初対面のミチコ・ベルトゥロには積極的に駆け寄って、労をねぎらったという。「和服姿でしとやかに椅子に座り、会釈をなさった令子さんと対照的に、愛子さんは、シャキシャキした太陽のように明るい方でした」とミチコは語った。

愛子の明るい個性は、一周忌の父へ寄せた文章の言葉の中にも感じられる。洋子は、パパといい、令子は、父といい、愛子は、親父という言葉を選んでいる。


愛子は、洋子の発病前に早くから乳癌と診断されていたが、自らも治療を受けながら、パリの洋子を見舞っている。

洋子は、古式四柱推命学の継承者、孫信一と親しくしたが、孫は、愛子を目の前にして死期まで占っていて、はっきりと言いすぎたために、洋子とも喧嘩《けんか》し、令子とも断絶していた。孫は日本人を多く占ってはきたが、中国人と日本人の心の機微の違いまでは、配慮しない。彼の占いは、当たっているだけに、鋭利なナイフのように、愛子も洋子も令子も傷つけたことになる。それなら占ってもらわなければとも思うが、その時点までは、家族同様の付き合いだったわけである。自分の周辺の多くの人たちに紹介して、孫に運勢を見させていたことは、どれだけ洋子が、彼を信頼していたかを物語っている。

愛子は孫の言った通り、洋子の死よりちょうど一月《ひとつき》早く帰らぬ人となった。愛子の葬式はローマで執り行われたが、洋子は参列どころではなく、病床でその死を聞いた。孫は洋子に随分前から、四柱推命学上、愛子の息子に金を渡すのがよいと勧告していたが、洋子はなかなか従わなかった。

内縁の夫フランコは、愛子の死後、病床の洋子の前でその本性を見せた。愛子の遺児に少しずつ渡るようにと洋子が用意していた年金を、全部一度にくれと要求した。洋子はめんどくさいからと全部生命保険に換えたが、それは自分の死の直前であった。

いくらそばに、秘書や弁護士がいたといっても、残酷な話である。洋子は、結局は孫の言う通りにしたわけだが、それは孫に言わせれば、遅かったのである。


愛子は、母妙子の命名時の願い通り、多くの人に愛された。猪谷家の異母弟妹たちも、フランコの連れ子の二人も、もちろん実子ひろしも、みんな愛子が好きだった。

愛子の遺骨は、遺児ひろしと二人のイタリア人の義子によって日本に運ばれた。異母弟の猪谷信一が全部を取り仕切ったが、異国ですでに骨になっていたために、納骨の手続きが大変だったと敬二が語る。

納骨当日は豪雨になり、雨の中でテント張りが大変だったという。

ロランとの最後の共演とパリの〝藪の中〟での離婚

『青い目の蝶々さん』の前に、洋子は、イギリスのテレビドラマ『羅生門』に出演した。映画『羅生門』は、黒澤明がヴェネツィアでグランプリを獲ってから、あっという間に世界的に評価されたが、同時に原作者の芥川龍之介の名もよく知られるようになった。

一九六四年、映画版の版権を買い製作されたマーティン・リット監督の『暴行』は、メキシコに場所を置き換えている。この映画は日本で公開されているが、その前にアメリカとイギリスで二度テレビ化されたことは知られていない。アメリカではシドニー・ルメットがテレビドラマ化し、一九六〇年一〇月に放映されている。イギリスでは翌年三月にルドルフ・カルティエ監督でドラマ化され、洋子が主役で出ている。舞台版のケニン夫妻の脚本が使用されているが、残念ながら両作とも見ることは難しい。もちろん黒澤の映画があってのテレビ化だったが、原作権の問題もあり、芥川龍之介『藪の中』からの脚色となっている。

この小説の主題は、男と女の言い分がまるで違うことである。洋子とロランの離婚話もまるで「藪の中」であり、特定することが難しい。表面的には、俳優としてロランよりビッグになった洋子が、教養のないロランに愛想が尽きた、というのが一般的見解だが、話はずっと込み入っている。二人は本当に愛しあった時期があったが、一九六二年四月四日離婚という結論になった。

ロランが洋子に未練があったのは事実だが、その点洋子はさっぱりとしたもので、ロランの悪口を言った記事もほとんど残っていない。

出会った当時、洋子はロランに自分にないものを見ていた。言ってみれば、芸能界の大先輩のロランは俳優として絶頂期でもあった。

《お嬢さん育ちの私には『人生の現実』を知っている彼が人間的魅力を持っていました》

これに、小沢栄太郎は『パリの銭湯』でこう記した。

《初めて行った時、旦那さんは仕事で留守、彼女も何かと旦那さんの仕事に気を配っている様子でいじらしいほどであった。そして疲れているようでもあった》

俳優同士の結婚は、あっという間に破局となることが多いが、洋子は相当努力したようである。

映画『タタールの娘』（ポスター）——1961年。洋子の本格的主役の時代劇。日本未公開

一九六一年、洋子はヒューゴ・フレゴネーズの『マルコポーロ』とレミジオ・デル・グロッソの『タタールの娘』の二本の映画を、ローマのチネチッタで、ほぼ同時期に撮影していた。

『タタールの娘』は、当時イタリアで量産された、古代の英雄が登場する史劇である。ポーランドの王子が、タタール（現在のタタールスタン）あたりに勢力を広げていた帝国を探検偵察に出かけ捕虜になるが、イラ姫なる王女と恋におちて、政変に巻き込まれてゆく。量産映画

映画『マルコポーロ』での一場面。ロランとの最後の共演となった

のマイナス点をキッチュと捉えるしか、鑑賞に耐え難い出来上がりで、前年に『バレン』に出た洋子がこの作品に出たのは、当時二年間だけ所属したエージェント、A・タヴェル&F・マルアニの思惑だったのか。現在にしては知りようがないが、主演でギャラが良かったのだろう。

洋子は完全に主役としての扱いでポスターの一番上に名前が載った。共演は、男くさい持ち味で売り出した、エットーレ・マンニで、ロランは、国によって扱いは違うが、ポスターの序列では二番または三番手であった。洋子とは、二本目の共演になるロランは撮影中〝ムッシュー・ヨーコ〟と呼ばれ、俳優としてのポジションが変わったことを痛感した。ロランは有名ではあるがすでに脇役ばかりで、当時の洋子の華やかさに嫉妬を覚えていたのも事実である。

もう一本同時に洋子が出演した『マルコポーロ』は、ハリウッドで名の知れていたヒューゴ・フレゴネーズ監督の大作で、一九六一～六二年にかけて撮影された。洋子はヒューゴとすぐ恋に落ちたが、その関係はチネチッタ撮影所でも有名になり、ロランもすぐ耳にすることになった。ヒューゴの車に乗せられ帰宅した洋子の明らかな恋の目配せを前に、嫉妬に狂ったロランが車からヒューゴを引きずり出し地面にひざまずかせて罵《ののし》ったが、洋子のハイヒールの一撃をくらい我に返るという事件が起こった。まるで映画のワンシーンだが、結局これがきっかけでロランとは別れることになる。

《洋子は、『マルコポーロ』の撮影後あたりから、頭デッカチになってきた。どこでも、全てに対して、支配したがった。二人の愛情という意味では、分かち合えるものが消えてきた。自然の摂理には背けない。傲慢が極度にまで押し上げられた時、その者は落ちていくしかない。大方の悲劇の活力がそこにある。役者というのは、大抵、悲劇的な性質を持っている。最も崇高な恋愛劇は、通俗喜劇に終わるものだ。洋子との愛も、その法則から逃れることはなかった》

1964年公開時の邦題『豪快！マルコポーロ』(ポスター)

洋子とロランの離婚劇は、一部雑誌では騒がれたが、世間一般では興味のある問題ではなかった。日本では『週刊明星』が、二回、数ページの記事にした。ロランは未練たっぷりに日本の雑誌のインタビューに答えている。

《最初の五年間は申し分なく幸福だっ

た。公平にいって、彼女も実に努力したと思う。だが、彼女は何をやっても長続きしないんだ。彼女のもっと上昇したい気持ち、それはよくわかるんだが、彼女は、長いあいだ努力して、確実なテンポでそこに到達するという我慢ができない。欲しいものは一挙に手に入れてしまわなければ承知できないのだ。そして、彼女はいつもそれを手に入れてきた。だが、手に入れた途端に、それへの興味を失なう。また、他のものが欲しくなるんだ。甘やかされた子供が、いつでも目新しいオモチャを欲しがるように。……映画の世界でもそのとおりだった。最初は、フランス映画界で地位を築くために全力をあげた。それが成功すると、次の目標は全ヨーロッパ的な女優になることだ。そして、そのとおり、ドイツ、イタリア、イギリスと、次々に征服していった。むろん、ぼくも協力を惜しまなかった。いいたくはないが、そのためには莫大な資本をつぎこんだものだよ。……そのうち、ハリウッドから口がかかってきた。『青い目の蝶々さん』で、モンタンやマクレーンと共演する話だ。むろん、彼女は飛びついた。撮影中は別居しなければならないので、ぼくは気がすすまなかったが、やはりぼくは自分を押さえた。彼女を、信じていたからだが、これがぼくの誤算だった。ハリウッドを知って、洋子は、ハリウッドが欲しくなった。そのためにはどんなことでもする洋子であることを、ぼくは考えに入れておくべきだった》

《洋子は、ぼくの誠意を踏み台にして登るところまで登り、そこで今度は新しい踏み台をみつけたらしいよ。ぼくは、今日、裁判所に行って、彼女が二度とフランスの国籍を取れないよう

な手続きをしてきた》

ロランの立場からしたらそう思うのかもしれないが、客観的に見て、何をやっても長続きしないというのは誤りだと思う。彼女には、〝男には負けない。一旗あげなければ、帰れない〟という意識が、人一倍強かったし、それがあったからこそ父の猛反対を押し切ったわけである。ここまできて冒険をやめることはできなかった。年齢を二〇代後半とサバを読むことなど、なんでもありはしない。しかし洋子はその時、実際三三歳、最愛の母が生きた三四年間とほぼ同じ年月を生きてしまっていた。いくら東洋人は若く見えるといっても、アメリカで名を出す最後のチャンスであることは確かであった。

洋子は、ハリウッドで、自分を確かめたかった。そのために三日にあげず電報までして洋子に求愛する、ハリウッドにコネのあるラテン系ヒューゴは、最適な人間であっただろう。そしてヒューゴ・フレゴネーズにはロランにはない教養があった。洋子が学んだヨーロッパ以外、南米そしてアメリカの知識は、当然魅力的であったろう。

誇張と虚言に満ちたロランの自叙伝『マタフ』

後年、洋子は、洋子の専属運転手で、晩年は献身的に介護してくれたセルジュにしみじみ語っている。洋子には、人生で二大ショックがあった。一つ目は実母妙子の死、二つ目は一九六〇年

『バレン』の後だと思われるが、パリの家族ロランとカルネが同衾《どうきん》している姿を、偶然見てしまったことだった。

その日洋子は約束があり、自宅に遊びに来ていたカルネとロランとを残して出かけたが、忘れ物をしてしまい、急遽家に戻ると、寝台に裸の二人がいたのだ。それまでに洋子はカルネの性愛はよく知っていた。カルネは金を稼ぐと男を買った。ある時は買春した二人組に暖炉に縛り付けられたままでいたところを、洋子が発見したこともある。

しかし、孫信一は、ロランから聞いた話として、これとは全く違う離婚の原因を話している。洋子は惚れっぽいタイプであり、淫乱とも少し違うが、多くの男と寝た。ロランとの離婚の最大の原因は、その問題で、ロランの前で寝た男を洗いざらい書き出したことがあった。凄い記憶力で、二三〇名以上の名が挙がったという。

その中にアラン・ドロンの名もあり、ロランは本当にアラン・ドロンに殺意を抱いた。ロランはドロンに対して、コンプレックスと複雑なジェラシーがあった。彼がドロンのように器用に、自分の利害によって、男とも女とも関係することができたなら、ドロンを凌ぐスターになっていただろうという……。ロランにとってドロンは、売れない時代に飯を食わせてやった後輩である。その男が自分の妻と関係があったことが許せなかったのだ。

洋子は、離婚の理由はほとんど語っていない。

《世間の目だとか、常識だとか、そんなきれいごとで、自分の気持ちをおさえるのは大嫌い。私は自分の思いのままに生きたいわ》

しかし、あれほど愛し合った二人が別れてしまう最大の原因は、なんだったのだろう。ロランとカルネの肉体関係を知ったことも大きいが、結局は洋子が自分の思う形で女優を続けたかったからである。洋子がロランを頼りにしていた時代は終わっていた。自分がどこまで映画界から欲しがられているのか、洋子は確かめずにはいられなかった。目の前の箱を開けないではいられないパンドラのように。

この頃から、確かに洋子は変わった。顔が強くなり、特にスパイものでは、富士額にして顔をハート形に見えるようにしている。ある意味強烈な個性を打ち出したわけで、それがすぎて画面ではギスギス見える時もある。富士額にしたのは、『マルコポーロ』からで、「剃られてしまったのよ」と周囲には語っているが、自分も気に入っていたようだ。

ロランは、一九九一年に、自叙伝『マタフ』で、洋子との性生活を赤裸々に語っている。この本は、フランスの大手出版社ピグマリオンから出ていて、廉価版《ペーパーバック》にもなった。確かにこの本は、洋子の性格が写し絵のように見えてくる点では重要である。しかしロランには誇張癖があり、日本での話も、裏を取ると全く違っていることが多い。

例えば、初めて行った洋子の実家には、睡蓮が咲き、小さな橋のかかった池がある。洋子の二番目の母がお風呂へ案内して、芸者が着物を脱がせ体を洗ってくれる、という描写があるが、当時の中野の実家にそんな池はなく、芸者が上がりこんで世話をするなどもありえない。異母弟敬二に確かめたら笑われてしまったが、マーロン・ブランドの映画『サヨナラ』（一九五七年）あたりをすり込んでしまったのか。洋子の母が義母であること以外は妄想以外のなにものでもない。

しかしこれだけでは、終わらない。吉原に行きたいというロランを、洋子が遊郭まで連れて行き、娼婦をずらりと並べ、その中から一番綺麗《きれい》な女を洋子が選び目の前で交われ！　と言う、その後家に帰り、今度は私の番よ！　と言い、ここで私を抱けなければ侍ではない、パパに言って離婚する!!　と。一九五六年当時、確かにまだ吉原は存在したが、以前日本に来た時のことを交ぜて、話をおかしくしたのか、どう考えても、ありえない内容に唖然とさせられる。

私は、この本を進呈してくれたルザッフル夫人タニアに、洋子の許可を取っての出版だったのかを確認したが、もちろんということで、そのほうに最初驚愕《きょうがく》した。このように嘘の多い、当然名誉毀損《めいよきそん》に当たる本に、なぜＯＫサインを出したのか……。

しかし、これが洋子一流の優しさと度量なのである。仕事のまったくないロランが少しでも話題になれば、との温情だったのだ。セルジュや当時の洋子を知る者は、多分読んではいないかもしれないと言っている。

洋子は全身全霊でロランを愛し、五年で燃え尽きた。ロランと会ったこと、その後ろにいたカルネの映画人脈。それらが映画女優になるため、どれだけプラスになったかを洋子が知らなかったわけではない。洋子は確かに六〇年代中頃までは、経済的に大変であったが、ロジェと一緒になってからは、何かとロラン夫妻を援助した。彼らは、洋子とロジェから多大な経済的恩恵を受けている。細かい借金の額はわからないが、ブザンソンにあるロジェの別荘は二人が管理をしながら使用したし、リモージュに洋子自身が持っていた別荘も、洋子が亡くなるまで使用していた。

洋子に可愛がられたミチコ・ベルトゥロは、絵のモデルとして、よく洋子のアパートを訪れたが、たびたびロランに出くわした。

「ロランは可愛い子が好きなのよ。ミチコちゃんに会いに来るのよ」と洋子は言っていたが、今にして思えば、洋子は金を与えていたのだろうとミチコは言う。「別れた旦那が、落ちぶれていたら助けなきゃ」と言った洋子の発言も聞いている。

洋子はロランだけではなくカルネにも経済的に何かと気を配ったようである。

別れた直後に心情をぶちまけたロランは、インタビューで散々経済的にも洋子を助けたと言っているが、『マタフ』ではいっさい触れていないのは、さすがに書けなかったのだろう。フランス人の経済感覚は日本人と全く違う。夫婦でも、家具はおろかＣＤまでも、これは誰のものだと証拠写真を撮っておくことをけちくさいとは思わない。ロランはまだ良いほうだと考えたほうがいい。

第五章　華やかなキャリアの〝区切り〟

ローマの家――イタリア映画界で愛された洋子

一九六二年四月、ロランと別れる前に洋子は、ローマで、史劇二本を主役で撮ったが、この直後にもう一本『クビライ朝廷のマチステ』に出演した。マチステとはサムソンのことで、有名な怪力の持ち主として、様々な文学、美術などのジャンルで取り上げられてきた英雄である。

映画化も何度もされているが、この映画は残念ながら、記録にも残されないような、めちゃくちゃな出来であった。イタリアとフランスの合作だが、アメリカ資本であり、その前に別のプロダクションで作られた『マルコポーロ』のセットや一部フィルムを使い回しにした、とんでもない映画だった。しかし見方によっては、こんなにキッチュな映画はめったになく、世界の怪優ワレリー・インキジノフに、ターザン役者ゴードン・スコットという名前を見ただけでニヤリとしてしまう、マニアック映画ファンも実は多い。

ゴードン・スコットはいきなり半裸のターザンのような格好で現れ、明らかに子供でも縫いぐるみとわかる虎と大格闘したり、大真面目に変なのだが、洋子はそれに伍して例の富士額で登場している。このあたりのC級映画に数多く出演した洋子は、大人より子供の目に強烈に焼きついたようだ。その影響の一つが、ベルギーの漫画家ロジェ・ルルーによる『ヨーコ・ツノ』である。

VIA XIMEMES/NO8/ROME/TEL873125、洋子は離婚後、ローマのこの住所に居を構えた。

理屈っぽいフランスよりも、イタリアのほうが仕事が多かった。洋子の末の妹愛子も、最初は一緒にここに住んだ。一九六三年の川喜多夫妻宛ての年賀状には新住所が記されている。洋子は川喜多夫妻を、川喜多の叔父さま、叔母さまと呼んでいて、何かと動向は知らせていたようである。洋子はそういうところは、意外にそつがない。

一九六二年、離婚騒ぎの中でも洋子は忙しかった。そして彼女はその映画のキャリアで最高の役に巡り合う。『スイート＆ビター』（一九六七年）。ジェームズ・クラベルが脚本・監督をしたカナダ映画である。クラベルは、アジアン・サーガ六部作が有名で、特にその中の一作『将軍』は、一九八〇年にアメリカNBCがテレビドラマ化させ、世界的に有名になったが、実はそのずっと前から映画の脚本家として認められていた。この映画はその連作の中に入ってはいないが、アジアの戦争問題をヒューマンに捉えた歴史観がベースになっている。

ローマでの活躍を示す『雑誌 Ciné』の表紙

物語は、日本の女が一人、顔を隠すようにカナダのバンクーバー港に到着するシーンから始まる。彼女は、戦争中収容所で死んだ父親の復讐に来たのだ。父を陥れたと思われる日本人移住者が、日本人花嫁を募集していることを利用して、財産を乗っ取った本当の黒幕らしい、カナダ人の実業家に近づく。ピクチャーブライド戦後復讐版というところだが、ミステリアスな雰囲気の導入の面白さが、実業家の息子を誘惑して恋に落ちるあたりから陳腐な展開となり、最終的にはいま一つの出来の作品に終わった。

映画評も散々であったが、この作品の不幸はさらに続いた。製作は、バンクーバーに本拠を置くCommonwealth Film Productionsなるもので、バンクーバー市に商業的映画産業を確立しようという意図で企画された団体だったが、資金繰りができず、これ一本で解散となった。製作上の権利関係の不履行で五年間公開できない、という悪夢のような現実がこの映画には科せられ、ほとんど一般に知られないままになってしまった。

しかし作品は残念作でも、洋子の役としてはこれまでの、どの役よりも柄に合っていた。何よりも、洋子が出演した映画の中で、彼女が本当に中心の女性ドラマであり、洋子は懸命に頑張って演じた。この映画で面白いのは、彼女の役名ＭＡＲＩＫＯである。洋子が出演した二本の日本映画の役名マリコと同じ名前なのは、洋子のアドバイスであろう。この映画が製作当時に公開されていれば、彼女のアメリカでのポジションも少し違っていただろう。

『バレン』以降、イタリア映画界は洋子を愛した。オリエンタルグラマーとして、多くのグラビアを飾り、史劇やスパイ物で一〇本以上の映画に出演している。それらは厳密には、イタリアとフランス、時にはスペインとの合作映画だが、ほとんどがスパイ映画であった。イタリア映画界とフランス映画界とは、共通項も多いのだが、実は著しくその思考が違う。フランス人は、哲学的なものを重要視し、イタリア人はもっと感情的な情愛を重要視する。色彩的にも、混合された渋めの色彩が好きなフランス人に比してイタリア人は、はっきりとした華やかな色彩が好きである。

洋子はイタリアングラマー女優から受けた影響で、自分のキャラを作っており、それは決してアンニュイなものではない。彼女がイタリアで受けたのは、まさにその部分であった。難解な芸術映画ではない、登場するだけでエキゾチックな洋子が、愛されたのである。

日本からパリに連れてきたメイド

洋子とロランが結婚していた約五年の月日の間で、書き残しておかなくてはならないのが、日本からパリに連れてこられメイドとして仕えた、佐藤雅子のことである。

カルネの映画で一九六四年に公開された『小鳥に、はこべを』は、アルベール・シモナンの原作でカルネとジャック・シギューそしてシモナンの三人が、脚本を書いている。フランスでの評価は、試写の段階から良くなかったし、日本でも公開されていない。しかし洋子の物語を語る上では欠かせない映画である。カルネが雅子を起用しているからである。

この映画は登場人物が皆少し常軌を逸しており、それぞれの夢が叶わない。パリ五区のコントルスカルプ広場に立つ建物の住人たちが話の中心だが、さすがカルネで、室内シーンのカメラアングルが素晴らしく、ここに描かれる人間描写が、腐っても何とやら。小品ながら凡百の監督には作れない人情喜劇となっている。雅子は変な金持ちが住むアパートのレセプション係のような役で、客をエレベーターに案内するのだが、島田の鬘《かつら》を被り、ギンギラの派手な着物を着て、しかもそれが決して似合っているとは言えず、仮装のような違和感がある。カルネがなぜ雅子を出演させたのかわからないが、扱いは微妙である。

雅子は陰の人物ではあるが、大きく洋子とロランの人生に関わっている。逆に彼女の運命は二人によって狂わされたともいえる。雅子は、洋子とロランが日本に来た、一九五六年の秋に二人に会った。ロランが、洋子がパリでも日本語を話せるように、そして家事のために、誰かを雇うことを提案したのである。雑誌でも呼び掛けている。

≪「いまむこうにいる女中さんは、お料理がとても上手なんだけど、お酒が好きで酔っぱらっちゃうの。お客様がいらっしゃると、おいしい料理を運んでくれるのはいいんですけどね、その足がフラフラなんです。だから、いい女中さんを探してるの。結婚してない人のほうがいいと思うんですけど、若い女の子がフラフラしてて、アパッシュ（十九世紀末から二十世紀初頭のパリで犯罪に手を染めていたごろつきの総称）にでもつれてかれちゃうのもこまるし……」

という洋子に「未婚の人がいいけれど、向こうへ連れて行ったために婚期をはずさしてもこまる」とロランが言う。結局募集すると三百通もの応募があったが、選ばれた佐藤雅子は、東宝スタジオの守衛の娘でまだ十五の中学を出たばかりの娘であった》

一九五六年当時の日本は、中卒者の約半分はそのまま社会に出ていった時代である。外国に行ける、ましてやパリに行けて給金までもらえる仕事は、宝くじに当たるようなものだったのだろう。

ロランは、座って手をついて頭を下げる、雅子の日本式のお辞儀が苦手で、洋子にやめるように伝えてもらったが、彼女に対しては、まるで異国で会った迷子のような思いを持っていたようだ。洋子の父親の采配で、一般的には大変な、渡仏のために必要な書類はすぐに揃った。

オルリー空港に彼らを迎えたカルネは、着物を着た子供のような雅子を見て驚愕《きょうがく》した。彼らは女中を連れて帰ることを敢えて知らせていなかったのだ。「日本に行って、あなたのような独身男性には、芸者が必要だってことがよくわかりましたよ」そうロランに言われて、カルネは興奮して、まくし立てた。

「何をいうんだ。バカじゃないのか。そんなことできるわけがないじゃないか。それに、この子を家のどこに寝泊まりさせるつもりなんだ」ジェスチャーを交えて、ブツブツ言うカルネを、雅子は言葉がわからないので、フランス流の歓迎と思い込み、ニコニコ笑っていたという。洋子とロランは大笑いしたが、やがてカルネは落ち着いて今度は彼が大笑いし出した。

ロランの自伝にあるこの情景は、当時いかに彼らが一つの家族であったかを物語っている。雅子は女中部屋をもらい、語学学校に通いながら、驚くべき速さでフランス語を習得していった。彼女は料理を作り、給仕もした。無口な娘であったが、洋子を敬愛し、その命令には絶対服従した。それでも意思ははっきりと示す娘で、ある晩ジャン・マレーが夕食に来た時、給仕する雅子に洋子が「ジャン・マレーとロランとどっちが好き?」と聞くとロランの前で、きっぱりと「ジャン・マレー」と言ったという。

突然に失踪したメイドに何が起こったか?

『バレン』の撮影中、洋子がカナダに行っている時にロランは雅子に手を出した。雅子はロランに朝食を用意し、家事をしていたが、子供だった娘も大人になっていた。雅子は我慢強く、その上口が堅かった。自分を出さないので、どういう人なのかが全くわからない、という当時の彼女を知る関係者もいる。

二人の生活を丸々五年以上見ていて、カルチャーショックもあっただろうが、何より雅子は洋子のいない間のロランの監視役にもなった。雅子の気持ちはさぞ複雑であっただろう。洋子が『バレン』から戻った時も、その後幾度も繰り返された痴話喧嘩でも、そのたびに、二人を応援したい気持ちと、女としてロランに惹《ひ》かれていく気持ちが相克しただろうし、しかも彼女の雇い主は彼らだった。

雅子の日本人特有の、自分よりも主人を大切に考える犠牲的精神は、欧米では、理解できないかもしれない。『バレン』の後、ニコラス・レイは雅子を非常に気に入って、高額のギャラで次に映画に出ないかと誘った時には、彼女は、きっぱりと断っている。

「私が、パリに来られたのはご夫妻のお蔭です。その方たちを見捨てるような真似はできません」

洋子が出て行った後、ロランを支えたのも雅子だった。そんな雅子を好きになっていたのが、一時は洋子のスケジュールも管理し、ロランのマネージャー兼運転手であったジョルジュである。ジョルジュと雅子も関係があったというが、このあたりの確認は難しい。雅子は、一九六三年カルネの映画に出た後、突然フランスから消えた。

ロランが贈った、決して豪華とはいえないたった一枚の毛皮だけを手に、他はいっさいのものを置いたまま、逐電《ちくでん》するように消えた彼女を、ロランもジョルジュも心配したが、彼女の父が亡くなったらしいという以外の情報は入らなかった。カルネは、彼女の気持ちを察して「かわいそうに、どれだけ我慢したことか」と言ったという。

その後、彼女を渋谷で偶然見かけた関係者がいた。彼女は、横浜の中華料理店の店主と結婚したことを語り、最後に言った。

「フランスでのことはすべて忘れたい。夫は年齢が随分上だが、非常に嫉妬深いたちでもあり、フランスでのことはいっさい話していない。どうかどうか、私を追わないでください」

ハリウッドへの野心と重なった ヒューゴ・フレゴネーズとの恋

ヒューゴ・フレゴネーズはアルゼンチン出身の職人監督（一九〇八―一九八七）だが、そのキャリアを見ると、まさに国際渡り鳥である。彼に関しては、渡り歩いたためであろう、きちんと生涯が書かれたものが残されていない。アルゼンチン、アメリカ、イタリア、イギリス、ドイツ、スペイン……各国にまたがる彼の映画漂流だが、最終的には故郷アルゼンチンに戻っている。彼はハリウッドでは、ほとんど最初のラテンアメリカの映画監督であり、パイオニアと言ってもよいのだが、その評価は非常に難しい。

ヒューゴ・フレゴネーズ

洋子とヒューゴは恋に落ちた。ヒューゴは五五歳、洋子より二〇歳年上であった。洋子はロランとの関係に疲れ切っていて、年上の包容力のある男に逃げたかった。彼は、アメリカ進出を視野に入れた洋子には最高のアドバイザーに思えた。彼らの恋は『マルコポーロ』の撮影開始からすぐに始まり、その後約三年間続いた。

二人は他に一九六三年の『怪人マブゼ博士・殺人光線』と、一九六五年の『バールベック行き最後の飛行』の二本で仕事をしている。

二作とも、国際色豊かな配役であるが、ここでも洋子は、彩りとして使われているだけで、両作ともヒューゴの関連で役が付いたことは見え見えである。当時、洋子の新しいパリのエージェントとなっていたイザベル・クルコウスキーも、とにかく仕事を入れたかったのだろう。

洋子はこの頃すでに、自分のスターとしての勢いが減速していたことを認識し、監督としてのヒューゴの当時の立場もはっきり見定めていた。

ヒューゴ・フレゴネーズは、一九〇八年四月八日、アルゼンチン西部のメンドーサで生まれている。両親は二〇世紀初頭に北イタリアのトレヴィーゾから移住した。フレゴネーズ家には三人の子供がいた。ヒューゴは末っ子である。ブエノスアイレス大学で経済学を学んだり、弟と一緒にリゾート開発をしたり、スポーツ新聞の編集や広報を担当した。一九三五年には、ニューヨークに旅立ち、コロンビア大学でも一時学んでいる。

スリラー映画『怪人マブゼ博士・殺人光線』（ポスター）――1963年。F・ラングの古典の何度目かのリメイク版（日本未公開）

散々苦労したが、結局ハリウッドで

も、A級作品や大作は扱えず、西部劇や犯罪ギャング映画が主であった。『白昼の脱獄』（一九五二年）や『七人の脱走兵』（一九五四年）はよくこなれていて、批評家に好かれた映画だ。

ヒューゴはハリウッド女優フェイス・ドマーグ（一九二四―一九九九）と一九四七年〜五八年まで結婚していて、二人の子供がいる。ドマーグはハワード・ヒューズに見出され、第二のジェーン・ラッセルと大いに期待された美人女優である。

ヒューゴは、そのデビュー作を見れば、大変な才能の持ち主であることはすぐわかる。アルゼンチンで撮られた、初監督『Where Words Fail』（一九四六年）は傑作である。映画は、人形劇を巡るバックステージものである。夜警に降格された老人の人形遣いと、劇場が閉まってから人知れずレッスンをする才能ある若いピアニスト。これにオペラやバレエなどが組み入れられ、映画は万華鏡のように展開する。ドイツ無声映画の、表現主義的でアヴァンギャルドな光と影に、人形劇独特のミステリアスな持ち味を加味した、そのテクニックは本物である。残念ながらこの映画は日本でもフランスでも知られてはいないが、本国では成功を収めた。

彼は、バレエから絵画まで、おそらく芸術全般に精通していたのだろう。洋子とはその意味でも、すごく話が合ったに違いない。おまけに、黒髪の渋いなかなかのハンサムで、洋子の前は、ミレーヌ・ドモンジョなどと浮名を流している。

洋子は妻帯者とは本気で付き合わないという不文律をいちおう守っており、その意味では、離婚していたヒューゴはセーフだった。

一九五六年の帰国時に、洋子はロランと一緒に日本の雑誌のインタビューで、子供に対して興味深い記事を残している。現在少子化に悩むのは、日本もフランスも同じだが、このインタビューの頃は、まさに第一次ベビーブーム（一九四七〜四九年）で、それを知る洋子ならではの発言である。質問に、次のように答えている。

《あなた子供は？　の問いに対して、「フフ。（ちょっと首をすくめて、顔がパッと赤くなる）一人ぐらいだったら、親が責任を持って、ほんとに教育できるし、子供の価値だってあると思うんですよ。でも三人以上になったら、親なんて無責任だと思うワ」

おたくあたりはいいでしょう？　という問いには、「それは物質的にはどうにかなったとしても、精神的には怠っちゃうわよ。日本にきて、わたし一番驚いたのは、若い人がいっぱいいるってことなんですよ」》

洋子は経済的に豊かでも、自分できちんと教育できないなら子供は欲しくなかった。じっくり子供と向きあうには片手間ではならない。洋子は自分の甥《おい》の写真を、周囲に見せて回って自慢していたくらいなので、子供自体が嫌いであったわけではない。洋子の頭には、学問優秀でありながら二〇歳で嫁ぎ、母となり、自らの夢を溢れるほどの愛情に変えた、亡き母妙子の存在があった。

ヒューゴとのアメリカ行きは、フランスの映画界でも話題になったが、アメリカで隠し子を産んだという噂も出た。

フランスは、カトリックの国で、長い間中絶は認められていなかった。映画『主婦マリーがしたこと』（C・シャブロル監督）で有名なように、一九四二年には、堕胎罪で、最初で最後の死刑の判決が出ている。六〇年代〜七〇年代に、女性の人権問題として、「私たちの身体は私たちのもの」運動が盛り上がり、一九七一年には、カトリーヌ・ドヌーヴなど大物女優たちも賛同した街頭デモ行進では、「私たちは堕胎した」というスローガンが大きく掲げられた。

その功もあり、シモーヌ・ヴェイユの立案のもと、ようやくこの悪法が廃止されたのは一九七四年になってからである。それまでは、一部特権階級は隣国スペインに行き、外国に出られぬ者は自ら堕胎することで、年間数十万人の女性が生命を失っていた。現在でも、中絶反対運動があり、宗教的な見地からNGを出す人は多い。

この時期に洋子が、日本に帰国し、中絶した話は、信憑性《しんぴょう》がある。

ハリウッドでの停滞、ロンドンでの躍動

洋子は一九六四年に、三六歳になった。洋子は、亡き母の人生の軌跡でもある『猪谷妙子傳』を、バイブルのように大切に扱っていた。妙子は三四歳で亡くなったが、数えで言うと三六歳である。令子にもそれは言えるが、母の亡くなった歳《とし》は、特別な意味を持ち、これ以上の人生はお

まけだと思っていたようなところがある。三六歳までのロールモデルは明らかに母妙子でありそこまでは己の生き方を、母の本で検証することができたが、それ以後はないわけである。三六歳になる前のこの二年間は、実は大きな意味を持つ。一九六二年と六三年、洋子はフランスのエージェントとも契約せず、アメリカ進出を狙った。洋子は人生の節目に、最大の冒険を試みたことになる。

　アメリカは、外国俳優をゲストとして認めても、アメリカ人（帰化も含む）でなくては、国内では映画スターとは認めない。洋子はそれを肌で感じたはずである。確かに一本あたりのギャラは、脇役でもヨーロッパとは比較にならないくらい高額だが、洋子が今後ハリウッドでやっていくには、自分の英国風の英語の発音から直さなければならなかった。洋子のギャラが幾らだったかはわからないが、彼女のネームバリューからして、脇役でも一〇万ドルは下らなかっただろう。日本円に換算すると、三六〇〇万円（三六〇円換算）以上ということになる。

　しかし六〇年代のハリウッドには、東洋系の女優としては、すでに、ナンシー梅木や、高美《たかみ》以《い》子《こ》、ナンシー・クワンがいて、それぞれの地位を築いており、映画で洋子に良い役が回るとは思えない。一度は冒険したかった気持ちはわかるが、ハリウッドは洋子が英語役者としての限界を知った場所であり、実際に思ったような成果は得られなかった。

　それでも、洋子はハリウッドとロンドンとローマを、約二年間精力的に行ったり来たりした。ヨーロッパではイベントのゲストなどで稼いでいる。一九六三年にはモナコのカクテルコンテス

映画『僕のベッドは花ざかり』(1963年)——日本では1965年に公開されたハリウッド喜劇

トに、審査員の一人として招かれた映像が残されているが、こういった営業は楽しくやっていたようで、だいたいは着物姿が多い。

この時期、アメリカでの女優活動の一番の成果は、超人気医療ドラマ『ベン・ケーシー』のゲスト主演である。第二七話『ヒロシマの女』(一九六二年四月一六日放映)で、広島の被爆者の役である。精神的ショックで失明していて脊髄《せきずい》にも障害がある難役だが、田中愛子という役名で熱演した。当時日本でもアメリカとそれほど時がずれずに放映されたこのシリーズは、日本でも平均視聴率が四〇パーセント台で推移した。最高は三七話目に五〇・六パーセントをマークして、現在でも海外ドラマでは歴代一位の視聴率の記録を持っている。

田中愛子という役名は、明らかに二人の妹、令子の嫁ぎ先の〝田中〟を苗字に、愛子の名前を付けており、洋子の茶目っ気たっぷりな、日本へのメッセージでもある。放映当時、猪谷家では家族揃って、緊張しながら初めて洋子の映像を見たという。この回の視聴率は正確にはわからないが、いずれにしても、谷洋子として、日本人に一番見られた彼女の映像であったことに間違いはない。

ハリウッドに滞在して撮った映画は、結局『僕のベッドは花ざかり』（一九六三年）一本のみで、一九六三年の年初から撮影が始まった。監督はダニエル・マン。安易なセックスコメディで、洋子は「五木の子守歌」を歌いながらディーン・マーティンの背中に乗って足踏みマッサージをしたりする、珍妙な役である。さすがに彼女自身のCV（略歴）にもタイトルは書かれていないが、洋子のプロとしての割り切りが感じられる。おそらく歌った曲も彼女がアイデアを出していると思う。

一九六五年のフレゴネーズの『バールベック行き最後の飛行』以降、洋子は四本のスパイ映画に出演した。

『OSS77北京の雷』（ブリュノ・パオリネッリ監督／伊仏合作／一九六五年）『エージェントZ55　必死の使命』（一九六五年）『ゴールド・スネーク　シンガポール自殺指令』（一九六六年）『スパイへの花々』（一九六六年）……これらの映画は、初めから偽ブランドのような作品で、B級どころか、それ以下の作品もあった。洋子は、この手の映画に好まれたが、彼女自身が書いた自分のフィルモグラフィには、フレゴネーズの『バールベック行き最後の飛行』以外は一本も記されていない。明らかにギャラを稼ぐための出演だったと思われる。

この種のスパイ諜報員ものが連続して製作された背景には、東西の冷戦がある。英国のイアン・フレミングの小説シリーズ００７の一本『ドクター・ノオ』が、一九六二年にテレンス・ヤング監督で映画化され、低予算ながら大ヒットし、口火を切った。この映画でショーン・コネリーという大スターが誕生し、シリーズ化された作品は回を重ねるごとに世界的大ヒットとなった。日本が舞台になった『００７は二度死ぬ』（一九六七年）のボンドガールの一人は、もう少し若かったら洋子だったかもしれない。

一九六五年夏、洋子はロンドンにいて、ＳＦ映画『姿なき訪問者』（アラン・ブリッジス監督／一九六五年）でエイリアンに扮した後、八月一七日には、〈ゴールドスミス劇場〉で〝宝石エキシビション〟に出演して話題を呼んだ。

イタリア貴族出身で英国王室御用達の宝石商でもあるアンドリュー・グリマがデザインしたネックレスは、ダイヤ、サファイア、ルビーの逸品揃いで、その豪華さが話題を呼んだ。豪華な美術家具類も紹介され、保険料だけで一万ポンド（一〇〇〇万円）というギリシャモチーフの金箔銀製の大皿の横に、洋子が微笑む写真が残されている。

《まるでルーヴル美術館並みのスケールだが、これらの宝石類に包まれて少しも位負けしなかったのだから、谷洋子も天文学的数字の値打ちがあるといえよう。さしもロンドンの紳士淑女も、フーッとタメイキをつくばかりだった》

続いて八月二五日～九月一四日まで洋子は、ロンドンで、『ザ・プロフェッサー』に主演した。この芝居はオーストラリアの劇作家ハル・ポーターの作品である。ポーターは、日本のオーストラリア進駐軍付きの教員として広島の呉に滞在した事もあり、何度も来日した親日家だが、この作品は京都が舞台。英国人大学教授の家に住み込んだ日本女性が、恋人の学生の学資を稼ぐために娼婦になる。学生はその金で高価な浮世絵を教授に贈るが、教授が疑問に思い調べて、女の売春が明らかになる。それを知った学生は舌を噛《か》み切って自殺する。

《日本女性の自己犠牲が誇張されすぎたきらいはありますが、満員のお客さんはお芝居に陶酔し、〝ヨーコ！〟〝ヨーコ！〟と何度もアンコールの拍手が起こりました》

妹の令子が夫と共に、千秋楽の日にロンドンを訪れ鑑賞した時の感想である。一九六一年『青い目の蝶々さん』のロケ来日以来、洋子に会うのは四年ぶりだったという。

国際女優としての総括

一九六七年。この年は洋子にとって区切りの年であった。洋子は、その数年前に昔のファンであったロジェ・ラフォレと再会し、この年から付き合いが本格的になった。

洋子はロジェとの生活に踏み切る前に、芸能生活の決算を計っている。四〇歳を迎える前に、洋子は自分の女優としてのあり方を考え、次の人生のステージを踏み出した。一九六四年～六七年の四年間は、七区にあったイザベル・クルコウスキーのエージェントにマネージメントを任せている。アメリカで自分のあり場所を見つけようとしたが、ヨーロッパのほうが、より需要があることをわかっていたからだ。だが『バレン』や『スイート&ビター』のような、内容ある作品がそうあるはずもない。『マルコポーロ』から、活劇のプリンセス役かスパイ役ばかりが続き、イメージが限定してしまったこともあり、これという映画作家からのオファーはなかった。

洋子の問題点は、その発音にあった。

英語に関しては、子供の頃から、「ケンブリッジに行くの」と公言していて、洋子自身よく勉強した。そのレベルは教師の免状も持つほどであったが、インタビューした記者には、まだそれほどうまくはないと言われている。しかしこれは仕方がない。読み、書き、話すに加えて、表現者には、発音するという、もう一つの難題が関わってくる。これについては朝吹登水子が、自分の娘由紀の問題として、わかりやすく説明している。

《小学校の時にしばらく由紀を東京に帰すという私の考えは、小さいうちに言葉を覚えなければ発音に変なアクセントが残る、と思ったからで、それは私の体験によるものである。それは私のフランス語は十八歳になってから始めたもので、努力して覚えたフランス語であり、小学校に上がる前の三年間一緒に住んだイギリス人家庭教師から習った英語の発音の方がいまでも楽で自然だからである》

つまり英語も、フランス語も、本当に子供の頃からでなければ完璧な発音は身に付かないということである。

洋子の場合、三歳までフランス語環境にいたわけだが、残念ながら発音を完全にするには幼すぎた。また英語に関して、戦争中は英語は敵国言語であり、独学部分が多く、発音まで完璧にするには状況が悪すぎた。しかしもし彼女が、そのあたりも完璧であったなら、どうであったろうか。エキゾチックなイメージは、容姿プラスその独特の発音にもあったことを、英語においても仏語においても、彼女自身はよくわかっていた。例えばジェーン・バーキンはその英語なまりをフランスで生かした最適な例といえよう。洋子も熟考を重ねて、一番自分が魅力的に見える方法を考えた。このあたりの表現者としての自己分析はさすがである。

洋子はイギリスでも人気があった。インタビューでは当意即妙、教養を鼻にかけない彼女の開けっぴろげの性格が可愛らしい天衣無縫《てんいむほう》な日本人国際女優として記者たちに好感を持たれていた。

この時期、スパイ映画出演の合間を縫って、まめにイギリスのテレビドラマに出ている。007の前身のような、超人気番組『デンジャーマン』は、パトリック・マクグーハン主演のNATOのスパイもので、最初はモノクロ三〇分番組『秘密指令』の名で日本でも放送された。すぐに世界中で人気となり、カラーになって一時間に拡大され、『秘密諜報員ジョン・ドレイク』という題で一九六五年秋からフジテレビで放映されている。洋子の出演回は、一九六七年に放映された『KOROSHI』と続編『SHINDASHIMA』で、監督はこの後に『ブリット』（一九六八年）で世界的に一気に名をあげた、ピーター・イエーツである。

洋子は、姉妹役（二役）だが、妹は諜報員で、花に仕込まれていた毒煙であっけなく最初に殺されて、続編で姉役の洋子が活躍する。「死んだ島」と地元では呼ばれる悪に乗っ取られた島で、ドレイクを助けるＭＩＨＯという名の主役である。この時洋子は四〇歳近かったが、かなり派手なアクションをこなし、スタントを使わずに本人が海に投げ出されたり、水中を泳ぐシーンもかなりある。空手で石の塊を割るシーンもある。ファッションの見せ場はないが、唯一最後の島民を連れて島に乗り込むシーンでは、女は全員海女の格好の中で、洋子のみ寿と背中に書かれた緋色の半纏《はんてん》を着ている。

彼女の最盛期、最後の出演が、人気テレビシリーズ『スーツケースの男』である。『スーツケースの男』は『デンジャーマン』の人気を追うように登場したスパイ物で、リチャード・ブラッドフォードが主役を務めた。

洋子はその四、五話目『Variation on a Million Bucks』にゲスト主演して、一九六七年一〇月一八日と二五日の二週に分けて放映された。

その後この作品は、編集され一本の映画になった。日本では、一般公開はされなかったが、『百万ドルがオレを呼ぶ』（一九六七年）の邦題でテレビ放映された。イギリスへ亡命した元ソ連スパイとアメリカスパイとの友情物語。ソ連の軍用金を巡る東西のスパイ合戦を、ポルトガルでロケしている。洋子は、主人公との恋を再燃させる謎の女タイコ役。テレビが映画にもなり、ギャラ的に洋子にはおいしい話だったに違いない。

区切りにふさわしい舞台『レンタル女』の成功

洋子は映像中心に活動したが、舞台が好きだった。一般的に映画女優が舞台に出ると、動けず、声は届かず、あまりのひどさに驚かされることが多いが、彼女の舞台はどれも評判は悪くない。案外舞台向きだったのだ。

一九六七年も終わる頃、一つの区切りにふさわしい芝居が公演された。洋子にとって最後の舞台となった『レンタル女』は、一一月二三日、〈ポティニエール劇場〉で幕が開けられた。〈ポティニエール劇場〉は、現在は〈ラ・ペピニエール劇場〉と名前を変えているが、〈オペラ座〉からほど近い、三〇〇人も入れば満員になる小劇場である。一九一九年以後、レヴュー専門になったり、映画館になったりと変遷し、一九四二年からまた演劇専門になった。

脚本はフランソワ・カンポー、演出はクリスチャン・アレルス。フランソワ・カンポーは九年前に『シェリ・ノワール』で洋子と組んで、シェリという魅力的なキャラクターを創造したが、ここではユキという完全に洋子にハマった役を書いている。話は日本への偏見に満ちてはいるが、それを知っていて、けろっと演じるのが洋子である。

役は、三ヵ月限定で女をレンタルする会社のサービス訓練を受けたユキである。セリフ量が多い。内科の開業医の家に送られた彼女は、優しい物腰で男をメロメロにしてしまい、男はぜひ結婚してくれと言い始める。ユキは、熱帯のジャングルに育った日本娘で、特技は鍼《はり》。疲れ切った男の背中のツボに打てば、たちまち元気になったりする。

もちろん日本にジャングルがあるわけがなく、もうここからして可笑《おか》しいが、自殺しようとする男に、私に手助けができる？　と聞き、日本のハラキリのように名誉のための自殺ならそれを邪魔するような無粋はできない、と言って、男を驚かせたりする。観客は大笑いだったろうし、洋子も楽しんでいたに違いない。


イタリアやスペインでも、洋子はまだ人気があった。世界的なフィルムスターを使うことで大宣伝したラックス石鹸（ユニリーバ）の、イタリア版に登場したぐらいであるから、相当な知名度といえよう。

この頃、第一線を退く幕引きの気持ちが大きくなった。一九六七年には、決意表明のように、イタリアの雑誌等ではヌードを撮らせている。とはいっても全裸ではない。例えば『ＭＥＮ』では、洋子は、長い黒髪の付け毛やショートの鬘《かつら》で、当時の愛犬ヴィヴィまで入れて頑張っている。バルドーを意識しているようなポージングだが、見事に自分の欠点を隠して、東洋のファム・ファタール然としている。この写真の幾葉かは、久しぶりに日本の雑誌にも発表された。

同年に、洋子はエージェントの所属をやめたが、良い仕事ならやりたかったようで、一九七三年までは、歴史的にも権威あるフランスの映画年鑑『ベルファイユ』に、自宅の住所を載せている。

日本のテレビ局に依頼されて、一九六〇年代後半から『スター千一夜』や『映画の窓』等のテレビ番組のコーディネートや、時には通訳兼司会もやったというが、具体的な資料は見つけられなかった。

一九六八年、洋子は不惑を迎えた。よく頑張ってきたと思う。この頃、学生時代の友人、谷井澄子とパリで再会している。谷井はパリ観光ツアーで来た。その時はグループと離れ、洋子にホテル・リッツでご馳走になった。森まゆみの『女のきっぷ』の中のインタビューでこう言っている。

《洋子はお酒も飲んだし、煙草の量も多かった。好き嫌い激しかったけれど、ちょっとしたところに思いやりのある人だったのよ。お茶の水ってのは不良を気取ってもどこかに親の躾が生きていて、はめをはずせないところがある。洋子も「奥さんがいるうちはロジェとは何もなかった」といっていたわ。最後まで「私は女優よ」といってたし、絵も描いていた。やりたいことをやって、いい一生だったと思うわ》

第十六章　取り巻く人々の〝愛〟

最後の伴侶、〝ブルターニュ人〟ロジェ・ラフォレ

二度目の実質的な夫ロジェ・ラフォレとは、結婚式は挙げていないが、洋子の晩年は、彼がいたからこそ幸せであったと言える。

ロジェは、ブルターニュの港町ビニックで、父ジャン（一八八五―一九四八）と母ジャンヌ（一八九二―一九八〇）の間に生まれた。

ロジェの父ジャンは、地元では〝発明王〟と呼ばれた発明家である。液だれしないビック（BIC）ボールペンの改良はその代表で、最大のヒット作となった。ビニックはブルターニュ北部の、モン・サン・ミシェルから一〇〇キロほど西の海岸沿いに位置する古くからの漁港町である。ローマ時代はカエサルも訪れたという古い浴場跡もある。もともとのブルターニュの歴史を紐解《ひもと》くと、フランスという国の成り立ちに深く関係してくる。

日本でも関東と関西との気質の違いに驚かされるが、フランスの地方の中でもここは特別である。同じフランス人と言っても、ブルターニュ生まれの人々は、自らを、フランス人ではなく、ブルターニュ人〝ブルトン〟と呼ぶ。仕事より遊びを選ぶ享楽的なフランス人気質の中で、ブルターニュ人の人柄は寡黙だが誠実で、部下にするには最高と言われている。ちなみに洋子の最後を看取《みと》った運転手のセルジュも典型的なブルトンである。

ビニック一帯の広大な土地は、ビッシュ男爵が治めていたが、この爵位は先々代ユダヤ系イタリア人、エマニュエル・ビッシュが買ったものである。その孫息子マルセルは、男爵の孫として育ったわけだが、彼はなかなかの秀才で、パリで、ラディスラス・ビロというハンガリー人が発明したボールペンの特許を買い取った。それを改良したのが、ロジェの父親ジャンである。もちろん彼も共同経営者に含まれている。

BIC《ビック》社はその後、世界的規模の企業に発展する。その名は、BICH《ビッシュ》男爵の名前と町の名前BINIC《ビニック》とを重ね合わせて考え出されたものである。ロジェもその父も、ビニック特有の寡黙な真面目さを持ち合わせた、遊び好きなフランス人とは相当に違う、男気のあるタイプだったようだ。

ロジェは、第二次大戦中、ドゴール将軍と共にナチスと戦った勇士で、その印が墓には記されている。ロジェはコックを目指したことがあり、〈ラセール〉や〈ラ・グランド・カスカード〉に同輩や仲間たちがいた。彼らの店で食事をした後盛り上がり、レンタル小型飛行機でブルターニュの上空まで飛んで、自分の別荘を上から見せたこともある。

ロジェの逸話はたくさん残されているが、どれも彼の温かい人間性を物語っている。洋子の異母弟敬二は、日本に来たロジェを車に乗せて案内したが、寡黙でジャン・ギャバンのミニ版のようだ、と表現している。従妹の萬喜は、日本の食べ物が塩っ辛い、としきりに言ったことを記憶している。また、フランスでは、自ら足を痛めていたのにいっさい顔に出さず、訪れた令子たちを気遣いながら案内した姿が、非常に男らしく頼りがいがあったという。

二〇一七年六月二一日、私は、ピニックの墓地に眠る洋子の墓参をした。この日のために〝YOKO・TANIへのオマージュ〞として、郷土史研究家のジャン＝ポール・デュモン＝ルデュアレックが地元の人々を集めてくれていた。

我々は、この墓所に眠る有名人の墓を巡りながら、最後にロジェと洋子の墓に案内された。この墓は、ロジェの生前に洋子がアイデアを出して建てたもので、周りの墓とは違い、教会のミニチュア然としている。そう広くはないその墓所の中では、一番目立っている。洋子が油絵の具で描いた芍薬《しゃくやく》の花が、両扉の下方にあり、温もりを感じさせる。墓石には、三人の名前が刻まれていた。ロジェ・ラフォレ（一九一四―一九九三）マリー＝レティシア・ヴィニョネ、ヨーコ・タニである。マリー＝レティシア・ヴィニョネはロジェの病死した妻の正式名で、洋子は芸名、女二人の生年没年は彫られていない。ロジェと洋子が二人で眠っているのに、これは三人の墓地のようだ。

すぐ近くには、ロジェの両親の墓もあるが、ロジェの妻の墓はない。ロジェの妻は実家の墓地に入ったことが後で判明したが、フランスにもある世間体で、教会やカトリック信者の手前、このような形にせざるをえなかったようである。

小旗を持ったジャン＝ポールの後に付いて、村の助役他一五人ほどと、ブルターニュでは最大

この町の高台に洋子の墓がある

手の新聞『ウエスト・フランス』の記者、イヴリーヌ・ボダンも取材のため来ていた。私は鮮やかな紅いバラの花束を墓前に捧げたが、その時少し降っていた雨がやんだ。

翌日私はパンポールにある洋子の別荘を、ジャン＝ポールとビニック市の助役の案内で見せてもらった。パンポールは、ビニックから車で二〇キロほどのところにある、鄙《ひな》びた港町である。一〇〇年以上前にピエール・ロティが書いた『氷島の漁夫』の舞台で、今でも小説のモデルとなった女性が営んだというホテルが残っている。

その町から少し離れた海沿いの丘に、洋子が約三〇年間別荘として使用した家がある。童話に出てくる小さなお城のような、三階建ての館で、もともと伯父が持っていたものをロジェが購入した。ロジェの子供たちにも思い出のある

パンポールにある洋子の愛した別荘

家であったが、洋子のためにここを改装した。家の前には動物愛護団体が天然記念物の蝙蝠《こうもり》を保護しているトンネルがある。洋子は自分が子供の頃過ごした、逗子の夏の貸別荘のイメージがあるこの素敵な館をことのほか愛していて、ロジェの死後も、何かというとセルジュの車で訪れ滞在していた。

　洋子は、ロジェの遺言によって、自分が亡くなるまでこの館を使用する権利を持っていたが、ここを相続したロジェの娘ブリジットから、ピエリック＆アンヌ・ドマン夫妻が二〇〇二年に購入した。洋子が亡くなり、三年後の話である。ロジェの娘ブリジット（一九五四―）は洋子への反撥が強く、洋子の生前は一度もここを訪れることはなかったという。

　三階の寝室の壁紙は、まさに私が墓前に捧げたような紅いバラであった。洋子が一番好きな花は芍薬であったが、バラも自ら栽培するほど大好きな花だった。その家は一階から三階まで白い絨毯《じゅうたん》が敷き詰められていて、家を購入したドマン夫婦は、まずその絨毯を全部はがし、木の床にした。寝室は全部で五つあり、作り付けの家具など、基本的には高級なものには手は加えていないという。数百メートル歩けば海に出られるその家は、大きすぎず、どの窓からも海が見えて、夢にでも出てきそうである。

娘のブリジットが売却した時に、一つだけ持って行ったものは、外壁にしつらえられた女神像で、ドマン夫婦はその跡に、別のマリア像を飾った（ブルターニュの家の外壁には女神像がよく飾られている）。広い庭の隅には一〇畳は軽くある大きな犬小屋があり、洋子たちはシェパードを数頭飼っていた。

庭はとてもよく手入れされており、ミモザの木の花が咲き始めていた。目をひくのは、全体から見るとほぼ中央にある、周りを低い生け垣で囲った池で、そこには洋子にとっての出世作となった舞台『八月十五夜の茶屋』の役名のような、〝ロータス・ブルー〟ならぬピンクの蓮《はす》が蕾《つぼみ》をつけていて、金魚が泳いでいた。

洋子は、年に数度はロジェと共に、パリから二台の緑と青のロールス・ロイスで訪れたというが、ロジェが愛したオープンカータイプは、寒くて嫌いだった。ロジェは、付近の町を訪れる時は小さな車を使用し、目立たないようにと気を配った。

ロジェはピニックに果樹園のある両親の家と自分の家を持ち、たびたび村の人や仲間を呼んで饗応したという。ロジェの亡くなった後も洋子はよく訪れて、この村で彼女を知らぬ者はいなかった。ちょうど子供時代を過ごした隣人のミシェル＝エティエンヌ・デュランは、いつもヒールの靴で犬を散歩する洋子のことを鮮明に覚えており、裳裾《もすそ》を翻《ひるがえ》すような、村の人はまず着ない豪華な服を着た洋子は、女王のように見えたという。しかし実に気さくにふるまっており、村の人の受けも良かったようだ。

洋子とロジェとの出会いは、一九五八年一一月から上演された『シェリ・ノワール』だった。観客と女優としてであったが、この時ロジェは一瞬で洋子のファンになった。『風は知らない』で映画初主演を果たし、波に乗る洋子は、ミシェル劇場で絶賛を浴びていた。〈ミシェル劇場〉は、サンラザールからもオペラからもほど近い、マチュラン通りの小劇場で、古くから良質な作品を上演している。

ロジェがなぜこの芝居を見たのかはわからない。ロジェが芝居好きだったという情報はないし、芸能界は大嫌いで、友人関係で鑑賞したとは考え難い。しかしその夜、ロジェは舞台で輝く洋子に恋をした。毎日花を贈り、楽屋を埋め尽くしたという。

二人は、連絡は取っていたのだろうが、洋子にとって、激動の時期が続いた。洋子は、ロランと別れ、フレゴネーズとの恋もあり、とりあえずハリウッドの映画には出たけれど、アメリカに映画の仕事はそうはなかった。賢い洋子はよく状況を飲み込んでいたと思う。ちょうどその一九六四年頃、洋子とロジェは再会した。

洋子はテレビの仕事があり、あとは自分のCVにも載せなかったスパイ映画がたくさん続き、ヨーロッパを駆け回る生活を続けていた。

パリでは、ロランと住んだ一八区のアパートから高級住宅地ヌイイに移り、アパートを借りていたが、一九六七年からは、ロジェが購入した一六区のヴィーニュ通りのアパートに住むことになり、最後までここに住んだ。ロジェは、自宅をパリ郊外アニエールに持っていて、洋子はパリに住み、互いに行き来して週一回のペースで会っていた。ロジェのオフィスは東駅の少し南の界隈にあった。

ロジェと洋子は、無類の動物好きで、その点でも気が合っていた。ロジェは愛犬のシェパードをレストランに連れて行くとそこで一番の肉を食べさせていたし、洋子は、現在は少し場所が変わり縮小したが、フランソワ・プルミエ通りのディオールの前にあった〈ル・フーケ〉で、缶入りのビスケットを買って愛犬のおやつにしていた（この美味なビスケットは、現在は製造されていない）。

16区の自宅での洋子

洋子の〝娘〟ミチコをレンヌに訪ねる

パリからTGVで一時間半。レンヌまで、今はあっという間である。私は、洋子が〝娘〟と言って可愛がったミチコ・ベルトゥロが住むレンヌを訪ねた。レンヌ駅付近は大改装中で、工事現場のようであった。駅のホームからエレベーターで上がると、ミチコとフランソワ夫妻がそこに待っていてくれた。穏やかな素敵なカップルである。ミチコは、弁護士である夫、フランソワ・ベルトゥロとレンヌを中心に生活をしているが、パリにも住居があり、時々出てくる。フランソワとロジェは、二人とも、ブルターニュ出身ということで、気の合う友人同士だった。ミチコは、京都出身で、大阪で一時モデルをしていたこともある。バツイチのフランソワとは、一九七〇年の大阪万博の時に知り合ったという。

レンヌは雨であった。この街の歴史は古く、ブルターニュ圏の中心でもあり、多くのブルターニュの町へのアクセス地点である。例えば日本人の好きな、モン・サン・ミシェルへ行くにも、レンヌを通過しなくてはならない。洋子とロジェの所縁《ゆかり》の地、ビニックとパンポールも、その圏内に入る。

私たちは、レンヌで一番お薦めのクレープ屋〈AR PILLING〉で食事をしながら、自己紹介をし合った。一九三〇年代、この地のアーサー王伝説を全面に彫った大きな壁は、ちょっとした見ものであり、シードルと共に供されるそば粉のガレットは、やはり本場だけあり、パリで食べるクレープより、ずっと美味であった。ミチコと洋子が知り合ったのは、八〇年代末、夫フランソワの従兄弟が、ロジェと仕事上の知り合いで、パーティーで紹介された縁である。その後気が合って、夫妻でよく食事をし、だんだん親しくなったという。

昼食後、家というより館というべき、瀟洒《しょうしゃ》なベルトゥロ家に移動したが、ここでミチコから話された洋子の思い出は、断片的ではあったが、何よりも愛に満ちていた。洋子という人のことを少しでも後世に伝えておきたい、という小生の意図をまっすぐ受け止めてくれた姿は、洋子が飾らず、明るく人を勇気づける善人であった証しでもあった。

歩くのが大好きな洋子は、自分のアパートから愛犬トトを散歩させつつ、大好きなモンテーニュ大通りあたりまで来ることがよくあった。その近く、マルソー大通りにある、洋子の好きなレストラン〈ヌーラ〉は、その後すっかり有名になり、今やパリで一番有名なレバノン料理店である。軽く一品でも頼めるし、ミチコも洋子にご馳走になったことがある。余談だがここのバラのアイスクリームは美味だ。

ミチコ・ベルトゥロがモデルとして描かれた洋子の画――モディリアーニのようなデフォルメが見られる

〈虎屋〉にもよく行った。洋子は赤飯が大好物だった。一九八〇年にオープンしたポルト・マイヨ広場近くのイタリアン〈ラ・ファミリア〉に、通った時期もある。このレストランも由緒ある構えであったが、つい最近内装も全部変わり、黒人の明らかに勘違いしている気取ったマネージャーが店内を仕切っていた。洋子のことは、もちろん知らなかったが、当時は、政治家が顔を出したりしていたようだ。

総じて洋子は、自分が行く時は星の付いたところではなく、シンプルなそれほど高価ではない店を選んでいる。

ロジェがパレ・ロワイヤルの画廊を見に来た時、洋子、ロジェ、ミチコというメンバーで、隣にある〈ル・グラン・ヴェフール〉で昼食をしたことがあった。食事後、ロジェは仕事に戻り、二人きりになると、「美味しかったわね。もう少し安かったら、ミチコちゃんと二人で時々来れるのにね」と言ったという。洋子ならいくらでも高級店に行けたであろうし、ましてやランチである。食に関しては意外な話に聞こえるが、洋子は一人の時には、食事の量も少ないし、決して豪華なレストランへ通うようなことはなかった。

デラシネ「パリ三人娘」などの華やかな交流

洋子は、社交家であり、多くの交際があったが、面白いのは、個別に拘《こだわ》り、それぞれとの交際を交ぜ合わせず、友達同士を自分から集めることがなかったことである。ロジェが芸能界を嫌いだったこともあるだろうが、芸能界以外でも普通身近にいる人間とは、どこかですれ違うものだ。ましてやパリという狭い空間で、ポイントだけで付き合うのは案外難しい。これは、私の感想だったが、洋子のご贔屓《ひいき》のデザイナー、ジャックリーヌもその通りだといい、それは洋子が賢い証拠だとも言っていた。

洋子を知る全員の感想が一致するのは、目先のことにとらわれず筋を通し、つらい時にもめげず、極めて明るくふるまうということだ。侍のようだと評した人もいた。孫の四柱推命によれば、男の運命を生きた女ということになる。彼女がパリで仲良くした人は多いが、特に目立った日本人たちをあげると、高田美《よし》、堤邦子、ルコント夫人靖子、山本麗子、そしてミチコ・ベルトゥロあたりになる。

山本麗子はパリでちょっとした有名人であった。彼女は慶応大卒業後、NHK金沢のアナウンサーになったが、結婚しやがて離婚。日本でマッサージの基本を学び、ロサンゼルスに渡り、カイロプラクティックを学んだ。パリに渡ってきたのは三七歳だったというが、屋根裏部屋の生活から始めて、日本人向けフリーペーパー『オヴニー』等、タウン誌に広告を載せて営業を始め、あっという間に有名になった。

彼女は、柔道も黒帯級だったが、日本の伝統的な、茶道、華道、日舞、そして生田流の琴の師範でもあった。驚くべき多才ぶりだが、琴奏者は、当時パリでは貴重な存在で、よくスタジオ録音を頼まれた。筆者のコンサートにも来てくれたことがあり、気さくな人という印象を持っているが、とにかくエネルギッシュ、アクティブな人であり、洋子とは馬が合ったと思う。

洋子と高田美と堤邦子は「私たちパリの三人娘ね」といって、よく飲んだ仲だ。パリ三人娘は、デラシネ三姉妹だ。彼女たちが華やかに活動しただけに、三人ともパリで亡くなったが、いなくなってしまった現在、心に風が吹くような寂しさがある。

戦前良家の教育を受けたこのお嬢さん三人組は、パリの部分だけでもテレビドラマになりそうなほど、それぞれの色が濃い。パリに来た時期は洋子が一番古いが、まだ日本人の少ない、五〇年代にパリに集まったこの三人の共通項は多い。まず日本の特権階級、またはそれに近いところに生まれ育ったこと。戦争を知っていること。それぞれの理由で、日本にいたくなかったこと。極めて海外に脱出しにくい時代に、万難を排して脱出したこと。そして亡くなる時は、帰る家庭が無かった寂しさ。この三人に共通の一種の戦友感覚、日本脱出感覚があったことに間違いはない。それぞれに背負うものが大きく、個性的。だから洋子が、特別目立つことはなかった。

高田美は一九一六年生まれで、日本でも戦前三本の指には入っていた総合商社「高田商会」の娘である。関東大震災で大打撃を受け、会社は倒産したが、美はまさに財閥の末裔《まつえい》、お嬢の中のお嬢である。子供の頃から、仏英和高等女学校（現白百合学園）でフランス語を学び、一九四七年に、東京のＡＦＰ（フランス通信社）勤務、退社後一九五四年、航路でパリに入った。ＡＦＰ時代に、写真家木村伊兵衛の通訳をしたことで、すっかり彼に傾倒し師事。写真業でも有名である。

子供の頃から本物しか知らない彼女の美意識と感覚は鋭く、すぐに写真でも才能を発揮。一九五五年からはピエール・カルダンのコレクションの写真を撮っている。カルダンの繋がりもあったが、これという人に、気軽に呼びかけて写真を撮らせて貰える、独特なアピール力があった。

日本女性という珍しさもあったであろうが、それにしても、ピカソ、マン・レイ、オーソン・ウエルズ、ジャコメッティ……これだけ大物の芸術家を撮った日本人の写真家は稀有であり、しかも、どの写真にも彼女の個性が光っている。

当時ルーヴル通りにあった日本料理〈禅〉に、カルティエ＝ブレッソンを連れてきたこともあり、有名人に慣れている店主の饗場《あいば》もさすがにびっくりしたという。

彼女は、その血筋からか、持って生まれた気配りが素晴らしく、カルダンの秘書的存在であり、カルダンと日本とを結んだフィクサーである。伊藤忠とのライセンス契約など、カルダン社をビジネスとして引き上げた功労者として信用も絶大であり、カルダン系のレストラン、例えば〈マキシム〉などでは、彼女の名前を出せば、顔パスで食事ができた。高田は、洋子とは子供の頃からの知り合いだったが、パリに来てすぐに、知らずに入ったキャバレーで、突然洋子が出てきて踊り出した時には、びっくり仰天したという。それにしても不思議な縁である。高田より洋子のほうがずっと年下だが、洋子は高田を〝ダカタカ〟と呼び、からかいじゃれあっていたという。

堤邦子は、洋子と同い年であり、平成九年（一九九七年）六月一六日に亡くなっている。彼女は一九五六年からパリに住んでいた。

西武グループの創業者堤康次郎を父に、三番目の妻から生まれた彼女は、一つ上の兄清二が、作家辻井喬として書いた小説の中で、久美子という名前で登場する。彼の小説は、実名ではないが、ドキュメンタリーよりよほど現実的で、〝英雄色を好む〟そのままの父、天才実業家康次郎への愛憎というより憎悪は、読んでいて苦しくなるほどだ。

人一倍優秀な頭脳を持って生まれながら、「女に大学はいらない」の一言で、父親から進学の道を断たれた邦子はその後、意に染まぬ結婚、離婚を繰り返し、パリに渡ってから、最後はカジノまで経営するが、政治的に嵌《は》められて失敗、刑務所に拘束されたこともある。ある意味洋子以上の波乱万丈ぶりである。彼女の場合は、父親への反発が脱日本の動機の大本であり、洋子とは真逆である。

西武の大資本をバックに、日本にエルメス、サンローランを輸入、紹介したのも彼女なら、日本での戦後のファッションのオピニオン・リーダーの役を果たしたセレクトショップ〈西武PISA〉も彼女の仕事である。

岸惠子、三船敏郎……映画を介在した靴跡

邦子は、一九五七年からパリに来た岸惠子とも、大いに親交を結び、洋子も自宅に招き、三人で食事したりしたという。

しかし岸惠子と洋子とは、それ以上は交わらなかった。共に同じフランス映画界の近くにいても、岸の伴侶イヴ・シャンピというブルジョワ、インテリに集まる人々と、洋子の家族、庶民出身のマルセル・カルネに集まる人々とはあまりに違った。だが、別に仲が悪かったわけではない。岸は日本のA級映画に続々主演し、テレビドラマからコマーシャルまで多数出演して、結果的に、

大衆のフランスコンプレックスを穴埋めする大きな仕事を果たした。〝フランスと言えば岸惠子〟のイメージを日本人に強烈に与えて現在に至っている。好き嫌いはあるが、彼女ほどの大女優が、一般に向けて、ジャーナリスティックな発言をするのも、日本ではあまり見られなかったことだ。

一方、谷洋子は、セクシー女優として、国際映画のB級C級映画に出続けて、四〇歳でほぼ引退した。フジテレビで、彼女のドキュメンタリー企画が一回だけあったようだが実現せず、自ら本を書くこともいっさいしなかった。

二人に女優として共通するのは、決して演技派では追いつけない部分、スター性があったことだろう。スター性とは、岸の場合、日本人から見て誰が見ても美人と思える美貌《びぼう》、洋子の場合は、ヨーロッパ人から見てのアジア的セックス・アピールである。どちらも、強力であるが、岸が日本映画中心になり、洋子が国際映画に方向づけられていったことにも関連している。これは演技云々《うんぬん》ということではない。しかしほぼ同時期に、戦争を体験した二人の全く異なる日本人女優がパリにいたこと、二人ともフランスという国に、大きな異都憧憬《いとしょうけい》を持っていたことに、時代と運命とを感じずにはいられない。

洋子は、他に日本の俳優では、三船敏郎と親しかった。三船とはヴェネツィア映画祭で知り合った。三船はヨーロッパが好きで、一九七五年にはミュンヘンに高級レストラン〈ミフネ〉を開いたほどだ。このレストランは、実は二店目で、その前に当時三船がCMを担当していたサッポロビールから権利を買って、ヨーロッパで活動する拠点にしようとしたらしいが、ドイツ国内のレストランを守る法律ができ、オープンできなかったという。

ともかくこの時期三船は、ミュンヘンを中心によくヨーロッパを訪れている。パリにもたびたび訪れ、洋子とは酒を飲んだ。三船は酒乱とも言われ、酒癖に関する話題が多いが、洋子のことを〝パリの姐御〟と呼んで、一目置いていたようだ。

レストラン〈ミフネ〉を、パリで開店させていたら、芸能活動の拠点としてもぴったりだし、レストラン経営も彼の人気からすれば、成功したと思うのだが。当時サッポロビールに対して、同じくビールも売るサントリーもパリに店があり、案外そんな競合を避けたような気もする。ミュンヘンの〈ミフネ〉は赤字が続き、結局売却されたという。その後二〇一七年になって空前の和食ブームの中、和食のコンセプトを三船に重ねた高級レストラン〈ＭＩＦＵＮＥ　Ｎｅｗ　Ｙｏｒｋ〉が、マンハッタンのミッドタウンに鳴り物入りでオープンした。直接三船一族が、経営に参画しているわけではないが、三船の名前がこうして残っていることは、まさに映画の力である。

洋子が、漫画のヨーコになったように、私が洋子を書いているのも、映画がなければ考えられなかった。

四〇代の洋子と遭遇したカルーセル麻紀

一九七四年、フランス映画は、『エマニエル夫人』の超大ヒットにより、いっそう表現が自由で大胆になった。

一九七六年には、アナトール・ドーマンが製作した、大島渚『愛のコリーダ』がパリで公開されるや、これまた大ヒットロングランになった。映画の中で、実際に性行為を行うという、これまでは完全にポルノとされて一般の目には、触れにくかったものが、堂々と公開され、しかも全部日本人によって映画となり、フランスで編集されたこの合作映画を、洋子は苦々しく思っていた。

洋子は、一九六八年にほぼ映画を引退した理由の一つとして、エロばかり売る作品が増えたことを周囲に漏らしているが、二本のテレビシリーズに出た以外は、その後全く映画に出る事はなかった。

ほぼ女優引退してからのこの約一〇年間、洋子はロジェとの新生活で、二人の愛を育み、また自分の絵とも向き合った、幸福に満ち足りた時代だったはずだが、それでも心の中には、それだけでは抑えきれないパワーがあり、たった一人でよく踊りに出かけたようだ。

四〇代のそんな洋子と偶然に遭遇し、その後仲良くなった日本人が、カルーセル麻紀である。

カルーセルの名前は、取材した数人から洋子の友人として挙がっていたが、ミチコ・ベルトゥロは、洋子から頼まれてカルーセルに電話をしたことをはっきり覚えていた。カルーセルは一九四二年生まれだから、洋子より一四歳下ということになる。戦後の芸能界でも、極めて特殊な性転換をしたダンサー、女優、タレントとして散々話題になり、今や女装タレントが出演しない日は無いほどのトラヴェスティ大国、日本でのパイオニアである。

私は知人を通して、彼女に会う機会を作って貰った。彼女は、その家族と一緒に目黒に住んでいて、「お役に立つかしら……」と言いながらも、親切に、いろいろな話を教えてくれた。二人が初めて出会ったのは、一九七二年カルーセルが三〇歳の時で、モロッコで性転換の手術をする前だった。彼女は当時、銀座の有名ゲイバー〈青江〉のママから、ポンヌフに出店したパリの姉妹店〈パピヨン〉を任されていた。彼女はその日店が終わって、ケニーとまさみという仲間と一緒に、和服姿でパリのディスコ〈キャステル〉に出かけた。

〈キャステル〉は、一九七二年にジャン・キャステルによって作られた高級ナイトクラブである。ジャン・キャステルは水商売のプロで、「夜の王」と言われていた。日本でも、六本木に、初の会員制クラブとして一九七四年にオープンさせ、一九七八年にクローズしたが、この店は今や伝説のディスコと言われていて、ここのプロデューサー岡田大貳は、すっかり夜の六本木で有名になり、その後幾つものスタイリッシュな高級クラブや飲食店を成功させた。

〈キャステル〉は現在、高級紳士靴で世界的なJ・M・ウェストン社がオーナーで、現在で一三代目である。私は、〈キャステル〉を訪れ、現在の店長グザヴィエ・ルグランに会った。

何十年かぶりに訪れた〈キャステル〉は、改装されてはいたが、そのコージーな感覚に、歴史がグンと重みを加えていた。グザヴィエが〈キャステル〉の店長になったのは、九〇年代以降であり、もちろん、洋子のことは、全く知らなかった。オイルショック以来、パリのプライベートクラブはすっかり影を潜め、これといったクラブは、できてもすぐ消えてゆくという……。それでも、相変わらず〈キャステル〉は、六区オデオンの近くにあり、見落としそうな小さな赤い扉は、変わっていなかった。

私は、この店のごく近くで日本茶の喫茶店を出すプロジェクトに参加し、見事に失敗したことがある。

パリに呑まれてゆく〝異邦人《エトランジェ》〟

パリには詐欺師がいっぱいいる。特に日本人は、騙《だま》されやすい。ある者は、滞在許可証、ある者は儲け話、ある者は、文化交流から勲章まで名誉欲をくすぐる話……。それこそちょっと長く滞在している日本人でこの手の話を聞いたことがない人は、まずいないであろう。日本人をカモにする日本人がいることを聞いて、特に用心深くしていたつもりだが、それでも、私も滞在許可証のことでは、見事に騙された。相手は、フランスと日本の文化の窓口だと称して、イベントや通訳や雑多なことをなんでも扱う会社を経営する男であった。

その男Hの言う、警察に知り合いがいて滞在証が取れ、何度か成功している……という話を、真に受けてしまったのである。彼との出会いが、日本の大手代理店の紹介者繫がりだったことも、信用度が大きかった。Hは、とにかく人受けが良く、フランス人と結婚していてフランス語を上手に喋《しゃべ》り、有名デパートの免税店を任されたりした経歴もあった。

その時Hと一緒に、事務局をやっていたのがPで、フランスの芸能界の要人をたくさん知っているという触れ込みであった。

実際は、フランス語の能力以外は、素人であり、力もないのに、PはHに、その事務局が、フランスの芸能界と密接な繫がりがありそうに見せる役、として利用されたのである。

Pは在日韓国人である。私は、パリで、彼らの本国と日本との間に立った微妙な立場を初めて目《ま》の当たりにした。Pは若い時に、フランスに渡り、猛勉強して、フランス語のレベルは大変に高く、よく、マナーの悪いフランス人をフランス語でやり込めていた。しかし、フランス人の悪いところも、そのまま学習しており、まさに日本では生きられない、非常にきつい性格であり、個性を重んじるフランスだからやっていけるタイプであった。Pは、結局Hとの仕事で破綻《はたん》して、その後仕事を転々としたが、私と出会った時は、明日にでも自殺しそうな鉛のような絶望の目を周囲に向けていた。

私はその時、何をやりたいのかとPに尋ねた。唯一やりたいことは、日本茶の店であり、そのために当時流行《はや》りだした日本茶の店でアルバイトもしたという。Pは、うっとりとその夢を語ると、また鬱《うつ》の世界に沈んでゆくのであった。

私は半生をフランスで過ごした人間の悲劇を目の前にしていた。Ｐは、日本に帰ることも当然考えていたが、フランス流に染まり切った自分が、日本ではつぶしが利かないことも、よく知っていたし、自分を助けてくれたフランス人にも、散々迷惑を掛けすぎていた。一流のフランス語を身につけたプライドは高かったが、思い込みが激しく、自己中心的な考え方は、日本人からは疎まれるタイプで、フランス人以外は友達もいなかった。しかし韓国人特有の家族のしがらみは強く、戦後日本に来て散々働いた両親の話をする時には、涙を流すほどだった。

私は、二重国籍の人間の、生き難い現実を知った。まず、日本の茶の業界は、信用を重んじる業界で、特別な場合以外は、日本人にしか卸さない。日本人に頭を下げるなら死んでやるくらいの、鼻っぱしの強いＰもそのルートに辿《たど》り着くには、誰か、信用できる日本人に頼むしかない。

日本人であって日本人ではない。この人は、どちらの国を愛しているのだろう……。Ｐは即座に「私は両方」と答えたが、私は、改めて、国籍ということをここで考えさせられた。Ｐは日本をこよなく愛していると言ったが、あえて帰化もせず、自分はまず韓国人だという人間を理解するには、私は単純すぎたのだ。日本人であることが当たり前と思って生きてきた私には、そんな簡単にわかるわけもなかった。しかし、そのＰの屈折した本質を見抜いた時には、もう事業が始まってしまっていた。

私は、Ｐが、私が騙されたと同じ人物（典型的な文化ペテン師）に騙されて、生きているのがやっとだった状態を見て、つい自分の力を考えずに同情してしまった。「下手な同情は禁物」という金言をつい忘れた私は、お人よしの愚かさそのものであった。

周りを見ると、パリには、多くの難民がいて、祖国に帰りたくても帰れない人々が必死に生きていた。そして、その多国籍の人々の様々な思いには、簡単に理解できる種類ではない、複雑な歴史的背景が、横たわっていた。それに比べれば、パリで食い詰めたとはいっても、Pは、日本に帰る道のある在日外国人であった。

「夜の女王」レジーヌからの様々なコネクション

「夜の王」キャステルに拮抗して、もっと大規模に成功したのが、「夜の女王」と呼ばれたレジーヌである。レジーヌの最初の頃の店〈ジミーズ〉は、日本のファッション界と縁が深い。客を入り口でチェックするのもこの店の特徴であった。レジーヌは、貧しい家出身で、スノッブの何たるかをよく心得ていて、夜の世界のシャネルになることに成功した。彼女はユダヤ人であった。

興味深いのは、堤邦子がファッション界の様々なコネクションを作っていったのもこの店である、ということだ。カルダンがレジーヌの友達でもあり、その秘書役の高田美ももちろん洋子も、この店に出入りしていた。しかし〈ジミーズ〉のあった頃、洋子は仕事に忙しく世界中を駆け回っており、レジーヌの回顧録にその名は出てこない。

階級差別。ココ・シャネルは、ヨーロッパのそこに目をつけて商売を展開した。それは革命があっても、貴族社会が現在でも残るヨーロッパの仕組みであり、社交界と呼ばれるものである。Aという貴族にはAのサロンがあり、Bという貴族にはBのサロンがある。しかしファッションとなると、AもBも相手にできる。レジーヌはシャネルの水商売版である。水商売ならば、もっと間口を広げることができる。私は、シャネルを直接知らないが、デザイナーとしての天才は別として、彼女の人間性はどうしても好きになれない。

そこへゆくと、レジーヌは、シャネルよりずっと素直であり、人間的に魅力がある。レジーヌは、シャネルの服のクオリティの代わりに、まず自分の生まれ、下町の鉄火女を売り物にした。頭の良い彼女は短期間でパリ独特の、フランス人というよりも、フランスに集まる各国の超セレブたちが夜な夜な集まる〝社交界〟を作り上げた。そして念願であった歌手としても大変な成功を収めた。

呆れるほど幅広いジャンルの友達がいたが、その中でも特別に親しかったのは、作家のフランソワーズ・サガンと、自分と同じユダヤ人であるセルジュ・ゲンズブールだった。彼女は芸能界から、政界、財界まで大変な人脈を持ち、それこそ王様からハリウッドのスター、大統領まで来てしまう、とんでもない夜の社交場を作り上げた。

私は彼女とは因縁がある。彼女は、二〇〇七年に出した私のアルバム『パリの日本人』の中で、その代表曲である「プティ・パピエ」をデュエットしてくれたのである。

ゲンズブールの作詞作曲によるこの歌は、一枚の紙きれに例えながら、人生の虚しさを歌った傑作である。彼女と初めて会ったのは、バスティーユ近くのスタジオだったが、大先達のために私はプロデューサーのエリック・デュフォールと一抱えもあるバラの花を用意するのに時間がかかり、レコーディング開始の五分前にスタジオに駆けつけた。レジーヌはとっくに入っていて、発声練習をしていた。彼女は、ピアフの伝統を引き継いだ〝パリの最後のストリートシンガー〟だった。レコーディングが済んで、私に、エリックは興奮気味に言った。「お前はちょっと歴史的な仕事をしたんだよ」

その後レジーヌとは、一緒のテレビに出たことがある。私が日本人だったからかもしれないが、いっさい偉そうにはされなかった。ただ、黙っていても持っているその威厳と威圧感は、相当な迫力であった。彼女の一番大切にしている曲を一緒に歌えたことは、私のキャリアの中でも大事な宝物になっている。

カルーセルの洋子評「彼女は男よ」

カルーセル麻紀が洋子と出会ったのは〈キャステル〉ができたばかりの頃である。客席が二五〇もあり大きなダンスフロアーがあるこの店は、あっという間に超人気店になった。〈キャステル〉の客は、レジーヌの店とダブっていたが、実は、レジーヌほど、客の選り好みはしていない。いずれにしても、スノッブの象徴として連日連夜押すな押すなの盛況であった。そこで、高いハイヒールを履いた東洋の女が、全くオリジナルな動きで、カルーセルより長い黒髪を振り乱して踊っていた。カルーセルの憧れた谷洋子であった。

カルーセルは、いろいろなことをやったが、ゲイバーのステージから研鑽《けんさん》を積んで、日劇ミュージックホールに一九六五年にデビューしており、ショー・ダンサー意識が強い。ショー・ダンサーには気質の良い人が多く、多くの先輩ダンサーたちに可愛がられて自分が育った、と彼女は語った。特に彼女が憧れたのは世界に飛び出した宝みつ子（一九六二年、米・伊合作『ソドムとゴモラ』等に出演）や〈クレイジー・ホース〉に出た谷洋子であった。彼女は、大先輩ではあるが、ダンサーでもあった洋子に、尊敬の念とシンパシーを抱いていた。

洋子だと気がついたカルーセルが思わず声をかけた。じろっと彼女を見て洋子は、「あんた誰よ？」と言った。二人は、すぐ意気投合し、「マキ」「洋子ちゃん」と呼び合う仲となり、翌日開かれたフィガロの社長（多分）のパーティーに招待された。彼女は、他二人の仲間と参加したという。

《わたしは、人間、生まれたからには、自分の個性をとことん発揮して生きるべきだと思うの。わたしの場合は、ずっと人とは違う性に苦しみ続けたけど、そういう不幸な苦しみ、悲しみ、苦悩、困難、試練が、誰にも似てない独特の個性を育て、輝かせるものなのよ。わたしがパリを愛するのも、フランス人は何よりその人の個性を尊重する文化があるから。個性こそが「美」なのよ》

カルーセルは、とにかくパリが好きで、夏の時期に休みを取り毎年のように出かけていた。洋子とはその時に会い、日本では一度も会った記憶はない。洋子はいつも一人で現れ、二人は会うと、深刻な話はなく、ただただ酒を飲んだ。

洋子が和食店〈禅〉で一升瓶を横に飲み出し、酔いつぶれた彼女を一六区のアパートに送ったこともある。その夜カルーセルはカボションカットのルビーの指輪をしていたが、洋子もその日偶然同カットのルビーを着けていて、大きさはカルーセルの倍はあったという。洋子はたいてい、最後はウイスキーかウオッカで締めていたが、彼女とは最後はいつも日本酒で、へべれけになるまで飲んだ。

私は、洋子についてどう思っていたかを、カルーセルに尋ねた。

「彼女は男よ」自ら男に生まれた性を女に逆転したカルーセルの、この一言は重い。洋子の印象はさっぱり、男前のきっぷの良さで、カルーセルの親友だった、太地喜和子と同種の大胆さ、度胸の良さを持っていたという。

彼女はその後、太地喜和子の話をしてくれた。太地喜和子は、早逝したが、その分伝説になっており、逸話も多い。胸などはだけてもお構いなしで酒を飲み、和物の芝居では、パンティははかない。洋子もイギリスの記者に「ラブシーンではノーパンよ」と語っていることを思い出させる。酒の強さでも、カルーセル、喜和子、洋子の三人は、大酒豪の域で男より強かった。この三人はまた無類の煙草《たばこ》好きで、特にカルーセルは、閉塞《へいそく》性動脈硬化症（別名煙草病）が足に現れ、手術をしたほどである。洋子は、煙草が原因で肺を傷めた。

洋子は山田五十鈴が大好きだったが、喜和子も常々、酔うと「私は山田五十鈴の娘」と自分で言っていた。喜和子はまた特別に霊感が強く、憑依《ひょうい》体質（天才型の女優に多い）だったが、洋子は、もっと理性的ながら、交霊会まで催している。

私は、この取材で、この三人に共通しているなと感心したことがあった。それは男からしたら都合が良い女に見えて、実は多くのことを男から学んで生きてきた賢さである。自分と関わった男たちは、みな大切なのである。だから、彼女たちは　ひどい目に遭わされた相手のことも決して悪く言うことはない。

晩年の洋子は、寂しそうに見えた。亡くなる前に、カルーセルは（多分一九九八年頃）ミチコから「洋子がとても会いたがっている」との電話を受けたが、その後亡くなったことを新聞で知り、びっくりしたという。

五〇歳時の二本の映画は若さの残照

一九七八年、洋子は五〇歳になったが、この年、二本の映画に出演した。アンドレ・ユヌベル『その手もあった』とファン・バホンのブラジル映画『女切り裂き魔』である。

洋子とユヌベルとは旧知の仲であるが、『その手もあった』は、ユヌベルの得意なサスペンスものに洋子登場！　かと思っていたが、この映画は、映画評論家でも存在したことを知らないほど、マイナーな映画であった。ユヌベルは、有名な映画監督だが、作家主義的扱いを受ける人ではなく、したがって全く顧みられない作品も多いのだ。

映画の内容は、台本が書けない劇作家に、劇場主がなんとか書かせようとするドタバタで、洋子はその劇作家の妻、ＹＯＵＹＯＵという役。またまた謎の国籍で、想像するに中国人だ。その時代アメリカで流行した、ソープドラマ風舞台劇のような組み立てになっている。よくあるナンセンス物で、面白い作品だったとは思えない。

ファン・バホンの『女切り裂き魔』に関しては、もっと情報が少ない。バホンはブラジルに住むシンガポーリアンだが、この映画の後は、ほとんどがポルノ映画ばかりで、南米圏ではポルノ映画のパイオニアとして認知されている。映画自体は、解説書では切り裂きジャックの女版とあるが、フィルムの状態が悪く、ずっと長い間見ることができない。それでも断片が、ネットにあった。やりたいことをやっていて面白い、という評価もあるが、なぜ洋子が関わったのかがわからない。

この頃洋子はブラジルに滞在したことがあり、サンパウロの女装のショーに特別出演したことがあるらしい。詳しい情報は残されていないが、洋子はこの手のショーが大好きだったことは確かであるし、まだまだ弾けたい若さを残していた。

父と娘の愛のやりとり

《私の日本画の雅号は不断という。英語のコンスタンシィの略である。この六つかしいことを平準化し恒常化することを人生のモットーとして作った雅号なのだ。もっとも語の出どころはある。江戸の漢詩人大窪詩仏の「春夏秋冬花不断　東西南北客争来」からとったのだ》

猪谷善一《いたにぜんいち》が亡くなって一年後に編纂された追悼本『不断』には、平常心で物事に当たった善一を偲《しの》んで、多くの人が文を寄せているが、その交際の幅の広さには改めて驚かされる。載せられた写真は、家族はもちろんのこと幼馴染《おさななじ》みから、実業界、学会まで多岐にわたり、錚々たる各界の実力者や、皇族、ライシャワー日本大使夫妻との写真まである。本の中に挟まれた絵や書、小唄の会から芸者との写真までが語るのは、いかに彼が仕事をし、いかに人を育て、その合間で趣味を楽しんだかで、改めてこの人の懐の深さが感じられる。谷洋子はこういう人が父親であったから、存在しえたのだし、洋子の交際の広さも父譲りである。

洋子へ宛てた父からの最後の手紙の写真も、残されている。それは英文で書かれてあり、彼の築いた家庭の雰囲気を伝えている。二人のやり取りは、よく英文が使われたという。

洋子はその追悼文集に長女として、『TELEPONE　CELESTE』という会話調の短文を載せているが、これは日本語だ。簡単なようでいて、哲学的なこの会話文は、父と娘の愛を見事に描いている。

≪「ね、昔からパパは洋子を甘やかし過ぎるっておこられていたわね。よかったのよ。安心して。ママのスパルタ教育でお尻をピチンと叩いて頂き、物事に対しての善悪感が身にしみたと同時に、我々のPAPAGATEAUはすべてを許し、又与え、君はナンバーワンだよと太鼓判を押して下さった。これは私の一生の御礼でした。ひとり勝手に人生の波にもだえて、もうおぼれる様な時、パパの声が耳もとに〝ガンバレ、ブンナグッチャエ、勝て、俺の娘だぞ〟と。コンプレックスなしの私の性質は人生旅行でのパパが下さった大きな力でした。其の上、〝善ちゃん〟の様にスッキリとさえた江戸っ子の父親を持った事は男性を見る目を生まれた時から頂いたと同様。御世辞でない事よ。およろこび？」

「君々、でもよく失敗したたな」

「フン、人間だもん。そういえばパパの唯物主義いかが？今？」

「そうね……洋子は十八世紀ロマンティズム、理想派？あっ唯神派かな？」

「パパの説く物質主義、二十世紀において、よくわかった。だけどパパの様に感受性強く〝心〟を大切に人生送った人間少ない。いつも相手の心を推して推して。洋子相変わらず　PURETE　TRANSCENDANTEの追求……」

「君は理屈っぽい子だ」

「パパ、前におっしゃった様に洋子大人‼」

「いや、僕にとっては子供、赤ちゃん赤ちゃん」

「心に刻みます」

「君の好きなキリストは「子供でなくては天国の門はひらかない」と云ったでしょう……」

「トランサンダンタルだね」

「正に。又話そう」

「パパ。パパ？　パパ!!　パパ!!」

私は夢からさめた。現実に戻った。自分の口元にほほえみを感じた。カーテンのすき間からクリスタルな秋の陽光が私にＢＯＮ・ＪＯＵＲと。枕もとにほのあたたかい朝つゆが感じられた。

　私は幸福だ》

猪谷善一の遺した〝学ぶ〟姿勢

この本の中で、特に私が興味を惹かれたのは、同時代の経済学者であり仲間であった、河合俊三の寄稿文であった。

《なぜ突如として学界を去られるのか訝らざるを得なかった。学内の派閥抗争にいや気がさしたためであろうと、憶測する向きもあったが、あの鼻っ柱の強い猪谷さんがそれだけのことで母校を去る気になったとは、私にはどうしても思えなかった。すでにこの頃になると、どこの大学でも、マルクス主義的な経済学の講義はもちろんのこと、現実の政治、社会問題との関連において経済学を講義することさえ困難になってきた。さればといって、経済の実態調査や経済史の資料収集に没頭しようとしても、そんな調査、研究は戦争の昂揚に役立たぬ、当局から一蹴される状態であった。このようにどうにも身動きの出来ぬ学内にとどまって当局の鼻息をうかがっているよりは、まだしも財界の方が自主的に活動しうる余地があると、猪谷さんは考えられたに違いない》

大宅壮一の『大学の顔役』は、日本の大学の沿革と大学教授の傾向を辛口に書いた珍しい本だが、その中の一橋大学のところで、善一が、講義中の猥談《わいだん》の名手として学生に人気があったことが書かれている。

《どういう事件でどこをやめても、うまいぐあいに転身し、決して困らないのが一橋系学者の特技だともいえる。水陸両生動物になることが、一橋の学風であり、基本的な訓練なのだから、別に驚くことはない》

善一は六人の子供たちと、父親というより友達の関係で付き合い、しつけに関しては母親に任せていた。善一は、愛の深い人で、子供たちそれぞれにデリケートな気配りを見せたという。

《長じて、人格を形成し始める高校、大学時代をとおして、親父は子供に押しきせを全くしなかった。親父の考えは、「親は親、子は子の人生がそれぞれあるのだから、当然、考え方も自由でしかるべきだ」という信念に貫かれていた。それ故、自分の生き方から、学びとりたいものだけを吸収してくれれば良いという接し方であった。努力家だった親父は自身を厳しく律していたが、自分以外の人間には極めて寛大であった。しかし、怠惰、欺瞞、そして権威主義には、眼光鋭く断固これをはねつけた》（長男　信一）
《親孝行なんてしないでいいよ。親からしてもらった事で有難いと思うことがあったら、それを自分の子供にしてあげなさい。それで十分さ》（四女　誠子）
《現在一世帯当りの平均的子供の数が二人に比べ、我が家は六人。その一人一人が色とりどりに異なった個性を持ちつつも、その中には確実に父が根付き、生きていることを感じます。父の入院を通じて、私は世の常とはいえ、皆が父を思う心が海よりも深いという事を肌で感じ、心底うたれました。それも総ては父の惜しみない愛情がその源にあったに相違ありません》（四女　誠子）
猪谷善一は、何よりも素晴らしい家族人であった。二男敬二は、善一と五〇歳離れていたが、一度もジェネレーション・ギャップを感じたことはなく、親子の断絶もなく、反抗期もなかった。
《私は学問にはまったくの門外漢だが、八十の齢を重ねた人間が、学問に対して死の直前まで取り組む情熱を失わなかった事実の証人として、真の学問の深遠なることの意味をはじめてかい間見た気がする》（二男　敬二）
学問の世界から、実際の財界に飛び出し、見事に大きな仕事を成し遂げることは、誰にでもできることではない。善一があくまでユーモアを忘れずに、物事に真面目で謙虚な学びの人であったことは、猪谷家の人々の特徴となって受け継がれた。洋子も含めてこの偉大な教育者の子供たちは、いながらにして学ぶ、という姿勢を教えられていた。

洋子が、勉学への姿勢を受け継いでいた、証拠の逸話がある。

一九九六年当時、フランスに語学研修に来ていた新橋の芸者千代菊を、昔からの旧友から頼まれた洋子は、よく面倒を見た。千代菊が、語学学校に着物を着て行ったら、皆の注目を一身に集め、質問攻めにあったと洋子の前で話した時に、洋子は、激しく叱った。

《学校は、勉強するために行く場所よ。お座敷に出るような、チャラチャラとした格好で行く場所ではありません。ちゃんとお金あるんでしょ？　洋服を買って、洋服で行きなさい！》

猪谷善一は、一九八〇年に亡くなった。奇しくもロジェの母も、この年に亡くなっている。洋子は、前年の一九七九年一一月三日に、父の介護のため帰国した。その二日後に善一は手術に成功し小康を得たが、年を越えた一月一六日に亡くなっている。葬儀は千日谷会堂でしめやかに執り行われた。洋子はこの時五二歳。八〇歳まで頑張った父親は、二ヵ月の入院中も、愚痴や不平をいっさい言わず、何か言い残すこともなく、逆に家族に気を配ったという。

第七章　「自由人」の美学

藤田嗣治と重なる洋子の美学

洋子は一九六八年、四〇歳を境に、女優の仕事に大きな一線を引き、〝私自身の芸術生活恰好〟、つまり絵画に力を入れ始めた。この年、洋子が渡仏したての頃、絵を見てもらったことのある、フランスで一番有名な日本人画家、藤田嗣治《つぐはる》がチューリヒで亡くなっている。藤田と洋子とは、実際の交際は、それほどなかったが、私は多くの共通項を彼らに見つけている。

二〇一八年パリでは藤田の大回顧展があり、そこで藤田の若い頃描いた日本画の屛風《びょうぶ》を見た時に、私は改めて藤田が巴里に来た理由がわかった気がした。その頃日本の洋画界を支配していたのは、黒田清輝《せいき》で、彼は、一八八六年（藤田の生年）にパリで、親日家のラファエル・コランに学び、約二〇年後に日本に持ち帰ったのは、光に溢れたコラン風の写実主義、または印象派の作品を最高とする絵画であった。藤田の日本を脱出した経緯は、彼の絵が、技法ばかり重視する当時の日本の西洋絵画界で否定されたことだが、簡単に言えば、日本に居場所がなかったからである。

《家に帰って先ず黒田清輝先生ご指定の絵の具箱を叩き付けました》とパリに行ってからのことを語る藤田は、自分の日本人としての個性をとことん研究し、若い頃学んだ日本画の技法を取り入れながら、個性を作り上げていった。化粧から、話し方、歩き方まで、研究しつくした洋子が、藤田と重なるのは、形だけではない。何よりも、ただでは帰れないという意地である。

洋子は子供の頃日本画家松岡英丘の画室に通ったが、津田塾大の頃には、自分勝手に描いたものを中山巍《たかし》に見てもらったりしていた。中山はパリで、ヴラマンクに学んだ洋画家である。洋子は、自分の絵の才能がどれほどなのかを最初から知っていた。天才ではないし、絵で食べて行くプロの絵描きとも違うということである。

パリに行ったのも画家になりたいわけではなく、美学を学びたかったからだ。洋子は留学する前に、哲学科で美学を学べる大学を探したが、当時の日本では東大にすらそれはなかった。そしてソルボンヌにその場を見つけたのだが、このモチベーションは生涯続いた。

ソルボンヌの美学講座で一番影響を受けたのはエチエンヌ・スーリオだった。この人は、リールで生まれ親子二代にわたり活躍した哲学者で、美学が専門である。

映画を「第七の芸術」と定義づけたのは、イタリア人のリッチョット・カニュードであり、彼はそれまで①建築、②彫刻、③絵画・デッサン、④音楽、⑤文学・詩、⑥演劇・ダンス・パントマイムと、六つに定義付けられていた芸術のカテゴリーに、七番目として映画を位置づけたが、それらの違いが美学として認識されたのは、スーリオの功績である。スーリオは、洋子がパリに着く、ほんの三年前、一九四七年に、代表的著書『諸芸術の照応／比較美学の原理』を出版し、美学を哲学の一分野として確立させたばかりであった。

洋子は、この時点で、すでに六番目までは、自らの手で経験し、その芸術の表現方法と美学の基礎は摑んでいたが、七番目の映画だけは、手つかずの未経験であった。彼女がスーリオの影響を受けたということが、彼女が美学を求めて、パリで一時は食うものも食わずに、様々なジャンルのレッスンを受けたことの動機になっている。そして最後の七番目の芸術、映画に関わることになるが、そこにも十分な必然性があったわけだ。

《私はね、芸術一般に興味をもっていたのですよ……。それで、その勉強をするために、こちらにいるとき、東大の先生に伺ったら、美学という科はないとおっしゃった。……あのころは、フランスのソルボンヌしかそういうものやってない、というので私はむこうに……。

私、ソルボンヌは時間がかかるというので、コレージュ・ド・フランスのほうにいっていたのです。片岡美智さんにすすめられたのですけど》

片岡美智は一九三九年、日本女性初の仏政府招聘留学生として渡仏。連合軍による解放後も、一九五二年までパリにとどまった仏文学者である。一五三〇年に作られた〈コレージュ・ド・フランス〉は、誰でも学べる伝統と権威ある、一種の市民大学である。特別高等教育機関として、フランスでその分野最高位の教授ばかりが選ばれている。

レジェ、ブラック、ヴラマンク、ローランサン……たちとの交流

洋子は美術学校を出ていないので、デッサンを学ぶために、まず〈アカデミー・ジュリアン〉に通った。この学校は一八六六年創立で、世界中にその名を轟かせている。明治中期から中村不《ふ》折《せっ》、黒田清輝と日本の洋画界をリードした画家たちの多くが一度はここに籍をおいている。パリ

は当時世界中の画家の聖地であったが、国立の絵画学校が、外国人に対して極めて閉鎖的であるのに対し、〈アカデミー・ジュリアン〉は、誰でもが入れて、しかも良い先生が揃っていた。洋子はまずここに在籍。その後〈アカデミー・ドゥ・ラ・グランド・ショミエール〉にも通った。（一九〇二年頃設立の外国人もよく通うデッサンを主体にした学校で、女性にもいち早く門戸を開いていた。）洋子は自分の目で幾つかを体験し、結局フェルナン・レジェの学校に通った。

《それでいわゆるフィギュラーティヴ（具象化）といった動きに、非常に影響されてきちゃって……。それでずっとレジェのところにいたのですが、レジェがコミュニスト関係の運動に入っちゃったというので、学校がアメリカのアンバシーからいわれて、結局クローズした》

レジェにはとても可愛がられたというが、その妻に焼きもちを焼かれたという。

《私はあのころ、まだ可愛かったでしょう。一週に一回金曜日に、自分の描いた絵とかデッサンを見せるクリチック（原文ママ）の日があるのですが、そのときは心臓がドキドキした……。レジェの批評の仕方は、それこそ理知的で、ロジックなんですね。学生の個性をつぶさないような言い方をするの。それで驚いて、いいとおもったのです。私みたいなものは、すぐに構成というようなものの勉強が必要ですから。そうしたらあとから奥さんがエンファサイズというわけ……へんなぐあいだったわ》

洋子は、レジェとブラック、若手では、断然アンドレ・マルシャンが好きだった。また、後年はクリムトにも影響を受けている。

《アンドレ・マルシャンは、見ているとなんというかしら音楽的なリズムが感ぜられるのね。ああいったやり方は、フィギュラーティヴの次にくるものかもしれないと思って、とても面白いと思った》

ブラックには、教えを乞うために何度もコンタクトを取ったが、忙しすぎて叶わず、結局絵を学ぶ以上に親しくなったのは、モーリス・ド・ヴラマンクとマリー・ローランサンだった。日本で特別な人気を誇ったローランサンには、レズっ気があり「私の小さい娘」といって可愛がられ、迫られたこともあったらしい。

《アカデミー・ジュリアンの先生から紹介を受けて行ったわけです。お友だちになって、ずいぶんお話したのですけれど、変わった人ですね、自分が描いてらっしゃるような絵の感じの世界なんですよ。私、本を読んでみてね、このくらいのお年だろうと推測して行ったのに、びっくりしちゃった。何かこう肌の感じなんか、ぜんぜん年の感じはしない》

ヴラマンクは、たびたびモンマルトルの洋子たちのアパートに出入りしたし、リュエイユ・ラ・ガドゥリエールにあった晩年の彼のアトリエに、洋子たちも約二時間かけて車でよく遊びに行っている。〈クレイジー・ホース〉の美術を手掛けた、サルバドール・ダリとも旧知の仲であった。

画家としての三二年間のキャリア

洋子は、一九五〇年にパリに渡ってから、デッサンを中心に基礎を学んだ数年間以降、女優の仕事が忙しかった。居住した場所では、必ずイーゼルを立ててはいたが、本格的に絵に取り組んだのは、一九六七年以降、ロジェの援助を受けてヴィーニュ通りにアパートを構えてからである。それ以前には、多くの友達に、画《え》を描く時間がないと漏らしているが、洋子はじっくりゆっくり描いてゆくタイプであり、女優開始後、一九五三年から約一四年間は、制作する時間がまずなかった。つまり画家としてのキャリアは、一九六七年から亡くなる一九九九年までの、三二年間ということになる。

お祭り好きな江戸っ子の洋子は、ヴェルニサージュ（オープニングレセプション）が大好きだった。特に画廊関係のオープニングには、自分の勉強も兼ねて、今井俊満や黒田アキ等の在仏日本人アーティストの展覧会にも、まめに顔を出している。

八〇年代の後半から、洋子はポポロという友人と、パレ・ロワイヤルに画廊を持った。ポポロは、画学生時代に知り合った、フランスでの初めての男友達で、おどろおどろした仮面を制作していた。この店は名義上はポポロとの共同経営だったが、俳優のジャン＝クロード・ブリアリが持っていた画廊の権利金六万フランは洋子が出した。ブリアリは、そのすぐ近くに劇場も持って

洋子の個展案内状――パレ・ロワイヤルにあった洋子経営の画廊で開催

いて、その劇場の演出家がポポロの当時の恋人であり、洋子に繋がった。洋子は、ブリアリとも気が合ったようである。

ポポロの仮面と洋子の画を並べた画廊は、儲けはなかったが、洋子にとって絵を描く大きな励みになったし、昔の親友に発表の機会を提供できる場所でもあった。画廊の店番はポポロが担当したが、洋子もよく協力して、トイレ掃除も率先してやっていた。

一九九一年洋子は、自分の店とすぐ近くのギャラリーも借りて、個展を開いている。「一九六七〜一九九〇」と題されたその個展では、油絵とパステル画が並んだ。九月一五日から一〇月一四日まで丸々一ヵ月の展覧で、ヴェルニサージュは、九月一七日午後六時から開かれた。小さな場所だったこともあるが、大盛況で会場に入りきれず、外で話し込む客も多かった。

この時は令子も愛子も出席している。洋子は、ジャックリーヌ・ペレーズのグレーのパンタロンに白シャツ。それにセーターを羽織ってカジュアルだった。令子は和服、愛子は、明るい色のワンピースだった。客は、芸能関係の華やかな顔ぶれが多く、そういった人種が嫌いなロジェはちょっと顔を出しただけで、運転手を待たせておいてすぐ帰った。この時、たまたま旅行していた芸者時代の千代菊も来ている。パーティーにはパンポールの別荘の隣に住んでいた、ルノー・ヴェルレー夫妻の顔も見えた。

ルノー・ヴェルレーは、一九六八年の『個人教授』（M・ボワロン監督）で、一気に日本の女性の間で人気が爆発した。一時アラン・ドロンを凌ぐか、と言われたほどの人気があり、二本の日本映画に主演した。ヴィスコンティの映画にも出ていたが、一九七五年以降急に映画出演がなくなり、時々テレビに出たりした後、すっかりスクリーンから遠ざかった。今では、日本ではエリック・ロメールの映画で知られるお兄さんのベルナールのほうが有名である。

ルノーには、青春スターが、その輝きを失くしたから、とだけでは言い切れない、何か特別な事情があったらしい。その彼が引っ込んでしまった田舎というのがパンポールで、しかも洋子の別荘の隣にジャーナリストの奥さんと住んだのである。

絵は二枚しか売れなかったが、洋子にとって、この展覧会は明らかに自分の美学の区切りであった。案内状の表にもなり、展覧会のメイン作品になったのが『小犬を連れた娘』で、一九九〇年に描かれた。モデルになったのはミチコ・ベルトゥロで、彼女は何度も洋子のアパートに通ったという。グリーンの花畑を背景に、ヨークシャー・テリアを連れて佇《たたず》む若い娘の大作だ。小犬は明らかに洋子の愛犬トトであり、濃い紫のボディコンの服を着た長い黒髪の娘が、描かれている。洋子の代表作といえよう。

愛犬トトはよく彼女の絵に登場する。トトとは、日本では全く知られていないが、イタリアではチャップリンと並ぶ大喜劇役者の名前であり、洋子のネーミングのこだわりが楽しい。ミチコは他に何点もモデルになっているが、『小犬を連れた娘』も、モディリアーニ風に首を長くデフォルメされた肖像画も、日本の遺作展に出品されている。

改めて洋子の残した作品を見ると、だいたいは薄塗りでカラフルな色彩の、セミプロ級の絵画である。しかし、時に同じ人物が描いたのかと言いたくなるほど、タッチの違う作品がある。ヴラマンクばりのバラがあったりはするが、彼女が好きだといったブラックやアンドレ・マルシャンの影響が全体に見て取れ、わかりやすく心地の良い絵が多い。

共通して言えるのは理想化した美しい画を描いたことで、テクニックは気にしていなかった。洋子は生涯、画を描くことに並々ならぬ意欲があったが、大きさはだいたい二〇～三〇号程度、または小品だった。風景や静物、自画像、少女やペットが多いが、ロジェの死後は「なぜか夢に出てくるのよ」と言いながら、ユニコーンやマリア像をよく描いていた。絶筆は一五号ぐらいの、人魚が浜辺に横たわっている絵で、明らかに顔は母妙子であった。

デッサン類は取りあえず除いて、残された作品は、令子が日本に持ち帰った分とパリで人にあげた分、パンポールの別荘に置かれていた分、その他生前に売れた作品や洋子があげた作品、全部をトータルすれば、少なくとも二〇〇点はあったと思われるが、残念ながらそれらは記録されておらず、写真や絵はがきなどで想像するほかはない。洋子の作品は時代によって傾向も変わっているが、整理し直すことは、作品が散逸した現在では不可能である。

晩年の芸能界の親友キメラ

洋子は、昔からの芸能界と、ロジェとの繋がりで広がった財界との間に、大変に幅の広い交際範囲を持っていた。

韓国版洋子のようなニュアンスがあるオペラポップス歌手、キメラ

晩年のフランス芸能界の親友は、舞台『シェリ・ノワール』で共演したジャン＝ジャックである。彼はベルギー生まれで、戦前からパリのボードヴィルの舞台中心に活躍し、コミカルな役が得意だった。途中からだが、大ヒットロングラン舞台劇で、映画でも有名になった『ラ・カージュ・オ・フォール』でも、主役を務めている。映画には、ほとんど出なかったので、日本では知られてはいないが、実力派俳優として、息の長い活動をしていた。フランスの舞台人として、洋子は、教わることも多かったであろう。

洋子は、また、キメラ（ＫＩＭＥＲＡ）というオペラ歌手とも仲が良かった。彼女は一九五四年、韓国生まれで、本名はＨｏｎｇ　Ｈｅ ｅ　Ｋｉｍという。ＫＩＭＥＲＡは、ＫＩＭとＯＰＥＲＡをミックスした名前で、私は、洋子に関しての調査でこの名前が出るたびに、男か女なのかがわからず、韓国の友人に会うまで、その最終的な答えが出せなかった。キメラが一九八四年に、ロンドンフィルと共演し、その後も『ザ　ロスト・オペラ』（一九八五年）という大ヒットアルバムがあることはすぐわかった。『ザ　ロスト・オペラ』のジャケットは、強烈な刺青《いれずみ》のようなメイクの顔のアップで、確かに、どこかで見た覚えがあった。

改めて音を聴いてみると、それはバブル期の六本木のディスコでよくかかった、ユーロ・ビートで歌われるモーツァルトやビゼーの歌曲であった。私のプロデュースした『キャバレー・チルドレン』というグループの舞台でも、大いに参考にさせてもらったことがある。

男か女か、よくわからなかったのは、何人かのフランス人が、男だと言ったからである。その第一の原因は、彼女の声帯が特別なもので、すんなり四オクターブが出せて、聴きようによっては、カウンターテナーのように思えたからだろう。本人も非常に小柄ながら、男に負けない、気の強い人だったようだ。ミチコは、洋子やキメラたちと食事に出た時に、「こういう、半分女性、半分男性、みたいな人は、いざとなると、強くてかばってくれるからいいのよ！　夜道で何かあってもキメラといれば大丈夫」、という洋子の言葉を聞いている。

キメラは子供の時から類いまれな歌手として、注目されていた。その家柄は新羅《しらぎ》王朝の流れを汲《く》み、父親が工業関係の事業家であったが、非常に保守的な人物で、彼女が音楽の道に進むことも、海外に出ることも、絶対に反対であった。キメラは文学の教授になるからと、父を説き伏せ、パリに出てソルボンヌに入学したが、内緒で、〈エコール・ノルマル音楽院〉で、オペラ声楽の勉強をして、一九八四年に三〇歳で卒業した。しかし、その前にレバノンの大富豪と結婚し子供まで作り、アルバムデビューまでして、しかも世界で三五〇万枚も売れてしまったのだ。

洋子の〈クレイジー・ホース〉出演は、八〇年代のキメラより三〇年も前の話であり、時代背景が全く違うと思われるが、韓国社会の歴史的背景と時代差を考えると、彼女のやったことは、洋子以上の大仰天の破廉恥行為だった。

キメラは、韓、日、英、仏、スペイン語が話せ、洋子は、日、英、仏、伊、スペイン語を話せるので、二人とも五ヵ国語が話せたことになる。二人とも大胆不敵。お嬢さん育ち。実際に挙げてみると共通項が多く、気が合ったであろうことは簡単に推測できる。神秘学に魅了され、霊感が強く、通常医療ではない代替医療を好む。世界中を股にかけ、本国より外国で評価された。洋子も一時スペインで大変な人気だったが、特にキメラは、スペインで人気が高かった。

自由人——洋子のインテリジェンスと見識の底流

孫信一には、東京でインタビューした。彼は、椅子に座るやいなや、「彼女は政治に興味があった」と言った。私は少し面食らった。洋子は、表面的には政治活動の跡はいっさい残していないが、パリでインタビューした人たちが、彼女がビン・ラーディン贔屓《びいき》だったという旨の発言をしており、そのことの意味がずっとわからなかった。

洋子は、日本のトップランクの経済学者で実業家を父に持ち、その影響もあり、経済や政治の本もたくさん読んでいる。父も研究したアダム・スミスからマルクス、ケインズまで、英語で書かれたものは原書で読むことができた。もちろんそれがどれだけ深く理解されていたかはわからない。しかし、彼女の家を訪れた人たちが異口同音に言う、大量の本とそのジャンルの幅広さは驚嘆すべきものだった。

洋子の活躍した映画の世界は、経済と政治を抜きにしては語れない。そうしてその大本は、だいたいユダヤ人が握っている。アメリカの映画関係の権利は、製作会社から劇場まで、ほとんどがユダヤ系に握られていると言って過言ではない。ヨーロッパのファッションブランドも、ショービズも、同じようにユダヤ系企業が握っている。

しかし一口《ひとくち》でユダヤ人と言っても、その成り立ちからして歴史が古く、アシュケナージ系、スファラディ系という分け方も、東欧系、アフリカ系、アラブ系などの分け方もされるが、フランスの社会の中にも、自分の遠い祖先はユダヤ人だったと、調べてみて初めてわかる人もいるくらい、入り交じっている。

私が、フランスでまず行き当たったのが、ユダヤ人とは？　という問題であった。行きつけのレストランの女将《おかみ》が、突然、サーブをしながら、「私、ユダヤ人って大嫌いなの」と語りかけて来た時には、本当に寝耳に水であった。明らかに彼女は、私が日本人だから言ったのだが、周囲には憚《はばか》って、声を潜《ひそ》めて言うのはなぜなのか？　私はユダヤ人を、名前か、独特の顔立ち以外でしか見分けることができない。特に最初の頃は、ファッションと思ったキッパーという頭に張り付いた帽子を被っている他は、外見ではわからなかった。

しかしその後、その女将以外にも、周りに人のいない時に私に、「ユダヤ人が嫌い」と言うフランス人に何人か会うたびに、私は、日本に居たのでは想像もつかない、深い歴史上の差別と異民族同士の不適合性があることを、考えずにはいられなかった。

その疑問は、暴露本だろうと思って読んだ広瀬隆の『赤い楯』で解けた。同じユダヤ人とはいっても、ロスチャイルド家のような世界の富豪と、一般のユダヤ人とは全く違うということである。ユダヤ人はみな同じ性質……といった固定観念の目隠しを外されたような気持ちになった。差別に一番敏感な民族の中にある、決定的な富による差別。ヨーロッパでもアメリカでも、同一民族の中にあるこの歴然とした違いを、公にはしにくい。広瀬隆の本は、同窓会名簿と株主名簿を駆使して、マジックのように世界の権力図を浮き彫りにしている。ミスが多いとする批判があったにせよ、大筋で彼の見解は間違いではないと、私は思う。『赤い楯』を洋子が読むことは無かったが、洋子の世界観は広瀬の客観性と近いもののような気がする。

彼女は、マルボロは愛煙していたものの、アメリカが大嫌いで、ハリウッドに行き、ますます嫌いになった。驚きなのは、ビン・ラーディンとも何度か面識があり、「あの人が世の中を良くするのよ」と言って応援していた。画家の水野も、ビン・ラーディンの新聞の切り抜きを見せられながら、「この人がアメリカをやっつけてくれるのよ」と聞かされたという。周囲の友達にも、追われる彼を「私は救いたい」とも言っていた。政治の裏の裏を良く知っていた彼女ならではの発言である。

洋子は、経済学上からも、日本がなぜ鎖国を解いたのか、から始まり、戦前戦後の日本とアメリカの関係をよく学んでいた。わずかの期間だが、教師を体験したこともある彼女は、戦後マッカーサーによりダメを出された従来の教育との違いと特色も、その矛盾もよく分析していた。

生まれながらの自由人にしてインテリの洋子は、世界の経済と政治に敏感で、バランスを常に考えていた。彼女は、〝世界の警察〟といいながら、とかく自国の利害ばかりで動くアメリカも、歴史的に差別され続けたユダヤ人同士が、出自によりものすごい差別をすることも、俯瞰《ふかん》から見ることができた。アフリカからアジアまで幅広く見えるフランスに居て、歴史と思想を、親譲りの経済学で裏打ちできた。しかし洋子は、資本主義が幅を利かす映画の世界で、世界中の現場を直接体験しながらも、何一つ文章としては残さなかった。彼女なら後年いくらでも発表できたであろうが、あえて言論化しなかった。そこに私は洋子のインテリジェンスと見識を感じる。

ロジェと父を介しての政財界人との交わりからの視線

本来洋子は政治的というより宗教心の強い芸術的な人間だが、ロジェと付き合い、フランスの政財界人とも交わり、どんどん政治的な意識も目覚めたようである。ロジェの相方のビッシュ男爵も、もともとはユダヤ系であると知った時は「結局ユダヤ人じゃないの」と言ったそうだ。

経営直接に口を出したりはいっさいなかったが、洋子はロジェの仕事にも随分役立っている。洋子は、世界経済でも当時、大国として瞠目《どうもく》される存在となった日本の財界に顔が利く父を持ち、しかも有名女優であった。ロジェは五〇人から二〇〇人ぐらいのゲストを船に乗せて、接待することがあったが、その時はホステスとして大活躍した。またロジェの家でも、よく関係者を接待した。

ＢＩＣ社は一九四五年に設立された会社だが、一九五〇年に使い捨てボールペンを発売するや、あっという間に、世界を席巻する会社となり、文具としてのシェアは、現在でも世界一位である。

ロジェの仕事上のパートナーであったマルセルは、国際ヨットレース、アメリカズカップに五六歳で挑戦して有名になったが、ＢＩＣが日本に進出した一九八〇年に引退している。ＢＩＣが日本のパートナーとして選んだのは、洋子の友達繋がりの廣済堂の桜井義晃であった。この合弁会社「廣済堂商事」は二〇〇四年まで続いた。桜井に「俺の女になれ」と言われたと洋子は、冗談めかして周囲に語ったが、実はそんなジョークが言い合える良い友達だった。

一九九一年にはライターも日本で発売し、デザインライターのイラスト選択には洋子のアドバイスも入っていた。

廣済堂とＢＩＣ社は、日本とフランスでゴルフ場開発に手を出していたが、パリ近郊のゴルフ場オープンの時は、馬車が何台も登場する、豪華なデモンストレーションが行われ、マスコミにも大きく取り上げられている。

洋子が、女優として活躍した五〇年代、六〇年代は、フランスはソビエトの資金援助もあり、共産党の勢いが強力な時代であった。日本での共産主義は、戦前は特に、すぐ〝アカ〟呼ばわりされて、徹底的に弾圧されたが、戦争になる前に共産党員だった人は、特にインテリに多い。洋子の人生で、すれ違った政財界の大物にもいた。フジ・サンケイグループを束ねた水野成夫、セゾングループの堤清二もそうだった。戦前は左翼系の学生が父善一の生徒にもいて、よく母親が警察に貰い下げに行った。洋子が、フランスに渡って驚いたことの一つに共産主義への日本とフランスの見方の違いがあった。〝共産党〟と同じ呼び名ながら、日本とフランスの共産党には、成り立ちからして、違いがある。

当時フランスの映画界に多かった共産党員に関しては、

《映画界にかぎらず、芸術家たちのなかには、共産党に好意的だっていうひとは多いですね。でも、共産党員てのはわりあいにすくないんじゃないかしら。ジェラール・フィリップ、イヴ・モンタン、シモーヌ・シニョレは共産党員です。都合のいいときに、共産党にはいるひともいるわね。（笑）

戦前日本の学生さんで、思想的な意味でいじめられた人がいたでしょ。わたし、そういうひとたちのことは、好意的に感じてたわ。

父のお弟子さんに、ずいぶんいました。母なんて、いつもおとりさげに……。じゃない、もらいさげにいっていたわ。（笑）》

これは、一九五六年の夏のインタビューである。洋子は、少しだけ勘違いしていたようだ。一九四五年から五六年にソビエトがハンガリーを強引に侵略するまで、フランスには「コンパニヨン・ドゥ・ルート」と呼ばれた、共産党員ではないがその賛同者が映画人の中にたくさんいた。ジェラール・フィリップ、イヴ・モンタン、洋子が女優として尊敬していたシモーヌ・シニョレもジャック・プレヴェールも賛同者として目立っていたが、正式な党員だったことはない。スタジオの技術者や労働者たちは、共産党に非常に近いCGT（フランス労働組合の最大組織、労働総同盟）に加盟している者が多かったが、監督には、正式な党員はほとんどいなかったという。

「日本人なのに日本が嫌いだった」

「洋子の嫌いなところは、日本人なのに日本が嫌いだった点。これは一部自分にも重なる」孫信一の観察眼は鋭い。時には具体的に、時には抽象的に、私は本書のために多くの人に、洋子の性格を尋ねたが、ここまではっきり言った孫の正直さに、戸惑ったのも事実である。それは、言い方はぶっきらぼうだが、日本から脱出した多くの日本人の中にあり、なかなか言いにくいことだからである。

「日本には、道徳はあっても、哲学がない」と、よく洋子は言っていたが、日本を嫌いだったのかというとその逆である。孫の言う〝日本人が嫌い〟という点は、よく親族に〝最終的には日本に帰りたい〟と言っていた洋子とは、食い違う。しかし、彼女の日本が嫌いという意味は、彼女が世界人として、日本を見た時に言った言葉である。好きの裏がえしと言ってもよい。

本来が、西洋に追いつけ追い越せでやってきた日本は、西洋コンプレックスがあって、そこを指摘されると感情的になる人々も多い。日本で売られる雑誌なのに外国人モデルを多用し、クリスマスだ、ハロウィンだ、バレンタインだと浮かれまくる。子供たちは、子供の頃から敷かれた商業主義のレールの中に組み込まれ、良き風習を忘れてしまう。日本の繁華街を歩いてみるがよい。どれだけ外国文字が、しかも間違って氾濫《はんらん》していることか。耳を貸さなくてはならない貴重な意見を、素直に聞けるようになるには、日本の古来からの伝統と歴史を、もっと普段から教えなくてはならない。

これは日本だけとは限らないが、海外に出た者が単なる愛国心ばかりを強調する話は多いが、自国に関する批判や意見、本質的な発言を、あまり目にすることは無い。下手に書くと批判と思われ叩かれるからである。

それにしても、日本は戦争の責任を、本当に国民同士で考えたのであろうか。戦争に駒を進めた直接の人々は、戦犯として裁かれたが、普通の人々に全く責任はなかったのだろうか。

今回、洋子の日本脱出願望の心境を探りたく、特に女性の日本敗戦への心境を書いたものをかなり読んだが、その中で、秦早穂子の書いた一文が、私の胸に刺さった。

《私にとって、日本は、裏切りの祖国であり、大人たちは、裏切りの人々であった。そしてその中に、知らず知らず、自分も組み込まれていたのだ。自分の目で見、たしかめ、納得しないかぎりは、もう何も信じまい》

自ら課した〝洋子〟であることの姿

洋子は、ハイヒールを一生履いていた。もちろん高さはいろいろあったが、普通はもっとカジュアルな靴でもと思うような散歩でも、ヒールで通した。多くの知人が、いつもハイヒールだったと言っているが、パリの石畳でも、ブルターニュの田舎道でも、高さは違えどハイヒールだった、というのはよほどこだわりがあったに違いない。洋子の身長は、五尺三寸弱と記録にあるので、一六〇センチ近くはあったわけで、なぜそこまでと思うのだが、これも彼女なりの美学があってのことだった。

《背の高いアメリカ人がはく、シナ靴のような踵のない低い靴をはいている背の低いしかも着飾った女の人をよく見掛かけます。どうして、ハイヒールをはかないのかと思います。第一、背が高くなって立派になりますし、顔との釣合いもよくなります。その上、姿勢が必然的によくなって、背中が真直ぐになり、胸が飛び出し、お腹が引っ込んで、理想的な美しい姿勢になるのですのに。あの低い踵の靴というものは女学生ぐらいの人がはくものだと思います。

それから、歩きかた。日本の人は男も女もどうしてあんなに前こごみになって、首に縄をつけて引っぱられていくような恰好で歩くのでしょう。向うの人は、背中を伸ばし、体重を後ろにかけ、腰を人から押されるような形で歩きますね。実に立派です。それから、洋服の時は、絶対に内輪ではおかしいでしょう。意識して爪先を外へ向けて歩くようにするといいのです》

洋子は美容に関しても独特だった。女優デビューの頃のこんなインタビューがある。

《鏡の中の自分をよく見るということが大切デス。そうして自分によく合ったお化粧を考えることです。あちらでは私の顔は、とても子供っぽく見えるらしく、しょっちゅう十三四の子供にみられていました。向こうの女のひとの顔は彫りが深く険しい顔が多いので、それに對抗する爲に、眼尻をつり上げるとか、隈を入れるとかしたのですが、結果としては、それが、ヨーロッパ人が漠然と日本人に對して抱いているイマージュ（面影）というものに近くなったかも知れません。本當に日本のものと、フランス人の考える日本のものとでは相當開きがあると思うのです。美容整形手術というものは、手っ取り早くていいものだとは思いますが、私自身はする気になりません。私自身、私の顔や體の缺點だらけのことはよく知っていますが、それを整形手術ではなく何とか缺點を生かすように鏡と相談して工夫しているわけです。

私は眼が弱くて撮影の時、ライトの光で傷めたりし易いため、毎日眼だけは、どんなに疲れていても洗うことにしています。オプトレックスという薬（アメリカ製）でアイカップを使用しますが、これは水だけで洗っても相当の効果があるだろうと思います。眼とは逆に洗顔の方は、さあ二週間に一回でしょうか。それも手ではなく洗顔用のブラッシを使います。洗顔用の石鹼をブラッシでよく泡立ててから軽く楕円を描きながら洗います。この二週に一度の洗顔のほかはすべてコールドクリームで処理しております》

後年は、京都の玄人たちが使う糠袋《ぬかぶくろ》をミチコにねだり、いつも風呂場に切らさなかった。美容のケアには、カリタのフォーブール・サントノレ店に通い、すごく長いまつげのエクステンションを着けていた。晩年は、ヴィーニュ通りのアパートに、二週間に一回ヘアデザイナーが来て洗髪し、柘植《つげ》の葉を煮た液でリンスしていた。ミチコは一度使用してみて、臭いし、虫が来るのでやめたという。

洋子は、例えばゲランの香水にマッコウクジラの龍涎香《りゅうぜんこう》を溶かした、オリジナルの香水を使用していた。龍涎香は、『バレン』の撮影中にアラスカで求めた。現在ではまず手に入らない。おそろしく高価だが、遺品整理時に全部捨てられてしまい、世話をしたセルジュを嘆かせている。

若い頃は、バレエやアクロバットのレッスンに通ったが、仕事が忙しくなると行けなかったし、七五年頃、家を出たところで交通事故に遭い、脚を怪我した。当時の愛犬ヴィヴィが、騒いで救急車を呼んだというが、本来身体を動かすことは好きで、事故以降は犬と散歩をして、毎回相当な距離を歩いていた。マッサージの山本麗子とも友達であったが、晩年は、ほぼ週に一度は、一六区のポンプ通りにあるマダム・アバディの医院でマッサージ治療を受けていた。

洋子は、日本の着物もずいぶん着た。着物は、もちろん一人で着ることができたが、戦前生まれの日本の女は皆が自然に着物を着れたのよと、従妹の萬喜も言う。令子が用意することが多かったが、他の日本人が洋子に着物をあげたという話を、幾つも聞いている。

洋子がフランスに旅発つ時には、萬喜の叔父武彦の愛人、柳橋の芸者がきっぷの良い女で、洋子のために着物を用意してくれたという。

ロジェに会う前は、生活のために、それを売ってしまったこともある。悪気は全くないが、このあたりはおねだりも上手だったようだ。

洋子には、独特のファッション感覚があった。いざとなれば、舞台衣装を自分で縫ってしまうような創造性を持っていたが、洋服に関しては、主役になるまでは買うことができず、びっくりするほど持っている服が少なく、着回していた。映画のレセプションなどでは、得意の着物か、でなければ豪華なドレスや宝石はほとんど提供衣装、または借り物であった。戦前派らしく物持ちが良く、ミチコはあまりに時代遅れの帽子をいきなりプレゼントされて、驚愕したことがある。

下着へのこだわりも強く、彼女は最初の帰国時に滔々《とうとう》と話している
《ハンドバックや耳飾りの新しいものを買うのを止めても、洋服一着を犠牲にしても、良い下着を買うべきです。あちらでは、下着は上の服と同じ位の値段がします。パリには名題（マ

マ）の老舗があって、零の四つ着くような高い値段のものもあるのです。あなたの、奥様のために、又はお嬢さんのために良い下着を買って上げて下さい。お江戸でも本當にお洒落の藝者は、下着に凝ったというではありませんか。下着にもっと氣を遣って欲しいものです》

ニナ・リッチや、サンローラン、ロエベを好み、ロジェと出会ってからは、それがスケールアップし、基本的に、その内容がグンと豪華になってくる。アクセサリーは、オペラにあるマルテイ宝飾店で、比較的カジュアルな宝石を買っていたが、ソワレなどでは、ロジェに贈られたカルティエやブシュロンなど、高級ジュエリーも身に着けていた。

一番好きだったのはエルメスだった。小型の手帳が大好きで、ボルドー色やカラシ色まで何色も持っていた。ミチコも、一冊プレゼントされたことがある。バッグ類も好きでクロコダイルのバッグは四個あり、一つは、〈ルコント〉（フランス洋菓子店）のオーナー夫人、靖子に、二〇万フランで譲った。大流行のルイ・ヴィトンは、素材からしてビニール中心だから嫌いだ、と言っていたという。

服もやはり、エルメスが一番好きで、プレタ・ポルテだったが、ここをこうしたいと直させていた。またエルメスを人に贈るのが好きで、テレビで見たルペンのネクタイがいつもダサイからと、五本も贈ったことがある。セルジュがたまたま首元が寒かった時には、エルメスで五〇万円もする高価なマフラーをプレゼントし、ついでに他の友人にと、同じものを三点も追加購入したこともある。

靴は特定の店はなく、前出のブランド店や行き当たりの店で、気に入ったものを購入していた。

洋子は広いクローゼットを持っていたが、三分の一はジャックリーヌ・ペレーズの服だった。九〇年代から亡くなるまで、洋子が一番贔屓にしていた、オーダーメイドの店を営むマダム・ジャックリーヌ。彼女は、大クチュリエではない。しかしフランスを支えていた、優秀な縫い子の伝統に入る人で、もうだんだんといなくなっている職人である。彼女の店は、今は助手だったニヨルカが継いでいて、ジャックリーヌは、たまに昔からの顧客のためにデザインをする。ジャックリーヌは、上品な感じの老婦人で、記憶があやしくなったのか、アシスタントのニヨルカも同席してのインタビューとなった

彼女の店は当時、ヴァンドーム広場からリヴォリ通りに向かって伸びているカスティリオーネ通りの、旧〈インターコンチネンタルホテル〉(現 Hotel The Westin Paris) の前にあった。ジャックリーヌの店に、洋子は、ある日ふらりと客として現れた。その頃は、ジャックリーヌのブースが〈ホテル・リッツ〉にもあって、よくリッツで二人でお昼を食べたという。洋子はいつもクラブハウスサンドイッチだった。

洋子は、モスリンやカシミアが好きで、色には特にこだわりなく何色でも着たという。基本的には楽な服が好きだった。存在そのものが可愛く、全く気取りがなく、いつも愛想が良かった。人目をあまり気にせず、フランス人客と同じように平気で店の中で下着姿になって着替えていた

のが印象的であったという。

ショービズの人なので、外には辛いことを出さないのだろうと、ジャックリーヌは思っていたそうだ。「ジャックリーヌ！」と笑顔で元気よく両手を挙げて、二週間に一度は現れたという。

ジャージー系の伸びる楽な素材で、よくパンタロンを作ったが、自分の描いたデザインを持ち込み、独特なドレスも作ったという。

バイソンをシャーリングし染めたコートをジャックリーヌに注文したが、その価格は今でいう一万八〇〇〇ユーロ。約二五〇万円である。ブルー、黄緑と違う色の同種のコートを、何着も持っていた。

一九九七年頃からは、店でもよく咳《せ》き込んでいたというが、一九九八年の秋頃まで、出歩ける間はよく来店したようだ。病気とわかり、ジャックリーヌはパリ・アメリカン・ホスピタルを紹介している。

毎週日曜日、洋子と共通の運転手でもあったセルジュは、ジャックリーヌ夫妻をバルビゾンの〈バブレオ〉までランチに連れて行く習慣があったので、その車中、話を聞いていたのだろう、洋子の病状はよくわかっていたようだ。〈バブレオ〉はミレーの家の斜め側にある五つ星の高級ホテルで、ここのレストランは、日本の皇族が利用したことでも知られている。セルジュは、帰りには必ず洋子の好きな、パン・オ・ショコラを忘れなかった。

ジャックリーヌは、もちろん、洋子の葬式には参列している。最後に、彼女の何が一番印象に残ったかの質問に、老女は洋子がやったように両手を挙げて大きな声で言った。「ジャックリーヌ！」

ロジェの葬儀に友人席で参列した理由《わけ》

洋子自身が書いたCV（略歴）がある。宛先は芸能人組合からの問い合わせに答えたもので、日付は一九八七年九月九日である。洋子はセキュリテ・ソシアル（社会保障）には無加入だったし、収入もきちんと申告していなかったようで、その確認の問い合わせに答えている。いかにも旧式なタイプライターで打たれた手紙には自筆での書き込みもあり、名前はYOKO・ITANIで、住所は亡くなるまで住んだ一六区ヴィーニュ通り三九番地になっている。昔は広大な葡萄畑があったというこのあたりは、パリでも屈指の高級住宅街である。一階には、ピエール・エテックスが住んでいた。エテックスは、ジャック・タチの映画ポスターのイラストで世界的に有名だが、自身多彩な男で、俳優としても監督としても独特の喜劇的センスを持っていた。

洋子のアパートは五階建ての最上階にあり、一人で住むには十分な広さと広いバルコニーがあって、洋子はそこでバラやハーブを栽培し、愛犬トトと暮らした。

一九八九年、洋子は、一〇年以上遠ざかっていた映像の世界に一度だけ顔を出している。フランス3局で深夜放映された。『薔薇シリーズ』というエロティックな連続番組のエピソード（回）の一つである。

このシリーズは一九八六〜九一年まで放映された人気シリーズで、有名監督の作品が並んでいる。洋子の出演分は、『インモラル物語』（一九七四年）で知られるポーランド人、ワレリアン・ボロズウィックが監督。『金の蓮』というタイトルになっているが『金瓶梅《きんぺいばい》』の翻案である。洋子は正妻の〝月夫人〟役だが、ゲスト待遇ながら、出番も少なく、友情出演と思われる。彼女が出てくると画面が締まり、そこには、老いを纏《まと》っても魅力的な六三歳の洋子が映っている。

それから四年後、ロジェは一九九三年に八〇歳、老衰で亡くなった。仕事が大好きだった〝ブルトン〟は、晩年は洋子との愛に生き、一五歳下の愛人に、死ぬまで夢中であった。

洋子とロジェ——少々ピンボケなれど、二人の愛が感じられる

洋子は甘い顔をした二枚目に弱かった。例えば、トニー・カーティスに会った時など、キャーキャー嬉しそうに周囲に話したそうだが、一方で「男はもう結構」とも言っていた。

洋子はロジェと結婚する気はなかったが、二人を繋いでいたものは、やはり愛以外の何物でもない。洋子は愛することを知っていた。ロジェは二枚目では無いし、受けた教育も家柄も、洋子のようなエリートとは違ったかもしれない。しかし経済力と同時に、寡黙だが、男気と優しさを持ち合わせていた。二人が映った幾葉かの写真には、他には見せていない、洋子の幸福な笑顔を見ることができる。洋子は安心して甘えることができたに違いない。そこには父善一が重なっている。多くの人たちが、ロジェとの晩年は、二人とも本当に幸せそうだったと言っている。

洋子は、決して家庭的な女とは言えないが、ロジェもまた、それを望んではいなかった。自宅では、イタリアンを作ったが、シンプルなものが多い。三種のチーズ入りスパゲティなどが得意であったが、ミチコはびっくりしたことがある。鶏の丸焼きを作ってくれた時のことだ。普通はハーブなどを入れるところを、レモンを丸ごと一個尻から入れて、「ＯＫよ！」といって、後はオーブンに入れたという。塩分を控えていて料理に塩はいっさい使わず、胡椒《こしょう》をたっぷりかけていたのは、ロジェへの配慮かもしれないが、聞くからに大胆である。

二人とも酒が大好きだった。ロジェの存命中は、〈ブラッスリー・フロ〉に通い、ドン・ペリニヨンをよく飲んだ。フロではだいたい、毎週一〇ケース（六〇本）のドンペリを注文していたが、ロジェが亡くなって週二ケース（一二本）に注文が減り、ドン・ペリニヨン社から、どうしたのかと聞かれたそうだ。キャビアは七区のペトロシアンから最高級品をキロ単位で取り寄せていた。ロジェとはよく酔って喧嘩《けんか》していたというが、その相手も永遠にいるわけではない。

ロジェの葬儀には洋子も参列したが、家族ではなく、友人の席にいた。ロジェは、妻とは正式には離婚しなかったが、娘のブリジットは洋子への憎悪が激しく、父親ロジェともそれが原因で縁を切っていた。実際、本書のために取材を申し込んだが、返事はなかった。

葬儀で、洋子は、ロジェの息子、ギイを友人に紹介しているが、ブリジットとは最後まで仲良くはなれなかったようだ。

ロジェ亡き後の暮らし

ロジェの葬儀の後、洋子は、ミチコ夫妻と一緒に、三人で〈禅〉へ行っている。〈禅〉は、ルーヴル通りにあった和食レストランで、饗場《あいば》清が店主だった。もう一人、愛想がよく、乗りの良い日置晴之が外のサービスをしていたが、洋子の大のお気に入りだったという。

〈禅〉でも、食べるより飲むのが主で、饗場は彼女の好きなウイスキー、マッカランを切らさないように用意していた。少し酔うと、酒を勧められるので、それだけは少し困ったとミチコが言っている。

一区のルーヴル通り一八番地にあるこの店は、洋子の画廊からも、ヴィクトワール教会からも目と鼻の先である。洋子は、予約なしで独りで訪れ、客がいてもここと場所を指定してカウンターに座った。

饗場は一九七九年に当時シャンゼリゼにあったレストラン〈サントリー〉で仕事を始め、自分の店〈禅〉を一九九一年にオープンさせた。二〇〇六年からは知人との共同プロデュースで

〈善〉という名にして、場所が変わり、店も大きくなって大繁盛中である。自らカウンターで指揮を取り、調理をする彼は驚くほど若々しい。

〈禅〉は現在の店とは、コンセプトは違ったが、気取りのない気分の良い店だった。江戸っ子を自認した洋子が気に入って、頻繁に通ったのは、饗場も日置もなかなかの二枚目であることと、このあたりの気分に関係があると思う。洋子は饗場が最初に勤めた〈サントリー〉にも出入りしていたが、親しくなったのは、〈禅〉の時で、最初の頃は谷洋子の存在を知らず、フランス人の客が、「ＹＯＫＯＴＡＮＩ、ＹＯＫＯＴＡＮＩ」と騒ぐので、横谷という名と思っていたという。

洋子は特にロジェの死後、週に数回〈禅〉に来ることもあった。洋子はここでも、いつも現金で支払っている。店では、酒をメインに、もずくや冷奴をつまみ、醬油《しょうゆ》が嫌いな洋子は、寿司をつまむ時は山葵《わさび》だけで食べた。刺身にも醬油は絶対につけなかった。塩分を気にしていたのかもしれない。うどんも嫌いなものの一つで、パリで大成功したうどんの〈国虎屋〉の主人、野本将文がたまたま〈禅〉のカウンターで隣り合わせになったので、饗場が洋子に紹介したところ、即座に「うどんは嫌いよ！」と言ったという。

以前通り洋子が生活できるようにしたロジェの手配

ロジェの死の直後には、洋子は現在住んでいるアパートも別荘も、取り上げられるのではと思った。洋子は今までの生活ができなくなることへの恐怖で顔が曇ったが、それはロジェの愛情ある完璧な手配で、杞憂であることがわかった。フランスには、一〇年以上一緒に住んだコンキュビン（愛人）を守る法律があり、ロジェがそう書いた文書を残していたので、子供たちもロジェの思いを尊重したのである。

ロジェは洋子宛ての生命保険の他に、ヴィーニュ通りのアパートとパンポールの別荘に彼女の生涯の永住権を認めていた。他に毎月一万八〇〇〇フランは公的に受け取っていたが、それらは税金等の経費でなくなる金額であった。

ロジェは亡くなる前に、洋子のために大きなスーツケースに二つ、現金を一杯にして渡してくれた。その他に定期預金が毎年一〇〇万フラン。洋子の時代はユーロに切り替わる前で、彼女の持っていたフランは以前の大型の紙幣で、小型の紙幣と交換する必要があり、毎週金曜日に、スイスの銀行から金を替えに銀行員がやって来た。全部五〇〇フラン札で、それを次の週使う分だけ、セルジュと二人で四つ折りにするのが、ゲームのような仕事だった。毎回は面倒ですから、一度で替えましょうと銀行から言われ、鞄一つ分全部を交換したことがあった。いくらあったのかセルジュは知らないが、ぎっしり詰まった大型スーツケースの札束にびっくりしたという。

ロジェは、フリーメーソンであった確率が高い。普通は手に入らない大量の現金や金塊までも動かせたことは、それで納得ができる。

一人になった洋子は、〈ホテル・リッツ〉が好きだったが、飲む時は〈クリヨン〉のBARもよく利用した。体形保持には気を遣い、過食はせず、水分をよく排出する利尿薬ラシックスを常時飲んでいたが、その代わり、酒は浴びるほど飲んだ。飲む前にオリーブ油を飲んだり、ケアはしたが、あれだけ飲めば効果はないと、洋子を知る人は言う。

孫ははっきり「アル中だった」と言うが、ロジェの死後は特に、昼間からシャンパンを飲んでいた。シャンパンに始まりウイスキーやウオッカになり毎日酒を飲まない日は無かった。画家水野は、部屋に電気をつけず昼間からシャンパンを飲みキャビアをスプーンで食べている洋子を何度も見ている。

洋子は、ロジェが亡くなった後は、本当に寂しそうだった。水野は、アパートのサロンに小さな額が飾られ、その中に、孤独には国境はない、といった趣旨の名言が書かれていたことを覚えている。正確な文面は忘れたというが、洋子はそれを見ながら、これがあるから私は寂しさに耐えていると、言っていたそうだ。

この頃から洋子は友人に「孤独」ということをよく口走るようになった。その後酒量は、最盛期よりは減ったものの、絡み酒になっていった。喫煙も変わらず「再婚するわ」などとも言ったが、実は生き急いだ感が強い。

フラワーデザイナー花千代の語る洋子

新橋芸者として、一二年間、三本の指に入るまでの売れっ子だった千代菊（斎藤由美子）は、この頃の洋子をよく知っていた。千代菊は、芸者をやめた後パリで頑張り、花千代という名で一流のフラワーデザイナーになった。現在、超売れっ子の花千代とは、本書を仕上げる頃になって、初めてコンタクトすることができた。洋子のアパートに出入りしていた彼女の存在は、知っていたのだが、千代菊という源氏名が確定できず、花千代に結びつかなかったのである。

洋子と花千代は、「由美ちゃん」「洋子さん」と呼ぶ仲でもあった。彼女は洋子の映画は見たことがない、洋子よりずっと若い世代である。もともと芸者になったのは、文学が好きで谷崎潤一郎や永井荷風の世界に憧れていたことが大きく、フランス文学も大好きであった。「文学芸者」と言われた彼女が芸者になった頃は、日本と世界との関係をよく考えながら仕事をする大物の客が多く、ビジネスだけではなく、小唄の一つも歌える趣味を大事にする旦那衆が多かったが、カラオケ文化が浸透し、バブル経済が終わると企業のトップも変わり、花柳界も変わった。

彼女は、このまま芸者を続けるわけにはいかないと感じ、一九九六年に意を決して、フランス東部アヌシーのフランス語学学校に入った。三二歳であり、最後のチャンスと思っていた。

洋子とは顔見知りだったが、本格的には一九九六年からの留学時から付き合いが始まった。紹介者は新喜楽の、蒲田良三である。

芸者衆の控えどころで、フランスに行く決意を話したら、それなら昔から仲の良い人がいるからと、蒲田はその場で洋子に電話をかけてくれた。花千代は、まずアヌシーに行ったが、二ヵ月もして、休みにはパリでの見聞も広げたくなり、洋子に電話をした。「電話を待っていたのよ」

と、洋子は、親切に対応してくれて、ホテルに泊まるのはもったいないからと、彼女のアパートに泊めてくれた。

一年間の語学学校の後、彼女はパリのフラワー・アート・スクール〈ブーケ・ド・フランセ〉に二年通ったが、その時もなにかと洋子のアパートにも行ったし、レストランでご馳走にもなっている。

花千代は「亡くなったロジェさんも、気が気ではなかったでしょう」と言うほど、洋子は、何といってもコケティッシュであった。酔いつぶれた洋子を「はい。洋子さん。ねんねしましょうね」と子供のように、寝かしつけたことも何度もある。洋子にとって、花千代は、気楽な存在で、気を許すことができたのだろう。

フラワー・スクールを出た後、彼女に必要なのは実績だった。これも洋子は気軽に、友達だからと、トロカデロにあるピエール・ドゥクレルクに電話をしてくれた。ドゥクレルクは、従来の花の概念を超えた、エレガントだがダイナミックなフラワー・アーティストとして、当時パリで一番認められていた。フランソワ・トルテュは、世界的に有名になったが、彼の下で修業している。

ドゥクレルクは、人柄も素晴らしく、洋子はそこまで考えて、花千代に紹介したに違いない。二〇〇二年に彼が亡くなったが、その葬式の時には、多くのフラワー・アーティストが、献花として、それぞれが作品を作り、彼の墓碑を飾った。

花千代は、洋子の口利きで、スタージュ（インターシップ）先として最高の研修を積むことができた。日航ホテルやアラン・デュカスの店など、普通は出入りできない場所で彼女は、自分の花を活《い》けることができた。このことでも彼女は、洋子に感謝している。

「彼女は、芯が強いが、男がほっておけない可愛い人だった。ロジェさんはさぞ心配だったと思う。彼女に教えられた最大の事は、他にはない自分のスタイルを持つ事です」

洋子は本当にお嬢様だったが、厳しいフランスで得た彼女の哲学を、花千代はたびたび感じた。それは、誰とも違う彼女のユニークなスタイルになっていた。

例えば洋子は、水は、敢えて水道水を飲んでいた。それはパリの水が普通に飲めなくては、パリに住むことなどできない、といった確固たる彼女の考えからきていた。フランスで快適に暮らすコツも、教えてくれた。例えばそれは、自分の意見をしっかり言うことだ。

花千代は、フランス人の個人主義と美意識、生き方の哲学をフランス滞在で学び、自分の従来の和事で学んだ美意識とミックスすることで、花の世界に独自の道を開いた。洋子が身をもって見せてくれた、自分のスタイルを大事にしながら、アメリカ人の夫とも出会い、飲食の分野にも自分の感性で進出し、独自の道を歩んでいる。

第八章　パリに死す

「女だけど男の運命を持っていた」

「洋子の好きな部分は明るさ。日本の女はフランスでは、だいたい愛情を信じる特質ゆえに、男に金を盗られてしまう場合が多いが、谷洋子は珍しくその逆をいった稀有《けう》な例」。晩年の八年間、洋子の一番近くにいた孫信一の印象である。

洋子は霊感が強く、占いにも興味があった。時々自宅で降霊会を持った。有名な占星術師エリザベット・テシエともコンタクトがあった。一九九一年にマッサージの山本麗子の紹介で、孫信一と出会ったのは運命であった。孫はその年、偶然にも洋子の住む近く、一六区のモーパッサン通りに日本から移って来たばかりであった。

私は、占いで洋子の運命を語ろうとは思わないが、特にロジェの死後、孫の四柱推命に頼っていたことは事実である。洋子の運勢を見て、食事を作り愛犬の世話まで、孫と彼の妻がやっていた。洋子は孫や彼の妻が作る、上海料理が大好きだった。

亡くなる約六ヵ月前、愛子に対して、本来は生まれてくるべきではなかったとまで言い、その上、洋子にも死ぬことを告げ、孫は出入り禁止になっていた。確かにそれは暴言と思われても仕方がないが、孫にとって、四柱推命は真実であり、自分の占いに確信があり、言わずにはいられなかった。

実は私も一九九四年頃に、パリの知人の紹介で、孫に運勢を見てもらったことがあるが、紙に運勢の曲線グラフを書きながらの鑑定は、相当に直截だったことを覚えている。それは的中率が高いだけに、日本人には強烈すぎ、誤解を生む可能性もある。

引っ越していたこともあり、彼の住所がわからず、日本の孫の本の出版社に問い合わせたがけんもほろろに断られ、結局フランスのルートからやっと連絡先が見つかったことにより、ついにインタビューが実現した。彼のずばずば言う特徴は、やはり変わってはいなかった。

「洋子は女だけど男の運命を持っていた。気性が激しく愛情を信じている自由主義者。ワガママで生きてきた人。絶対に誰かが金をくれる星の下に生まれており、ロジェがいなくても他の人が必ず現れたであろう。情に流されやすく、正直すぎたのが欠点。

本人はケチで、金があるとは絶対に人には言わなかった。病気になってからはわかってしまい、それを知った人たちが出入りし始めた。令子が最後に来なかったのは、借金があるのだろうと思っていて、めんどくさいことに巻き込まれたくなかったから。

（洋子は、金がないといっていたのだろう）」

孫信一——多くの謎に満ちた、中国人四柱推命鑑定士。水墨画家

孫の父親は清朝の文官であり、文化大革命の時には赤札を背負わされた。孫は当時二二歳（多分一九四四年生まれ）で、すでに水墨画家として注目されていた。文革の後日本に来て

いたが、(一九七七年以降) 四柱推命で身を立て、しだいに有名になり高倉健などスターや政治家の相談を受けている。一九八九年の天安門事件の時に、学生側に抵抗しないほうが良いとアドバイスしていたことが、党側にわかり、長年危険分子視されていたが、疑いが解けた。この時学生側に立っていたら、暗殺されていただろう。

フランスに渡るきっかけは、その後情報員にならないかと持ちかけられてからで、日本に滞在するのが嫌になったからである。一九九一年のことである。その当時から、シラク氏など要人も知っていた。一九八三年には、香港の伯父の紹介で女優になる前のコン・リーと結婚する話があった。現在は、パリ、東京、上海とを行き来しながら水墨画を描き、要人の運勢を四柱推命で占いながらエネルギッシュに活動している。

軽く数万人の運命は見てきた彼の人間観察は、説得力がある。

孫は洋子の関係者の多くの運勢も見ていて、しかもその記憶力の良いことには驚かされる。

孫は、洋子に善《よ》かれと思うことをずっと言い続けていた。特に最初から、愛子の息子に金を贈るようにと提言し続けていた。

洋子が、忠告を無視して、金の代わりに「家系図」をあげると言ったことと(結果的には洋子は、ぎりぎりで証券を作っている)、癌《がん》とわかってから、薬剤による治療、シミオ・テラピーを信じ続けているので(ユダヤ系病院の二枚目の医師にぞっこんだった)、やめろと何度言っても聞かなかったことで、喧嘩《けんか》になったという。もし忠告に従っていたら、まだ五年は生きられたと孫は言う。

孫はロジェには感謝している。一九九四年、ロジェの死後であったが、孫が〈クーポール〉で、水墨画家としての初めての展覧会を開けたのはロジェの紹介があったからだ。モンパルナスの〈クーポール〉は、パリの文化史を語る上で欠かせないブラッスリーだ。エコール・ド・パリの名だたる画家が出入りし、現在でも一部にその作品が残されている。この店は、決して画廊ではないが、そこで絵を展示できるということは、話題性から言っても、ステイタスから言っても、大変な箔が付くことを、孫はよく知っていた。

「洋子は令子が好きだったが、令子は違う。愛子も洋子が特別好きではない。令子も愛子も占ったこともあるし、令子とは旅行もしたが冷たい人だと思う」

孫は令子に対しては非常に手厳しい。しかし、令子は当時、夫の仕事を助けながらも、自身も体調が良くなかった。好き勝手に生きた姉と妹が、パリとローマで同時期に死病と闘っている間に、自分も大手術の後遺症と闘っていた。彼女の気持ちを考えると、孫の言い分に反論したくなる。この大きな誤解の溝は、明らかに互いのコミュニケーション不足からきている。

晩年の洋子に献身したセルジュ・マレ

もう一人、洋子の晩年を語るに欠かせないのは、セルジュ・マレである。一九九三年以降洋子が亡くなるまで、運転手を務めたセルジュは、洋子とは二六歳離れているが、晩年の洋子の愛を一身に受け、また懸命に応えた。セルジュは四人妻を代えて、現在は、四川省出身の中国人の妻を持つ。VIPのための私的な運転手仕事で、時間があまりに不規則だったことが、過去の結婚が続かなかった最大の原因だと苦笑する。現在は某国のプリンセス専属だが、全く気ままな雇用主のお呼びの合間を縫って、快くインタビューに応じてくれた。

一九五四年に生まれたこの男は、フランス人には一般的に少ない、誠実さが滲《にじ》み出ている。彼は、ロジェと同じブルトンである。自分はブルターニュ人でフランス人とは違う、という誇りがあるようだ。

専属ドライバー、セルジュ。ブルターニュ人のプライドを持って洋子に献身した

セルジュは洋子の眠るビニックの近くで生まれたこともあり、よく洋子の墓参りをする。彼にとって洋子は、人生で出会った一番大事な人で、多くのことを教えられたという。

洋子は彼のことを息子のように思っていたらしい。孫によれば、最後の愛人ということになってしまうのだが、なるほど若い頃はさぞハンサムだったであろうと思われ、美形が大好きな洋子が気に入ったのもわかる気がする。セルジュは、一九九三年頃、デザイナーのジャックリーヌ・ペレーズの店で紹介されて洋子に会い、運転手になった。特に最後の二年間はお抱え状態で、亡くなる前の六ヵ月間は、だんだん歩くことも困難になった洋子のために、結局同じ建物の小さな女中部屋を仮り住まいとして介護をした。風呂にまで入れたという。

洋子が、彼を紹介したジャックリーヌに、「あなたは、私にセルジュとのご縁という素晴らしい贈り物をくだすったわね」と感謝していたことを、彼は忘れない。


「洋子は、金銭的には全く困ってはいなかったが、大変に寂しい部分があった。それは、母を早く亡くしたこと。最後に自分より早く亡くなった愛子、愛子を巡っての令子との間に確執があった。愛子をヨーロッパに連れてきて、ちゃんと面倒を見切れなかったという悔恨があり、令子も好き勝手に動いた姉の批判があったと思われる。

洋子は、自分の心の寂しさを隠すために、オーバーに行動して、自分自身の目も逸らさせてしまおうとする癖があった。しかし、常に周りの人への気づかいや労わりがあり、彼女を悪く思っている人は少ない」

セルジュは、洋子との習慣から、紙幣を鳥の翼に見えるように四つ折りにして畳む癖がついた。洋子曰く、お金は小鳥のようだ、こうして人々にお金を施すと、それは小鳥のようにまた飛んで戻ってくる。

洋子は多くの人に施し、援助した。スペイン人のお手伝い、孫夫妻……、みな世話になっている。人のために何かをするのが好きだった。

ロラン・ルザッフル夫妻もカルネも、よく金を無心に現れていたようだが、返された形跡はない。ロランの、とんでもない嘘の多い伝記も、彼の困窮を救うために黙って見逃した。リモージュにある別荘は洋子の物だったが、その管理はルザッフル夫妻に任せてあり、ロジェが亡くなった時には、散々自分たちも別荘に金をかけたとその権利を主張したらしいが、結局令子に渡された。

発病前の洋子・令子・萬喜、そして日本へ

洋子がまだ癌だと知らなかった一九九六年の秋に、令子と萬喜は、三週間フランスに遊んだ。令子は、フランス語もそこそこ話せ、だいたい年に一度は、娘を連れて、パリを訪れていたが、諸事情で急遽萬喜の参加となった。スペイン・マドリッドの日本大使館に勤めていた、萬喜の娘万奈も駆け付けた。

画家水野は、日本から訪れた彼らと孫を車に乗せて、モン・サン・ミシェルを訪れている。洋子はこの時、散々行っているからと、同行しなかったが、令子たちにはエッフェル塔の近くの英国風のホテルの手配までしている。運転をセルジュに頼まなかったのは、日本人の運転手のほうが、彼女たちには気楽だと思ったのだろう。洋子はそういう気配りができる人だった。

運転をした水野竜生はこの頃、絵の勉強でパリ留学していた。彼は最初八区に住み、やがて一

六区の洋子のアパートの近く、ニコロ通りに引っ越すが、約七年間日本とフランスを往復しながら何度も洋子と会っている。

水野は孫の紹介で洋子に出会ったが、その印象を、男勝りの女王のような存在だったと語る。

少し意外に思うのは、洋子の経済力なら、親戚の四～五人、ましてや妹令子のグループの滞在費など出すことはなんでもなかったであろうに、いっさいそういうことはしていない。孫が、洋子は金を持っているように見せたくなかった、と言っていたことの一例か？　しかし周りに対しては気前の良かった話が、まるで間違いと思えるように、近親者には、意外に金銭にシビアな面を見せている。

箱根の老舗旅館に嫁いで以来、働き詰めの萬喜にとって、スチュワーデス時代にたびたび訪れたパリは、久しぶりであり懐かしい町でもあった。彼女は、洋子が令子と話したい時には、洋子からはっきり「今日は、萬喜ちゃんは一人よ」と言われた日もあった。

彼女は、この当時パリに居住し日本に来ると必ず自分の宿に宿泊する、チリの国民的画家ロベルト・マッタに、その時間を利用して会うことができ、旧交を温めたという。萬喜はこの時、洋子が、あまりに酒を飲むので驚いているが、酒を飲みながら「男には負けない」と言った事を覚えており、そんなことを言って……と思ったという。

この親族旅行のすぐ後に、今度は洋子が日本に四〇日間ほど訪れ、祖先の墓参をして、自分の両親のルーツを探す旅をしている。この時洋子は、まだ自分が深刻な病気だとは思ってはいなかったが、その頃から咳き込むこともあり、体調の変化を感じていたに違いない。

この日本旅行のために、洋子は、初めてキャッシュカードを作った。洋子はいつでも、現金で支払い、その金銭感覚はぶっ飛んでいた。大金が必要な時は、旧紙幣を交換に訪れる銀行員に、例えば前回の日本行きではこれだけだったから、今度はこれだけと札の厚みを指で示した。今回は、現金を持って行くのは大変だということで、カードをソシエテ・ジェネラル銀行で作ったが、セルジュはそれを使用するのを二、三度しか見たことがない。

帰国の目的は、自分のルーツ探しであった。まさしく彼女の最後の日本滞在になったこの旅は、令子が全部段取りし、地方には同行して案内したという。いくら洋子のためであるとは言っても、仕事をしながら、令子はよく付き合った。お茶の水の〈山の上ホテル〉に滞在しながら、洋子は自分のルーツを探して、とりあえず曽祖父・関新平の所縁《ゆかり》の佐賀、愛媛、父善一《ぜんいち》の出身地富山県猪谷《いたに》村まで出かけている。

洋子の両親の眠る東京谷中の墓地に関しては、従妹の萬喜が付き合った。猪谷家の墓と、さほど遠くないところに、母方の江木一族の墓も、まとまってある。善一ととき子の媒酌人となった藤山愛一郎一派が墓地を開発したということで、ここに決まったというが、洋子の祖母万世を描いた鏑木清方《かぶらききよかた》の墓まで、とにかく周囲には政治家、文化人も多く、その時代の繋がりがなんとなく見えてくるのが興味深い。学問の神として詣でる人の多かった江木鰐水《がくすい》（洋子の曽祖父江木保男の父）は、とりわけ大きな碑が立っていて、関係者がずらりと並び壮観である。

祖母万世も若くして亡くなった定男も、万世と確執があった悦子も、ここに眠っている。大叔母にあたる江木欣々（栄子）も江木衷《ちゅう》と一緒に、少し離れた上野寛永寺分の墓所に仲良く眠っている。

欣々は、姉妹の他二人と比べて、とりわけ数奇な運命を辿った。他二人とは関新平が本妻に産ませた悦子と万世である。この二人は、洋子から見ると、悦子は大叔母であり、その妹が、悦子再婚先の義理の息子と結婚した祖母万世である。姉妹が親子の関係になってしまった悦子と万世との複雑なる経緯はすでに記したが、腹違いの大叔母欣々の一生は、明治という時代の中でも特別なものである。

悦子、欣々、万世。年の順に並べるとこうなるが、この姉妹（実際は本妻の子でもう一人藤子がいるが、複雑になりすぎるのでここでは省略する）の中で一番派手に活躍したのが江木欣々である。

欣々は、本名は江木栄子といって、洋子の曽祖父関新平が東京に主張中、家の女中であった藤谷花子との間に生まれ、養女に出されたが、柳橋の半玉として座敷に出てすぐに、細川家で家老だった有吉立愛に身請けされ、一六で側室となった。有吉がすぐ病死してしまったために、花柳界に戻り今度は新橋から再デビューした。なにしろ幼少の頃から飛び抜けた美貌と才気に溢れ、踊り、三味線はもとより書画にも才を見せていた。

欣々が大きく羽ばたくのは、二〇歳の時に、約二〇歳年上の法学博士江木衷と結婚してからである。江木は、当時の法曹界で華々しく活躍、大いに遊び、大いに稼いでいた。江木は、子供の頃の欣々を見知っていて憧れていたこともあり、再会、結婚後は妻一筋になり、その財力で欣々にあらゆる贅沢《ぜいたく》をさせた。弁護士会の会長まで務めた江木は、学者から政治家、財界人、芸術家、ジャーナリスト、芸能人と幅広く交際し、若く美しく才知にあふれた欣々は、毎日のように自宅に押し寄せる有名人たちのアイドルとなり、自然にサロンを作り上げていった。

「大正三美人」ともてはやされた欣々は、雑誌などにも寄稿し、当時流行の女性解放運動にも参加している。

しかし一番注目されたのは、その財にまかせた贅沢ぶりであり、御者から女中まで三〇人に近い使用人がいたという。そんな中でも欣々は、夫の名に恥じぬように、向学心が強く、絵画から華道、柔剣道まで、最高の先生から学び、しかもあっという間にこなしていった。要するに類まれな才女だったのだ。

欣々は江木の死後、生活を縮小し、その後五年間生きたが、自身の体調もすぐれず、一九三〇年二月二〇日突然縊死《いし》した。側近には、夫を亡くしてからしみじみと寂しさを感じると漏らしていた。欣々が自殺したのは、異父弟、早川徳次の大阪の家だった。早川とは、シャープペンシルを考案し成功させ、後に家電メーカーシャープを創業したその人である。いささか因縁めくが、ボールペンで財をなしたロジェと同じように、日本で筆記具販売で成功した者が洋子の血縁にあるわけである。

江木家の人々が黒門町の叔母さんと呼ぶ欣〻の墓に、洋子は、どうしても詣でたかった。谷中の墓地でも非常に分かりにくいその墓を、従妹の萬喜と一緒に小一時間もかけて見つけ出した。本人も、欣〻に近いものを感じていたのだろうが、最愛のロジェを亡くして六年足らずで亡くなった洋子と欣〻は、どうしてもその姿が重なって見える。

洋子はこの時、東京でも一人でよく歩いた。東京の懐かしいところを歩き回り、建物の変化に驚きながらも、決して迷わなかった。よく迷わないねと言われ「道を見ればわかるのよ。道筋は変わらないから私は迷わないのよ」と答えた。彼女が大局から物を見ていることがよくわかる。

一人散歩はいろいろ新しい発見もあり、原宿の髪をとさかのように立てて何色もの色に染めたロック系の若者を見た時は、びっくりしていたという。それは彼女の暮らした五〇年前の東京では、絶対に見ることのないファッションであった。また洋子はホテルの近くの喜多方ラーメンで、生まれて初めてラーメンを食べた。初めて食べた印象は「こういうものなのね」だった。

最後の面倒を見た旧友トッティ

一九九七年になって、屋根裏に隠していた重いケースを取ろうとして、洋子は、梯子《はしご》から落ちた。その時の入院の手続きのサインは孫がした。洋子は、そのケースを病院にまで持って行くと言い張ったが、重くて持ち上げられないほどで、どう考えてもそれは金塊であった。亡くなる二年半前ぐらいから咳がひどくなっていたが、確実に癌だと判明したのは、この骨折で入院したことからだという。

癌だとわかった時、洋子は大枚四〇万フラン（約八〇〇〇万円）をかけて歯を治療した。もし死んでロジェに会う時でも、綺麗《きれい》でいたいということだった。

洋子は、最初、放射線療法や手術療法は断固拒否して、フランスではシミオ・テラピーと呼ぶ、抗癌剤で治す化学療法を信じていた。

一年半ぐらい前から、本当に調子が悪くなり、いわゆる総合病院にも幾つか通った。最初に行ったパリ郊外、ヴィルジュイフにある、ギュスターヴ・ルッシィ研究所では一悶着《ひともんちゃく》あった。栄養剤の点滴が眠くなるからと、その成分を洋子が質すと、「水だよ」と医師が言い、その態度はなんだ！　ということで、医者とは大喧嘩して、洋子が引き抜いた点滴をまた、医師が血管に入れたりといった、セルジュがびっくりするような事件を起こした。手錠をかけてでも治療しようとする病院側に対して、洋子は「服を着せてちょうだい。出て行く」とセルジュに言い、病院側にサインをさせられ、飛び出した。一八センチのハイヒールを履いて。

その後、一三区の赤十字病院にも少し通ったし、一般的にはパリで一番高いが一番サービスが良いとされるアメリカン・ホスピタルにも、三日間だけいた。ここでも病院側の態度が気に入らなかった。

セルジュは洋子から多くの影響を受けたが、一番大きな影響は、物事にオプティミスティック（楽観的）なこと。例えば病院に入った時にも、ダロワイヨの菓子や饗場《あいば》に頼んだ寿司を大量に仕入れて、周りの患者に配った。「病院の食べ物はおいしくないのよ」と。自らが病気なのに、前向きに周囲に気遣う姿勢に、セルジュは圧倒された。

洋子の明るさを物語るエピソードは、他にもある。まだ歩けた時に、散歩中に知人と出会い、鬘《かつら》？　と聞かれたら、「そう！」といって、スポンと取って見せたという。治療で髪が抜け始めて、毛糸の帽子を被ったが、ある日ミチコが見舞うと、銀ラメの帽子に代わっていた。驚いたミチコに洋子は明るく言った。「こういうのでなくちゃ！」洋子は癌に負けまいと、気合を入れていたのだ。

検査の結果は、どの病院でも、肺癌が非常に進行しているので、放射線治療をしないのならば、入院よりも在宅治療でという診断であった。在宅治療には四人の医師が代わる代わる訪れて来たが、すでに医師の見解が違う云々の症状は超していた。孫はレントゲン写真を見ているが、直視できないほど、肺の各所に癌が散らばっていたという。

洋子の最後の面倒は、旧友トッティ（本野照子）が見た。在宅治療しながらの、闘病からその死、葬儀に至るまで、彼女の献身は、いくら信仰があったといっても、フランス語が堪能とはいっても、普通の人にできることではない。

「彼女が癌であることは、彼女からの電話で知りました。ご自宅へお見舞いにも伺いました。彼女からこれまでの治療話を伺った時、私は友人として、異国で生きる彼女にできることはしてあげたいという思いがございました。幸い仕事柄、日仏のオンコロジストとの交流もございましたので、往診をしてくださる医師探しをまずいたしました。

　私もそうですが、病院に入院することより、思い出の詰まった我が家に居たいということは最大の望みです。彼女にとって適任と思われるオンコロジストである医師に連絡を取ることができ、彼は引き受けてくださいました。日本に居ながらも、フランス側と連絡を取っておりました。彼女が痛みに苦しまれていることをその医師から連絡が入り、今ならば意識もはっきりしているし、Ｔｏｔｙと呼んでいるから、パリへ来るべきではないかということを聞き、すぐにチケットを手配し、主人と二人でパリへ駆けつけました。

　彼女がお亡くなりになる数日前のことだったと思います。彼女はお母様のことを呼んでおられたり、また痛みが治まっている時には二人で話もできました」（トッティへの質問状への答え）

　洋子が病に伏してから、多くの友人、知人が見舞いに来たが、中には、セルジュが懸命に目を光らせていても、高価な物を持って行ってしまおうとする人々がいた。例えば、これは自分があげた物だと言って。警察を呼びますよ、と言わざるをえないケースもあった。孫も証言する。

「自分は、部屋の鍵を持っていたが、六ヵ月ぐらい前から、知らない人が出入りし、骨董品などを持ち去るのを見て、自分が疑われるのはいやで出入りをやめた」

　医師の費用は莫大《ばくだい》であった。その費用として、毎日二五〇〇フラン、点滴すればプラス五〇〇

○フランはざらであった。ある医師などは、診断というよりも、洋子の持つシャトー・ムートンなどの高価なワインを楽しんで帰った。

「洋子はいつも令子からの電話を待っていた。ベッドから起きられなくなり、突然電話がかかるとうるさいだろうと言っても、決して受話器を外すことはしなかった。彼女は、自分が今までに、日本の家族に迷惑をかけた事もよくわかっていた。令子にも愛子にもすまないという気持ちを持っていた。しかし、フランスでの洋子を、洋子がこれだけ、多くの人たちに好かれていたことを、日本の家族は本当には理解できなかったのではないだろうか？　だからロジェの死後は、孤独で寂しかった」と、セルジュは語る。

半年ほど前から、洋子の容体がよほど悪いからと令子に言っても、日本からの見舞いはなかった。代わりに、トッティがしばしば見舞って、電話で状況を令子に知らせていた。日本を簡単に離れられない状況下の令子が、自分の身代わりに頼む人間としてこれ以上いないほどの人物が、トッティであった。

驚くことに、洋子は、亡くなる少し前まで、ふらふらしながらも、〈禅〉に一人で現れ、ホカロンで身体を温めながら、椅子に座るのも痛いと言いつつ、話し込んでいったという。自身の死の約一月前にローマで愛子が亡くなった時は本当にショックだった様子で、「愛子に呼ばれている」と何度も言っていたという。

生まれた地と最期の地は五〇〇メートルの距離

《「オギャーく」何となくやかましい音に目を開くと眞赤な者がドクターの手の中で動いてゐる。血の動く塊りだ。

「男?女?」と彼に訪ねる。「女だよ、とても可愛いゝんだ。」

私は涙がとめどもなく流れだした。

私は寝むくなった、着物を着換えさせられてゐる間私の身はふんわりとして宙に浮いてゐた。

赤坊の聲がボーッとなった耳に大きく響く。又涙が流れて止まらなくなる。「とても大きいよ」彼も涙をためた目で笑った。　（一九二八年八月二日）～『妙子傳』より》

洋子は一九二八年八月二日朝一〇時にパリに生まれて、一九九九年四月一九日午後三時にパリで亡くなった。生まれた病院と最期を迎えたアパートとの距離は、直線にして五〇〇メートルあるかないかの距離であった。

洋子は、信仰心が厚く、特にマリア様が大好きだった。マリアに彼女の亡き母妙子を重ねていた。晩年洋子がよく描いたマリア像は、母妙子の顔である。ロジェが生きていた時代、ドライブ中に、パンポールの近くに荒れ果てた尼僧院があるのを見つけ、そこの改修費用をロジェに出してもらったこともある。

パリでは、ヴィクトワール広場のそばのヴィクトワール教会に足繁く通い、マリアの蠟燭《ろうそく》を買い求め、部屋に切らすことはなかった。ヴィクトワール教会は一六二九年、ルイ一三世により建立された由緒ある教会で、パレ・ロワイヤルの洋子の画廊から歩いて数分のところに位置している。フランス革命の後、国王の任命によった僧侶たち全員が追放され、この教会は荒れ放題であったが、一八〇九年、ナポレオン支配下で小教区教会となり、マリア像が設置された。

一八三二年に任命された、シャルル・デジュネットは、地元の信者がこの教会に全く来ず、たった一人で四年間、空の教会でミサをあげていたが、ある日〝この教会を聖母マリアの心に捧げよ〟という内なる声を聴いた。一八三六年一二月一一日にマリアに祈りを捧げる会を発足するやいなや、誰一人来なかったミサに人が集まり始め、数週間でこの教会は、マリア崇拝の巡礼地の一つとして世界中に広がり、今でも多くの信者が集まって来る。

洋子の絵——洋子にとって聖母マリアは亡き母の代わりであった

プロテスタントではマリア崇敬は禁じられているが、実はカトリックでも微妙な問題であり、マリアがここまでクローズアップされている教会はあまりない。洋子の場合はカトリックだが、この教会に通ったもう一つの理由は、洋子の敬愛する聖女ヴェルナデッタ像が、写真付きで置かれていたからだ。

洋子は、少女ヴェルナデッタと彼女がマリアに出会い泉が湧き出したという聖地ルルドが大好きだった。ルルドには一人でも通ったが、トッティとその娘のお詣りに便乗して三人で行ったこともある。この時も愛犬トトは一緒に、飛行機に乗っている。そして洋子は、ミサに重要な介添え役である〝祭壇奉仕者〟に、トッティと二人で選ばれている。ルルドには、病を患うカトリックの人々が、その奇跡の水を求めて世界中から集まる。洋子はいつも大量に聖水を持ち帰り、令子たちに配るのが好きだった。亡くなる一年前セルジュと行った時には、二五リットルもの水を持ち帰った。

ルルドの奇跡を体験したヴェルナデッタはその後、ヌヴェールの修道女となり、三五歳で亡くなった。その遺体は腐らず、聖人の名を与えられたが、その後いちおう蠟《ろう》のマスクを被せられてガラス箱に安置されている。洋子はこのヴェルナデッタを参拝したこともある。

洋子は信心深く、いつも胸に五～六本のロザリオをかけていたが、亡くなる数週間前に訪れたビュシェ夫人（〈ブラッスリー・フロ〉の元オーナー夫人）の前で「私には不要なものになったので、あなたにあげる」と言って全部渡したという。

洋子は自分の死ぬことをはっきり自覚していて、「もうくたばるわ」と言いながらも、令子からの電話を待ち続けていた。

亡くなる一週間前（モルヒネ治療に入る前）に、セルジュは令子に危篤を知らせた。セルジュは、最後は窒息死状態になるという、肺癌の非常な苦しみを洋子に味わわせたくなかった。モルヒネを打てば痛みは和らぐが、そうすることにより心臓に負担がかかり、だいたい一週間以内に確実に死が訪れることはわかっていた。

しかし令子は来られず、その全権を委任されたトッティも、その時は日本にいた。実は令子には自身の体調に輪をかけて、この時期どうしても日本を離れられない事情があった。ローマで亡くなった愛子には墓がなく、その遺骨を息子のひろしが日本に今日明日にも持ってくることになっていた。しかし、遺骨の移動の手続きは面倒であり、いつ来るか、はっきりとした日の特定ができなかった。そんな事態の中での、洋子の危篤だったのである。

結局モルヒネ投与のタイミングは、一番身近にいるセルジュが決めなくてはならず、苦しむ洋子を前に、彼もその判断に悩んだが、あまりに苦しがる洋子を前に土曜日についに決断を下した。トッティが夫妻ですぐに日本からやって来て、精神的には少しセルジュも楽になったが、すでに洋子の死の秒読みが始まっていた。

この時は、心配のあまり、お出入り禁止の孫も電話を令子にかけている。亡くなる二日前に、令子は直接洋子の電話を受けたが、何を言っているのか、令子にはわからなかったという。

孫も亡くなる二日前に洋子から、「春菊が食べたい」と絶え入りそうな声の電話を受けた。早速春菊を見つけて病床に届けたが、たぶんそれが最後の口にしたものだった。驚くほど洋子は痩《や》せていて、二七キロもなかった。洋子は朦朧《もうろう》とした中で、時にはフランス語だったが、日本語も多く、ママという言葉をたびたび口にしていた。

そして、洋子はモルヒネが打たれて三日目の月曜日に、眠るように亡くなった。

セルジュにとって、この体験は、非常に辛いものであり、トラウマとして現在も残る。自分の母親が似た状況になった時に、親族から来るように言われたが、すぐには行けなかった。人があれほど苦しむ姿を見るのは、洋子だけでたくさんだったのだ。

饗場《あいば》清は、死に目には立ち会わなかったが、たびたび見舞っていて、「ママ、ママ、いたあい、いたあい」と子供のように訴える洋子を見ていて、可哀想だったと語る。最後に洋子の頭の中を去来していたのは、子供の頃の思い出と、本当に愛してくれた母妙子だった。

洋子は亡くなって、遺体修復師により、軽く一軒家が建つほどの最高級のエンバーミングを施された。フランスはカトリック国であるので、土葬か火葬かを選ぶことができる。

彼女は自分のプライドを持って、美しい死〝BELLE MORT〟に臨んだ。まず生前に歯を徹底的に直し、死後はエンバーミングされて土葬することを自ら選んだ。日本のエンバーミングは、結局火葬するために、葬儀までの短期間、表情を保全する施術で、洋子の本格的なものとは全く違う。洋子は再生を信じていたのだろうか。五〇年は変化しないという施術を望んだ洋子は、ガラスの棺の中に眠るヌヴェールの聖女ヴェルナデッタに、影響されていた気がしないでもない。

遺体はサンローランのセットアップに靴。アクセサリーも全部サンローラン。その上に寒いからとジャックリーヌの店で作った最高級の豪華なセーブルの毛皮が掛けられ、同素材の帽子が被せられた。その上に日本の家族やロジェとの写真、愛犬トトの遺骨の入った小壺が入れられた。

パッシー教会で行われた洋子の葬儀

「ブルターニュでは、亡くなった人を決して一人にしない」と語るセルジュの目頭には、光るものがあった。

洋子の葬式は、死後五日後に、住居に極めて近いパッシー教会で行われた。教会葬の前は自宅に待機して、ローソクの灯を切らさないようにして、洋子は、トッティ夫妻、ミチコ、セルジュたちに見守られていた。饗場は、日置と共に、そっと寿司を差し入れている。

パッシー教会はこぢんまりしているが、一六六七年に建てられた古い教会である。洋子の家からは、今は記念館として開放されている大きなバルザックの家を横に見ながら、ゆっくり歩いても五分もかからない。地形のせいで、途中エッフェル塔が、突如大きく現れる。この景色を洋子は何度も見ながら散歩していたのだ。

洋子の葬儀は新聞で告知されたが、式にマスコミは来なかった。若い頃助けたというアラン・ドロンはもとより、晩年も親しかったというミシェル・モルガンもクロード・ルルーシュも、有名なフランスの映画人が来ることはなかった。援助した人もほとんど来なかった。

芸能人では、韓国のセレブ歌手、キメラが目立っていた。彼女は哀しみでやつれ、憔悴《しょうすい》し、髪も根元の部分が白髪になってしまっていたという。他に弔問客はロラン夫妻、ジャックリーヌ夫妻、孫夫妻などで一〇〇人程度であった。共同で画廊経営をしていたポポロが、人目もはばからず、声をあげて大泣きしていた。

パリでの葬儀の後、遺体は車でビニックの教会に運ばれた。ビニックでの葬式は、地元の人々、約五〇人が集まった。

洋子は地元でも大変に評判が良かった。ロジェの二人の子供、息子のギイも娘のブリジットも洋子の人柄がよくわかって、「これまで母親の手前、冷たくしたけれど、悪かった」と後悔していたという。

洋子は、セルジュやトッティと会えて良かった。令子がどんなに駆けつけたくても来られなかった状況で、何とか無事葬儀が終わったのは、彼らが居てくれたからだ。トッティの私への手紙は、他者への気遣いに溢れていた。

「葬儀はロジェのご子息が、お父様とのお約束をお守りになってできたことです。また彼女がデザインしたお墓に一緒に眠ることができたことも、ロジェ氏のお子様のご理解があったからだと私は思います。私にとって知らない土地ではないとはいえ、友人の葬儀に携わることは大変なことでしたが、ロジェ氏のご家族、また彼女をパリで支えてくれた方々のお蔭で無事に彼女を送ることができました。彼等に大変感謝いたしました」

（トッティへの質問状への答え）

「令子に会いたい」と死の床で繰り返した想い

《令子　名前はやさしい字で書けて、人から呼ばれる時に美しいひびきを持つてほしいと思ひます。儀式張つて呼んでも、ペットとしても、「チヤン」付にしても、戀人から呼ばれてもいゝやうにと苦心します。令の字意は「法律」といふ意味と「それに従ふ」といふ意味とあります。女は夫唱婦和であつてほしいと思ひます。

然し昔の女のやうに盲従でなく、一つのものをしつかり持つてゐてほしいものです。こんな気持でつけました》

一九三三年九月四日、洋子が五歳の時に、大好きな妹令子は誕生した。令子は三姉妹の中で一人だけ存命だ。母妙子が命名した時、彼女に書いたメッセージは、そのまま令子に伝わったようだ。令子は子供の頃は、洋子の後をついて回り、影響を大きく受けた。

家庭で父親と二人だけで話すことを義母が嫌うので、わざわざ学校に出かけるのを早くしたなどの令子の逸話は、彼女の周囲に波風を立てたくない、穏便な気質を感じるが、彼女こそ、義母と洋子そして愛子の間で、さぞ気を遣ったことだろう。

洋子と令子が、成人前に揃ってカトリックの洗礼を受けたことからもわかるように、そこに当時の二人の悩みと絆が見えている。愛子はその姉たちを見ながら、子供ゆえにどうにもならない悩みを持っていたが、姉たちは本当に彼女を可愛がった。

義母とき子に対して、洋子は反抗し、令子は胸に秘め、愛子は従った。完璧な母親を持った幸せな時間は、彼女たちにはあまりに短く、ある時は父親さえも遠くに見えたのかもしれない。そこには、特別な一種の連帯感と団結を感じる。洋、令、愛……私が『妙子傳』から引用させて貰った、三人の名前へ込めた母の願いは、三人の性格そのものともいえる。

母亡き後、洋子は、長女としての立場を自覚し、妹たちの面倒をよく見た。洋子のように、先頭に立って妹弟を束ねて行くのは、大家族時代の、長女、長男の宿命でもあり、子供の頃からの上下関係は、絶対である。それでも結局、自分の夢をその長女は選んだ。しかし均等なこともある。洋子、令子、愛子、この三人姉妹の人生は、同じ病に襲われたことになる。

令子は、稽古で出会った茶道教授の息子と結婚し、三児の母となったが、もの心ついてから、洋子が亡くなるまで、積極的な洋子に振り回されたように見える。洋子は猪谷の父が亡くなった後も、令子に、送ってほしいもの等を、日常的に頼んできた。それは全く苦痛ではなかったという身内もいるが、それならば周囲に愚痴をこぼすはずがない。いくら内面で我慢する性格でも、彼女は洋子専属ではないと叫びたかったこともあったろう。そして妹愛子はフランスに呼んだのに、自分は呼んでくれなかったという思いがあった。実際三姉妹の中で、彼女だけが、日本に取り残されたという淋しさは、仲が良ければよかっただけに強かったことだろう。

洋子が病床に伏していた時期、特に最後の六ヵ月、フランス側で洋子を看護した人たちの中には、令子のことを薄情な人間だと思った人が多いが、実際の令子の体調を知ったらその考えを少し変えるかもしれない。彼女も一〇年以上も前に愛子と同じ病に侵され、手術を受け、腕も上げられぬ、重いものも持てぬ状態で、リハビリを重ねながら、自分は茶道教授の妻としての仕事をこなしており、飛行機に乗りパリに駆けつける体力も、余力もないぎりぎりの状況だったのだ。

私は、病床の洋子が何度も「令子に会いたいのに来てくれない」と周囲に言っていたと聞いて、いくらなんでも洋子は令子に甘えすぎていると思った。洋子は、令子の厳しい状況をよく知っていて、令子には逆に見舞いに来なくていいと言ったそうだが、それならば、矛盾が生じてくる。洋子は周囲には気配りができる人だったはずだが、これは妹に対する長女としての習慣的な最後の威圧なのか……最初はそう思ったが、私の考えは現在は違う。洋子が瀕死《ひんし》の床で、敢えて令子に会いたいと繰り返しアピールしたのは、令子が来られないと知りながらも、令子の顔を見て姉として直接言いたかったのだ。「これからガンバレ！」と励ましたかったのだ。

洋子の開けたパンドラの箱

洋子に遺言状はなかった。

洋子の死後、遺産処理のことで話があるとセルジュが令子に電話をかけた時、「借金があるかと思われますので、その処理をしに伺います」と令子から言われ、セルジュはその反応に驚かされた。孫は「関わりたくなかったから葬式には来なかった」と断言したが、しかし、これには先述のやむにやまれぬ理由があった。

電話では、たびたび連絡し合ったが、トッティが初めて令子と会ったのは、洋子の葬儀が済んで、日本に戻った時である。遺品の一部を届けに、トッティは令子の家に行ったが、時を経ずに姉と妹を亡くした令子は憔悴しきっていて、見るからに辛そうだったという。

令子と娘が遺品の整理のためにパリに訪れたのは、愛子の納骨がすべて済んだ後、六月のことだった。

洋子は多額な現金や証券、大量の宝石類を残している。宝石が大好きだった洋子は、病気になって起きられなくなってから、よくベッドの中でいろいろな石の指輪を眺めて楽しんでいた。ルビーやサファイア、翡翠《ひすい》など色の美しいものが好きだった。近くのモーツァルト通りにあった、老人の宝石屋が気にいっていて、飽きるとよくリフォームしては普段使いにしていた。

それら一部日常使いの装身具は、エルメスのケリーバッグにまとめられて、盗まれないようにとロジェの共同事業者であった〈ブラッスリー・フロ〉の当時のオーナー夫人に、セルジュが預けた。ロジェが生前にプレゼントした、カルティエやブシュロンなどの高級宝飾品は証券類と共に、ダンフェール・ロシュローのソシエテ・ジェネラルの金庫にあったが、フランスの遺産管理の公定人が審査して、サインも行われた。

セルジュは六ヵ月間、昼夜なく洋子に献身的に尽くした。自分の遺産を全部令子に残したいという、洋子の気持ちを知っていたので、あわよくば金目の物を持って行こうと禿鷹《はげたか》のように押し寄せる弔問客からも、目を離すことができなかった。

亡くなった愛子との息子ひろしの後見人としてフランコは、弁護士を連れて来た。この愛子の元内縁の夫の企みも、彼の機転で最悪のことにはならなかった。ひろしは、ディスクレシア（難読症）で、最初に登場した時に、父親に言いくるめられていたのか、なんともぎこちない、心ここにあらずの表情をしていた。

セルジュの給料は、大変な額となっていた。半額にして請求し、令子はそれを支払ったが、愛子の元夫フランコは、それでも多すぎると文句をつけたという。

令子と娘は、片端から遺品を整理したが、とにかく夥《おびただ》しい物で溢れていて、大仕事になった。洋子のキャリアが詰まった写真や資料は、一つのタンスの中に仕分けられていたが、重要だと思われる物を除いて、それらは全部破いて捨てられた。看護の傍ら必死で守った品々が破棄されてゆくのを見て、セルジュは非情だと思った。

衣類などは全部教会に寄付された。セルジュが整理していてクローゼットの中に場違いなナイフを見つけたが、それは上部の隠し板を開けるためのもので、そこには家系図や父親の手紙を含む重要な書類が隠されていた。それも全部令子に渡されている。

令子は、自分の相続した洋子の遺産を整理するために娘を連れて再度パリを訪れている。最初の時は、トッティも頼まれ、同行した。夥しい世界中の紙幣や硬貨が袋一杯出てきて、セルジュと令子親子の三人でピニックの教会に行き、全部を慈善箱に入れようとしたが、あまりに多すぎ、膨らみすぎて入りきらず、が、そこに教会の人はおらず、セルジュは工具で箱を調整したりしなくてはならなかった。パンポールの別荘にも行ったが、令子は中に入らず、結局洋子の遺品はロジェの遺族たちに託された。

令子の洋子に対する思いは、あくまで姉に対してで、女優の谷洋子にではない。一九六五年にロンドンで、洋子の芝居を見た令子が、日本の週刊誌のインタビューに答えたコメントが残っている。

《朝、ロンドン空港に着き〝ホテルで昼食を〟と誘ったら、〝私の手料理の味を見て〟と、チェルシー街のアパートへ招かれ、イタリア料理をご馳走になりました。姉は、お稽古事でも何でもトコトンまでやり通す性格。お茶をたてることも上手で、お行儀もよく、私にも言葉づかいなどきびしく注意してくれたものです。

日本のマスコミに貼られたいろんなレッテルが薄れて、私が知っているほんとうのお姉さん

に帰ったみたいでした。それが何よりうれしくて……》

令子は洋子の絵を、パリの友人で欲しい人に与えて、残りを日本に持ち帰った。そしてそのうち五六点を、二〇〇〇年三月一八～二〇日の間上野の〈うさぎや画廊〉に並べた。招待状には令子が〝パリから戻った姉の描いた絵を並べますのでご案内申し上げます〟と書いた。カンバス上のサインは「YOKO TANI」と書かれてあるが、あえて「猪谷洋子遺作展」としたところに、令子の思いが感じられる。所縁《ゆかり》の人たちが訪れ、絵は全部プレゼントされた。

「自分はフランスに住んでも日本人でなくなるのは嫌だ。二〇〇〇年にはまた必ず帰国する」と言っていた洋子は、またまた令子の世話で、絵になって戻ったことになる。

洋子の絵――愛犬トトはイタリアの超有名喜劇人の名前から取った

洋子は、まるでパンドラのように、箱があったら必ず開けるタイプであったが、令子は鍵を持たされていても開けないタイプである。愛子は、どちらかというと洋子型かもしれないが、両方の気質を持っていた。案外脇の甘い洋子が開けてしまった箱から飛び出してきたものの尻ぬ

洋子と自画像

ぐいをするのは、いつも令子の役であった。そして結局最後の始末も、令子に回ってきた。箱の最後に何が残っていたのかは、令子にしかわからない。

そういえば、パンポールの元洋子邸を訪ねた時に、持ち主が聞きたいことがあるといって、古びたブリキの箱を持ち出した。洋子の家を買ったら、納屋に幾つかの工具が入った箱があった。現在は買い主が気に入って、鍵入れにしている。〝ヨーコ箱〟と家人が呼ぶ箱は明らかに海苔《のり》の缶で、上に文字が大きく書かれていた。その文字の意味を、家族は少なくとも一五年間は、知りたくてたまらなかったのである。

もしかしたら、私たちが異国に思いを馳せる、最初のきっかけはそんな小さな物なのかもしれない。「YA・MA・MO・TO・YA・MA」。私は、そのボロボロの、〈山本山〉の缶に書かれた文字を大きな声に出して読んだ。

エピローグ

魅力的な一匹の仔猫

人生のアルバムに、ひょっこりと現れては人を驚かす。
賢くて過激な、残酷で優しい……とにかく魅力的な一匹の仔猫。
仔猫は小さなネズミが相手のように　大きなネズミと戯れる。
大きなネズミは映画　仔猫は谷洋子。（一九六〇秋　パリ　ジャック・プレヴェール）

日本人の歴史に呼応していた〝洋子の活動〟

フランスの国民的詩人プレヴェールのこの詩は、谷洋子の元夫ロラン・ルザッフルの未亡人タニアが、惜しげもなく私にくれたたくさんの資料の最初の頁に入っていた。私が谷洋子を書こうと思いたち、探していた、洋子のヨーロッパでの位置を、この詩は全部示している。

洋子は、日本でもフランスでも、すでに忘れられた感があるが、別荘のあったブルターニュのビニックやパンポール一帯では伝説化しており、二〇一六年には芝居にまでなっている。

二〇一七年一二月、氷雨が降りだす中、パリの場末といっていい一九区の喫茶店で、私はフェルナンダという、洋子を演じた女優にあった。フェルナンダはレバノン人の父とブラジル人の母の間に生まれた個性的な美人である。一八歳で女優になるためにパリにやって来て、はや一〇年になる。

彼女は二〇一六年の夏にビニックの浜辺で開かれた演劇祭で、谷洋子の役を演じた。原作・脚本はスイス人女性作家エミル・ミュルマテール、演出はセバスチャン・ドゥポミエで、よく犬を連れて浜辺を歩いていた洋子を幽霊という形で表現した。

彼女は、映像の仕事がしたくて、やっとあるエージェントに所属したが、最初に探してきてくれた役が、小さな、メキシコ人の役であり、ブラジル系の彼女は演じるのが嫌で、その役は降りたという。もちろん、所属はすぐに断られることになった。その後エージェントは見つからないという。中国人でも、ベトナム人でも、イヌイットでも、挙げ句の果てはエイリアンでも、何でも演じた洋子が現代のこの場所に居たら、何と言うだろうか。

フェルナンダは、ほぼ完璧《かんぺき》なフランス語を話すが、その悩みは、やはり発音で、フランス人から「フランス語が上手いね」と言われるのが、上から目線で堪《たま》らなく嫌だという。また俳優仲間に、ブラジル語なまりの真似をされることがあり、傷つくと言っていた。

洋子は、自分の欠点を逆手に取り、自らセクシー路線を編み出して、何本もの映画に出た。その後世界の映画で、洋子のように幅広く活躍する日本女優は登場していない。洋子が生まれてから九〇年の時がたち、亡くなってからも二〇年の時が過ぎている。洋子のように、自分の思うままに生きることができる女は、現代の日本でもそうはいない。経済的にいくら裕福であっても、である。

人は生まれてきた以上、そのしがらみを簡単に避けることはできない。洋子の場合、しがらみから抜けたかったが、パリに出てから亡くなるまで、物心共に、実に家族の大きな援助を受けた。

人は、一人では何もできない。洋子の情熱も、教養も、努力と忍耐、並外れた行動力、それらは明らかに、その血脈のＤＮＡと祖先から培われてきた環境によって醸成されたものである。

彼女の〝不屈〟の精神を紐解《ひもと》けば、両親の〝不断〟の精神に行き着き、明治の初めの異人居留地、明石町の前に佇《たたず》む祖母万世の姿に重なる。それは日本の幕末からの文明開化、西洋文化を受け入れた日本人の歴史に呼応している。

そこには当時の人々の寿命や社会状況、明治以来の富国強兵から戦争突入による多子多産、本家と分家、本妻と妾、養子縁組などが絡み合う、なんとも複雑な人間関係から、嫁と姑、娘と母、姉妹の中の力関係までもが絡んでいる。日本の女が避け得なかった、封建的男性社会の家族制度の軋《きし》みまでもが聴こえる。そして、それを突破してゆくのは、挑戦と冒険好きな洋子のような人なのだ。

〝暗色のパリ〟が〝パリブルー〟に変わった

パリに生まれパリに死んだ洋子は、戦争を挟んで新旧の日本の女の価値観が変わる時代……先祖譲りの進取の気性と分をわきまえた、母から学んだ日本の女の良識にプライドを持っていた。「男になんて負けない」ふっと漏らしたこの言葉は、フランスでも日本でも、いわゆる男性中心社会の中で闘ってきた洋子の本音だ。勝手に戦争をして、負ければ手のひらを返した日本と、女性に優しいようでいて、実は男性中心の（現在はだいぶ変わったが）フランスで、闘って生き抜いた正直な気持ちであろう。

「男になんて負けない」は、「日本になんて負けない」であり、「フランスになんて負けない」であったのだ。

飛び抜けて優秀な頭脳と持ち前のコケットリー……洋子に勝てる男は、周囲にはいなかったし、洋子は常に負けなかった。


私は取材を続けながら、常になぜ自分が洋子を書いているのかを、考えていた。洋子とは、何だったのだろう。ある人は洋子を「人に勇気を与えた」と言い、またある人は「自分勝手に人生を満喫しただけだ」と言った。

多くの人の中の洋子に出会いながら、知らずに私は自分を確認することになった。「負けない」という、ある時は書いていて辟易《へきえき》とした洋子の強さが、結局「自分に負けない」であると気づいてから、私は忘れていた五月のパリの青空を思い出した。

詩人金子光晴《みつはる》の毒がゆっくりと回り続けていたのか、滞在年月がさせたのか、私のパリは、厚く深く塗り込められた暗色の街になっていた。私は、いつの間にか、心に暗色のフィルターをかけていた。暗色はどうしても視野を狭くする。

私は洋子を知ることで、パリへの見方が少し変わった。洋子は、プレヴェールのアルバムにも現れたが、私の人生のアルバムにも現れて一色を投じた。それは驚くほど明るい、青だった。

私のブルーは、ブルースのブルーで、洋子のブルーは、ウルトラマリンブルーだ。

人生のアルバムに、ひょっこりと現れては人を驚かす。
賢くて過激な、残酷で優しい……とにかく魅力的な一匹の仔猫。
仔猫は小さなネズミが相手のように　大きなネズミと戯れる。
大きなネズミは映画　仔猫は谷洋子。

あとがきに代えて

人と人とが繋がり、その情報によって、埋もれていた谷洋子の存在が少しずつ現れてくるさまは、大きくて複雑な人間関係の方程式を解くようであった。

拙書『日仏映画往来』の中で彼女を取り上げたことがきっかけになったのだが、まさか洋子のことを本格的に書くなんて……。

東京、箱根、パリ、ブルターニュ地方からピレネー山脈の麓《ふもと》までにわたるその取材は、果てしがないようにも思えたが、私は、人の出会いの偶然と因縁を考え続けながら数年間を過ごした。

人の生涯を書くということは、その人のＤＮＡの塩基配列をデッサンするような作業だ。遺伝子を継ぎながら、人は、時代と出会う人によって、大きな変化を遂げる。

谷洋子は、敗戦後の日本を飛び出した、極めて稀有《けう》な日本人の一人だ。そのお嬢様ならではの、冒険心、向学心、そして度胸は、ＤＮＡ以外のなにものでもない。母の死後、それに代わるように聖母マリアへの信仰が大きかったが、その掌《たなごころ》の中で、彼女は、元気いっぱいに自分を信じて、たくさんの恋をして、最後はエンバーミングまで希望して、あっぱれ激動のヨーロッパを生き抜いた。

私は、谷洋子という人間を書きながら、彼女の祖母、母、そして彼女に続く、戦前の日本には確かに存在した、上流の人々の知性と、激しい恋の気性の血脈と発展を見た。

人の出会いというものは、本当に語り尽くせない。この本がこうして完成したのも、人との出会いの結果である。ノンフィクションは書いたことのない私を、最初から根気よく励まし続けてくださった平塚千栄さんがいなかったら、この本は、実現しただろうか……。またフランス側の多くのコンタクトを取ってくれた手塚さゆりさん、それから、もう全く忘れ去られた洋子の存在の貴重性をわかってくださった古屋信吾さんがいなかったら、この本は残せなかったかもしれない。そして何よりも、日本のご親族と関係者、フランスで洋子と関わり彼女のファンになった多くのフランス人たち……。その方たちの協力がなかったら、絶対にこの本は生まれなかった。

人と人とは繋がっている。国を超えて、取材に御協力くださった方々、応援してくださった方々と一緒に、私は、〝洋子〟に乾杯したい気持ちでいっぱいだ。

私は、現在、谷洋子に出会ったのも、たまたまパリにいたからであり……と書きながら、それは偶然ではない、そんな気が強くしている。

折しも、本書の執筆をちょうど終えようかとしている時、まさに〝偶然ではない〟ことを明かすかのように、東京国立近代美術館が『築地明石町』を新たに収蔵したと発表した。

本書冒頭で記したように『築地明石町』は、洋子の祖母万世《ませ》をモデルにしたものである。かつては鏑木清方《かぶらききよかた》の代表作として、繰り返し公開されてきたこの絵は、一九七五年の展覧を最後に、四四年間杳《よう》として行方が知れず、「幻の名作」とされてきた。

今回、『新富町』『浜町河岸』も一緒に収蔵されて、三部作として揃ってこの秋に特別公開されるという。見事である！　是非、清方が描き溜めた、万世から妙子そして洋子に連なる、知性と美のＤＮＡを、この目で確かめたいと思っている。

遠藤突無也

二〇一九年七月吉日

謝辞

取材ご協力者を以下に掲げ（あいうえお順、ＡＢＣ順、敬称略）、ここに各位へ御礼を申し上げます。

【日本】
安藤萬喜、安藤万奈、猪谷敬二、岡田正子、カルーセル麻紀、斎藤由美子、杉原賢彦、田中まどか、時田ヨシオ、常磐津文字兵衛、秦早穂子、藤本晴美、水野竜生、本野照子

【フランス】
饗場清、岡本隆人、孫信一、
Fernanda Barth, Sophie Bernardin, François et Michiko Berthelot,
Pierrick et Anne Domain, Jean-Pol Dumont Le Douarec, Xavier Legrand, Tania Lesaffre,
Lucien Logette, Serge Mallet, Jacqueline Peres, Yves Riquet,
Didier Roth-Bettoni, Anne Vignaux-Laurent, Pascal-Alex Vincent

参考文献一覧

書籍

『暗夜遍歴』辻井喬（講談社）
『美しき野獣』ジャン・マレー自伝／石沢秀二訳（新潮社）
『旺盛な欲望は七分で抑えよ―評伝　昭和の女傑松田妙子』鈴木れいこ（清流出版）
『男ごころ女ごころをどうしてつかんだか』読売新聞社婦人部編（北辰堂）
『女のきっぷ』森まゆみ（岩波書店）
『影の部分』秦早穂子（リトルモア）
『銀の匙』中勘助（岩波書店）
『サムライ―評伝　三船敏郎』松田美智子（文藝春秋）
『霧のむこうに』須賀敦子（河出書房新社）
『戦争とパリ』池村俊郎（彩流社）
『大学の顔役』大宅壮一（文藝春秋新社）
『猪谷妙子傳』猪谷善一（私家本）
『田中季代子―夜明けのピアニスト』萩谷由喜子（ショパン）
『父《パッパ》からの贈りもの』長岡輝子（草思社）
『東京パリ闘い通り』秦早穂子（大和書房）
『東和の半世紀―1928～1978』東宝東和株式会社（東宝東和）
『中　勘助の恋』富岡多恵子（創元社）

『野火あかあかと―奥むめを自伝』奥むめを（ドメス出版）
『パリ・日本人の心象地図 1867-1945』和田博文他（藤原書店）
『パリの銭湯』小沢栄太郎（法政大学出版局）
『パリの空の下』芦野宏（大日本雄弁会講談社）
『不断　猪谷善一』猪谷善一追悼集編集委員会（文化書房博文社）
『フランソワーズ・アルヌール自伝』F・アルヌール／石木まゆみ訳（カタログハウス）
『ふり返れば革命人生』岡田正子（カモミール社）
『菩提樹の蔭　他二篇（郊外その二、妙子への手紙）』中勘助（岩波書店）
『マイ・ラッキー・スターズ』シャーリー・マクレーン／岩瀬孝雄訳（早川書房）
『ユルスナールの靴』須賀敦子（河出書房新社）
『私の藝界遍歴』森岩雄（青蛙房）
『わたしの渡世日記』（上・下）高峰秀子（朝日新聞社）
『私の巴里物語』朝吹登水子（文化出版局）
『私は私』石井好子（岩波書店）
『Illustrated』１９５８年1月（ＵＫ雑誌）
『ＭＡＴＡＦ』ロラン・ルザッフル（ピグマリオン）

その他（雑誌）
『映画の友』『キネマ旬報』『スクリーン』『週刊朝日』『週刊現代』『週刊明星』『それいゆ』『実話雑誌』『文藝春秋』
――以上からの引用は、原文ママとしました。

著者略歴

東京都に生まれる。歌手、日仏映画研究家。1992年より、パリでの歌手活動を開始し、コアなライブハウスにて独自のプログラムを作り上げていく。1996年、世界的な作曲家アンジェロ・バダラメンティに見出され、同氏プロデュースにより『Ruby Dragonflies』をリリース。2007年、アルバム『Un Japonais à Paris パリの日本人』を発表。同年、殿堂〈オランピア劇場〉でのコンサートで成功を収め、仏マスコミに大きく取り上げられる。2012年、アルバム『PARIS KAYO』(戦後の日本歌謡曲集)、2017年『Cinéma』(戦後の日本映画音楽のアンソロジー)を発表。著書に、『日仏映画往来』(松本工房)、『L' Age d' Or du Cinéma Japonais(日本映画黄金期)』(フランス Carlotta Films)などがある。

パリの「赤《あか》いバラ」といわれた女《おんな》
――日本初《にほんはつ》の国際女優《こくさいじょゆう》谷洋子《たにようこ》の生涯《しょうがい》

二〇一九年八月一一日　第一刷発行

著者　遠藤突無也《えんどうとむや》

発行者　古屋信吾

発行所　株式会社さくら舎　http://www.sakurasha.com
東京都千代田区富士見一-二-一一　〒一〇二-〇〇七一
電話　営業　〇三-五二一一-六五三三　ＦＡＸ　〇三-五二一一-六四八一
編集　〇三-五二一一-六四八〇　振替　〇〇一九〇-八-四〇二〇六〇

装丁　石間　淳

カバー写真　Alamy Stock Photo

印刷・製本　中央精版印刷株式会社

ISBN978-4-86581-209-1